普通高等教育“十四五”规划教材

大学生
就业指导与实务

王成家 姜 维 杨海霞 主编

中国石化出版社

内容提要

本书共分为准备篇、实践篇、职场篇，具体分为就业形势与分析、简历制作与求职途径、面试准备与实践、就业心态与心理调适、就业权益与合同签订、角色转换与职场适应六个部分。全书通过对当前就业形势、就业政策的介绍和分析帮助大学生清晰地了解当下就业形势；通过参军、西部计划、三支一扶、考研、企业就业等就业方式的介绍和求职途径的各种探索增强了学生对外部世界的了解，在求职测评、了解自我的前提下进一步做好人职匹配，提高就业质量；书中对简历的制作和设计、面试的常见问题以及注意事项、就业过程中出现的问题及心理调适等进行了详细解读，同时，列举了大量栩栩如生的案例，给大学生的求职提供了具体又切合实际的指导；还设置了角色转换和职场适应章节，阐述大学生走入职场前的心理等准备、初入职场的注意事项，为大学生走入职场快速适应提供指导。本书力求结合当下就业政策，列举大量求职案例，贴近大学生的实际需求，突出系统性、实用性和有效性。

本书可作为普通高等学校和职业高等学校学生就业指导的教材。

图书在版编目（CIP）数据

大学生就业指导与实务 / 王成家，姜维，杨海霞主编 .—北京：中国石化出版社，2023.2

普通高等教育“十四五”规划教材

ISBN 978-7-5114-6960-1

Ⅰ. ①大… Ⅱ. ①王… ②姜… ③杨… Ⅲ. ①大学生 - 职业选择 - 高等学校 - 教材 Ⅳ. ① G647.38

中国国家版本馆 CIP 数据核字（2023）第 024773 号

中国石化出版社出版发行

地址：北京市东城区安定门外大街 58 号
邮编：100011　电话：(010) 57512500
发行部电话：(010) 57512575
http：//www.sinopec-press.com
E-mail：press@sinopec.com
北京艾普海德印刷有限公司印刷
全国各地新华书店经销

*

787×1092 毫米 16 开本 13 印张 262 千字
2023 年 2 月第 1 版　2023 年 2 月第 1 次印刷
定价：39.00 元

《大学生就业指导与实务》
编写委员会

主　编：王成家　姜　维　杨海霞

副主编：梁艳青　张　丹　杨　影

编　委：余海军　巩常军　王　莹　孙晓静
谭　林　林　燕　刘　宁　高　冰
王瑛玉　曾祥福　马　林　王帮贺
金　鑫　李洪旭　孙　莉

前　言

人人都要面临一个现实的问题——就业。无论你求学的路走得有多远，大专、大学、硕士研究生、博士研究生，当你完成学业后，都要面临就业。

就业，意味着你开始以自己的能力和劳动养活自己；就业，意味着你开始承担对社会和家庭的责任，为社会和家人创造财富；就业，也意味着你步入职场，开始用自己的智慧创造和构建你的未来。

人人要就业，就业要得法。

我国高等教育从“精英教育”转变到“大众化教育”已经很多年，大学生就业早已从“统一分配”变成“双向选择、自主择业”，大学生就业意识也逐渐得到了加强，但近几年由于受到新冠肺炎疫情的影响，高校毕业生“慢就业”“就业难”的现象比较凸显，大学生的就业指导显得尤为重要。教育部也多次提到，高校毕业生就业工作是学校各项工作的重中之重。教育部2022年工作要点中提到，要促进高校毕业生更加充分、更高质量就业。实施“就业创业促进行动”，健全就业创业促进机制，推动就业创业工作提质增效。完善市场化社会化就业机制，建设打造一批全国性、区域性、行业性大学生就业市场。引导毕业生到中小企业就业、灵活就业，促进创新创业带动就业。健全毕业生基层就业支持体系，建立健全就业育人支持体系，强化就业指导服务，打造一批就业指导名师、金课和优秀教材。实施宏志助航计划，重点帮扶就业困难毕业生群体。

就业指导，以提升就业能力为目标，以传授就业方法为职责，帮助求职者在适应社会中把握机会、认识自己、定位职场，找到适合自己的单位和岗位，实现自己的人生价值。

在新的形势下，加强就业指导课程教学，做好大学生就业指导，引导大学生转变就业观念，掌握就业技能和求职技巧，提高大学生就业核心能力；帮助大学生熟悉国家和地区的就业政策，了解社会职业信息，不断提升职场竞争力和主动适应社会的能力；帮助大学生适应就业制度改革的新形势，缓解就业压力，做好就业心理调适和就业心态的调节，是十分必要的。

本书共分为准备篇、实践篇、职场篇，具体分为就业形势与分析、简历制作与求职途径、面试准备与实践、就业心态与心理调适、就业权益与合同签订、角色转换与职场适应六个部分。全书通过当前就业形势、就业政策的介绍和分析，帮助大学生对当下就业形势有清晰的了解；通过参军、西部计划、三支一扶、考研、企业就业等就业方式的介绍和求职途径的各种探索增强了大学生对外部世界的了解，在求职测评、了解自我的前提下进一步做好人职匹配，提高就业质量；书中对简历的制作和设计、面试的常见问题以及注意事项、就业过程中出现的问题及心理调适等进行了详细解读，同时，列举了大量栩栩如生的案例，给大学生的求职提供了具体又切合实际的指导；还设置了角色转换和职场适应章节，阐述大学生走入职场前的心理等准备、初入职场的注意事项，为大学生走入职场快速适应提供指导。总的来说，本书力求结合当下就业政策，列举大量求职案例，贴近大学生的实际需求，突出系统性、实用性和有效性。

本书在编写过程中，参考和选用了一些相关文献，在此向原作者表示诚挚的敬意和感谢！

由于时间仓促，加之我们的理论水平和实践经验有限，书中难免有疏漏和不足之处，敬请专家、同仁和广大读者批评指正。

目　录

准备篇　内外探索　知己知彼百战胜

实践篇　厚积薄发　直挂云帆济沧海

职场篇　因地制宜　天生我材必有用

准备篇

内外探索　知己知彼百战胜

第一章　就业形势与分析

学习目标

（1）了解疫情影响下的就业形势与分析；

（2）以某工科院校为例，了解各专业就业趋势。

第一节　疫情影响下的就业形势与分析

近年来，在新冠肺炎疫情的影响下，大学生求职面临新的挑战。硕士研究生扩招、政策性岗位数量增加、国家对中小企业的扶持等举措缓解了就业总量压力，扩大了毕业生分流渠道，在研究生扩招政策下考研人数逐年增加，同时，新冠肺炎疫情也使出国留学受到了很大的阻碍。教师、国企等政策性岗位的增加，扩大了对毕业生的吸纳，农业、制造业等刚需产业充当了毕业生就业的“稳定器”，制造业中的数字化岗位成为需求增长的亮点，新冠肺炎疫情对服务性产业冲击较大。新一线城市人才吸引力逐渐增强，大学生保留率有所提高，从业幸福感逐渐追平一线城市。新冠肺炎疫情影响下高校的就业服务工作成效明显，毕业生就业满意度提升明显。

一、新冠肺炎疫情对不同行业就业的影响

（一）服务性产业受冲击较大

新冠肺炎疫情对服务性产业产生了较大影响，特别是金融业，各类专业设计和咨询服务业，文化、体育和娱乐业，行政、商业和环境支持行业，居民服务业，住宿和餐饮业以及房地产开发行业受到不同程度的影响，在过去三年中，毕业生在这些行业的就业比例持续大幅下降（表1-1）。其中，金融业和房地产开发业是近三年就业比例持续下降较大的行业，2020届该行业就业的毕业生占比分别为7.5%、0.8%，比2018届进入这些行业的毕业生平均下降了0.6个百分点；各类专业设计与咨询服务业，文化、体育和娱乐业也都是疫情期间就业比例下滑非常明显的行业，2020届该行业就业的大学生占比分别为5.1%和4.2%，比2019届分别下降了0.7和0.4个百分点。

表 1-1　2018~2020 届毕业生就业行业比例

行业类名称	就业比例 /%			两年（2019 届、2020 届）比较下降百分点 / 个	三年（2018~2020 届）比较下降百分点 / 个
	2018 届	2019 届	2020 届		
金融业	8.1	7.8	7.5	–0.3	–0.6
各类专业设计与咨询服务业	5.5	5.8	5.1	–0.7	–0.4
文化、体育和娱乐业	4.2	4.6	4.2	–0.4	0
行政、商业和环境保护辅助业	2.1	1.9	1.7	–0.2	–0.4
居民服务业	1.8	1.5	1.3	–0.2	–0.5
住宿和餐饮业	1.5	1.3	1.1	–0.2	–0.4
房地产开发业	1.4	1.1	0.8	–0.3	–0.6

数据来源：麦可思 – 中国 2018~2020 届大学毕业生培养质量跟踪评价。

（二）政策性岗位在“稳定就业”和“保障就业”中发挥着重要作用

教师人数的增加促进了教育行业的逆势增长。为了全力做好2020年普通高校毕业生的就业创业岗位工作，教育部宣布2020年将招收40多万名毕业生，补充中小学教师和幼儿园教师队伍，主动采取了“先上岗、再考证”的策略，进一步加强了中小学教师和幼儿园教师的配置。数据显示：近三年本科毕业生的比例一直在上升，2020届本科毕业生在教育行业就业的比例为17.0%，比2019届的15.9%增加了1.1个百分点，比2018届的14.9%增加了2.1个百分点（图1-1）。具体来看，主要是在中小学教育机构就业比例增长，2020届本科毕业生在中小学教育机构就业的比例为10.3%，比2018届的9.3%增加了1个百分点。在职业上主要表现为中小学教师岗位就业比例的增长，2020届本科毕业生占比为10.8%，比2018届的9.7%增加了1.1个百分点。教育行业成为吸纳本科毕业生就业的主要行业。

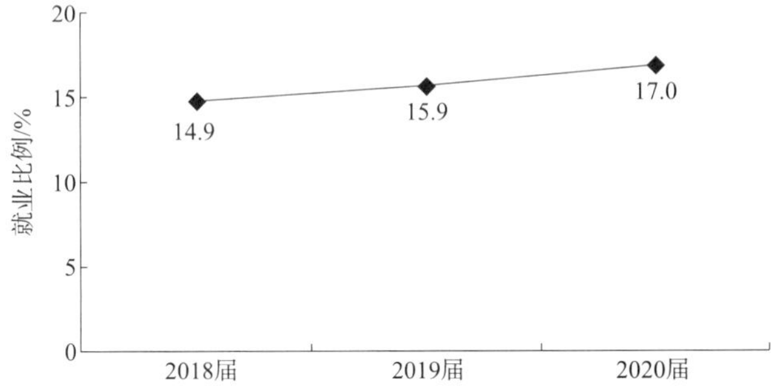

图 1-1　2018~2020 届本科毕业生在教育行业就业比例情况

国有企业在本科毕业生就业方面发挥着重要的支撑作用。2020年本科毕业生在国有企业就业的比例高达21%，高于2019届的20%和2018届的19%。2020年，教育部会同国家发展和改革委员会、财政部、人力资源和社会保障部等20多个部门通过了30多条指令和措施，其中一项最重要的措施就是促进毕业生就业和发展就业机会，包括扩大国有企业毕业生的招聘规模。采矿业，电力、热力、燃气及水生产、供应业，建筑业是国有企业就业集中的领域（表1-2），这些行业2020年就业的大学生有78%、77%和62%在相对应的国有企业工作。国有企业的就业机会减轻了毕业生的就业压力。

表 1-2　2018~2020 届本科毕业生在国有企业占比较高的行业就业比例情况

行业类名称	就业比例 /%		
	2018 届	2019 届	2020 届
建筑业	9.1	8.9	9.0
电力、热力、燃气及水生产和供应业	1.6	2.2	2.4
采矿业	0.6	0.6	0.8

数据来源：麦可思 – 中国 2018~2020 届大学毕业生培养质量跟踪评价。

（三）刚需产业是保障就业的“稳定器”

农、林、牧、渔业的就业比例增加。数据显示，2020届本科毕业生在该行业就业的比例为1.0%，比2019届的0.6%增加了0.4个百分点。在“十四五”期间，国家将致力于全面推进乡振兴战略，本科毕业生也将在这一领域获得新的就业和发展机会。

制造业的就业比例持稳。数据显示，2020届本科毕业生在电子电气设备制造业、机械设备制造业、制药和设备制造业、化工/塑料制造业和初级金属制造业的就业比例稳定。由于疫情迅速得到控制，2020年我国经济运行逐渐恢复，在复工复产各项举措的推动下，第一、第二产业得以快速恢复，成为支撑国内经济增长的重要动力。生产的恢复也为稳定就业提供了支持。

2018~2020届本科毕业生在刚需产业的就业情况见表1-3。

表 1-3　2018~2020 届本科毕业生在刚需产业的就业比例情况

行业类名称	就业比例 /%		
	2018 届	2019 届	2020 届
农、林、牧、渔业	0.8	0.6	1.0
制造业	18.0	17.8	17.9
电子电气设备制造业	5.6	5.7	5.7
机械设备制造业	2.4	2.4	2.5
医药及设备制造业	1.8	2.0	2.1
化学品、化工、塑胶制造业	1.9	1.8	1.8
初级金属制造业	0.6	0.5	0.6

数据来源：麦可思 – 中国 2018~2020 届大学毕业生培养质量跟踪评价。

（四）新兴岗位成为制造业中需求增长的亮点

新职业创造更多就业“出路”。在制造业就业的本科毕业生中，从事与工业机器人、工业互联网、大数据、云计算、人工智能等相关的数字化岗位的占比不断提升，从2018届的12.0%上升到了2020届的14.2%（图1–2）。毕业生的从业幸福感也高于其他岗位，2020届在制造业就业的本科毕业生从事数字化岗位的就业满意度为75%，比满意度为67%的其他岗位高了8个百分点。“互联网+”和“数字经济”的蓬勃发展为产业转型变革提供了强大推力，助力“中国制造”走向“中国智造”。

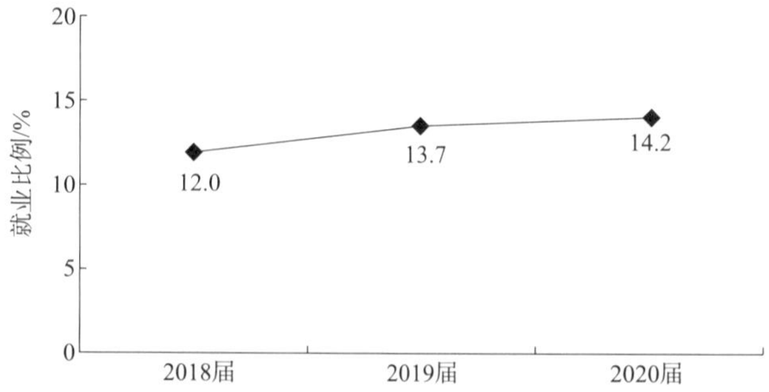

图1–2　2018~2020届在制造业就业的本科毕业生从事数字化岗位的占比

二、新冠肺炎疫情对升学和“考公”的影响

（一）研究生扩招缓解就业压力

研究生人数创历史新高。提高研究生入学率是应对2020年疫情影响的一项重要措施，对减轻就业压力具有重要意义。教育部数据显示：2020届硕士研究生报名人数再破纪录，达到341万人，较2019届增长了17.6%。具体而言，在过去五届中，中国本科毕业生攻读研究生的比例从2016届的13.4%提升到2020届的16.4%，增加了3个百分点（图1–3）。

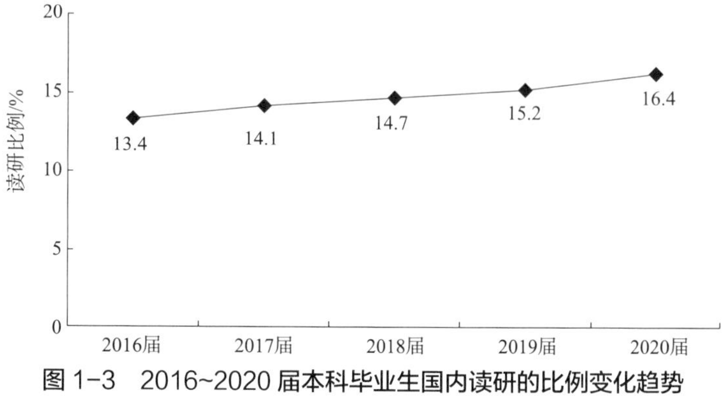

图1–3　2016~2020届本科毕业生国内读研的比例变化趋势

研究生入学考试竞争“白热化”。数据显示，2020年有21%的本科毕业生因求职受到疫情影响而转向读研。报考人数的增加进一步加剧了研究生入学考试的竞争，研究生

首次入学考试的成功率与往年相比也略有下降。数据显示：2020届本科毕业生准备考研的比例为5.1%，比2019届的4.0%增加1.1个百分点，在这部分人当中，二次考研的比例达到了84%，高于2019届的82%（图1-4）。

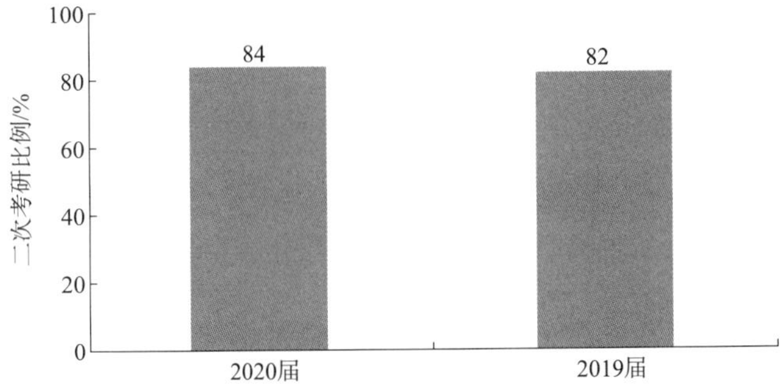

图1-4　2019届、2020届准备考研的本科毕业生中二次考研的比例

（二）留学群体受疫情影响较大

新冠肺炎疫情在全球蔓延对留学群体的冲击较大。2020届本科毕业生留学比例为1.6%，比2019届的2.2%下降了0.6个百分点。出国留学受到影响的本科毕业生中，50%打算延缓入学或远程上网课，有18%的人打算按原计划出国留学，另外，分别有18%、14%的人打算放弃留学而转向国内求职、考研（图1-5），一定程度上加剧了求职、考研的竞争。

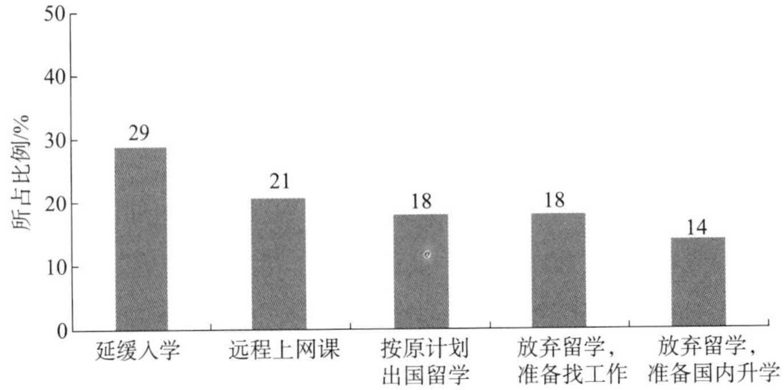

图1-5　2020届留学受到疫情影响的本科毕业生后续打算

（三）“考公热”再升温

体制内单位因其稳定性强、就业满意度高等特点而受到部分毕业生的青睐。近年来本科毕业生流向体制内的趋势越发明显。数据显示，2016～2020届本科毕业生在政府及公共管理部门就业的比例分别为5.6%、5.9%、6.0%、6.0%、6.2%，且持续上升。

体制内工作受到热捧，伴随而来的便是“考公热”，2016～2020届本科生毕业后准备公务员考试的比例分别为0.6%、0.7%、0.8%、0.8%、1.2%，也呈稳步上升趋势，特别是2020届，相比前几届上升幅度明显，这反映出在疫情影响下，“考公热”进一步升温。其中，工商管理类专业本科毕业生占比最高，达到了16.1%。具体情况见表1-4。

表 1-4 2020 届“考公”本科毕业生专业分布

专业类名称	所占比例 /%
工商管理类	16.1
计算机类	8.3
中国语言文学类	5.3
外国语言文学类	5.1
设计学类	3.7
电子信息类	3.6
法学类	3.0
机械类	2.9
教育学类	2.9
金融学类	2.9
公共管理类	2.6
新闻传播学类	2.5

数据来源：麦可思 – 中国 2020 届大学毕业生培养质量跟踪评价。

三、新冠肺炎疫情影响下的就业服务工作

在疫情形势下，高校就业指导工作得到了大力加强，相关工作取得了显著成效，也得到了广大毕业生的高度认可。在疫情防控背景下，开展就业指导工作是确保毕业生顺利就业、实现高质量发展的重要前提。

数据显示：通过学校获得第一份工作的2020届本科毕业生比例为44%，较2019届的41%增加了3个百分点，保持了近五年的持续上升态势。同时，2020届本科毕业生对学校就业指导服务的满意度达到了87%，相比往年提升幅度较大，2019届的比例为83%（图1–6）。高质量的就业指导工作对于毕业生就业质量，特别是对就业满意度的提升具有显著的影响，2020届本科毕业生就业满意度为71%，比2019届的68%提高了3个百分点（图1–7）。

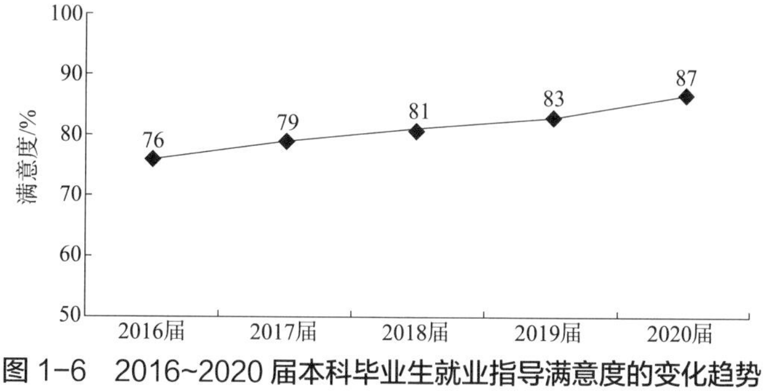

图 1–6 2016~2020 届本科毕业生就业指导满意度的变化趋势

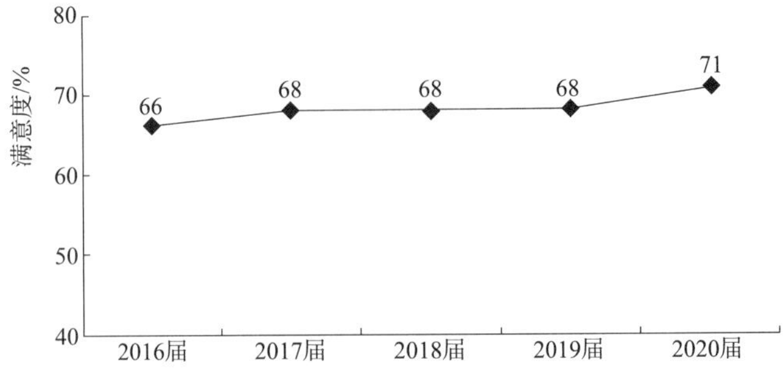

图 1-7　2016~2020 届本科毕业生就业满意度的变化趋势

值得注意的是，在新冠肺炎疫情影响下，线上招聘渠道作为线下招聘的重要补充，被广泛关注和运用。2020 届本科毕业生中有 39% 参与过学校组织的线上招聘会，参与度仅次于线下招聘会的 49%。不过，毕业生认为线上招聘会对自己求职有效的比例为 82%，相比线下招聘会的 85% 仍有进一步提升的空间。对此，高校后续可有针对性地强化线上招聘会的组织和实施工作，以拓展就业服务工作的边界，从而更好地促进毕业生的就业落实与个人的成长发展。

第二节　以某工科院校为例，各专业就业趋势及分析

某工科院校为辽宁省省属本科院校，2019 届本科毕业生为 3102 人，2020 届本科毕业生为 3028 人，2021 届毕业生本科毕业生 3076 人。从性别比例上看，男生分别为 60.61%、59.96%、60.53%，女生分别为 39.39%、40.04%、39.47%，男女生比例基本保持在 3：2 的水平。该高校的毕业生生源主要集中在辽宁省，占总数的 50% 左右，其余相对较多的省份有河南省、山东省、江苏省、安徽省、河北省等。从辽宁省生源来看，沈阳、大连、朝阳的生源比例最高。

一、毕业生签约就业单位情况

其一，从近三年本科毕业生签约人数相对集中的企业来看，学生主要就业单位集中在与制造业相关的单位，其中以化工、制药、能源、信息类企业为主。

其二，从签约单位性质情况来分析，主要为企业就业、升学、机关事业单位就业等（表 1-5），由于疫情的影响，很多大学生都选择了考研延迟就业举措，升学率在逐年提升。

表 1-5　2019~2021 届本科毕业生就业单位性质情况分布表

序号	单位性质	2021 届	2020 届	2019 届
1	升学	18.56%	16.38%	14.96%
2	机关事业单位	2.19%	0.38%	0.23%
3	医疗卫生单位	0.03%	0.26%	0.26%

续表

序号	单位性质	2021 届	2020 届	2019 届
4	企业	52.58%	56.82%	65.41%
5	部队	0.03%	0.03%	0.16%
6	自主创业	0.68%	0.53%	0.16%
7	项目就业	0	0.06%	0.03%
8	出国留学	0.36%	1.03%	1.32%
9	灵活就业	2.05%	6.13%	6.99%

其三，从签约行业［不包括升学、出国（境）］分布来看，毕业生就业行业主要集中在石油化工、制药、信息软件、建筑、批发和零售、能源动力等六个行业，石油化工、制药等两个行业占比逐年提升（表1-6）。

表 1-6　2019~2021 届本科毕业生签约行业分布情况

<table>
<tr><td>年份</td><td>石油化工</td><td>制药</td><td>信息软件</td><td>建筑</td><td>批发零售</td><td>能源动力</td><td>其他</td></tr>
<tr><td>2021 届</td><td>44.25%</td><td>20.12%</td><td>11.35%</td><td>8.29%</td><td>5.97%</td><td>4.61%</td><td>5.48%</td></tr>
<tr><td>年份</td><td colspan="2">制造业</td><td>信息软件</td><td>建筑</td><td>批发零售</td><td>电力、热力、燃气及水生产</td><td>其他</td></tr>
<tr><td>2020 届</td><td colspan="2">14.73%</td><td>9.67%</td><td>5.42%</td><td>2.78%</td><td>2.85%</td><td>66.23%</td></tr>
<tr><td>2019 届</td><td colspan="2">38.4%</td><td>15.29%</td><td>4.7%</td><td>3.7%</td><td>3.7%</td><td>34.21%</td></tr>
</table>

二、毕业生就业地域分布情况

分析大学生就业地域对于了解毕业生就业质量具有非常重要价值，从签约人数集中的省份、辽宁省内各市签约情况两个方面进行具体分析。

（一）毕业生在全国就业地域的就业分布情况

该校近三届毕业生就业分布在全国各个地区均签约人数相对集中的10个省市为：辽宁、山东、江苏、浙江、北京、广东、河南、天津、河北、上海，其中在辽宁省就业人数最多，签约人数占整体签约就业毕业生（除去升学、留学、参军、未就业）的50%左右，浙江、江苏、广东、天津、上海、北京等发达地区仍是毕业生省外主要就业地区，约占整体签约就业毕业生（除去升学、留学、参军、未就业）的20%。

（二）毕业生在辽宁省内各市的就业分布情况

根据最近一年的就业情况分析，本科毕业生在辽宁省就业的人数最多（不包括升学、出国和参军入伍），共1293人，占总就业人数的51.53%。对本科毕业生在辽宁省各地市就业的情况进行分析（表1-7），结果显示：2021年，在沈阳市就业的比例最高，为58.24%，比2020年略低；其次为大连市，占11.76%，比2020年略低。沈阳和大连就业人数之和占省内就业人数的69.99%，表明毕业生在辽宁省内更倾向于大城市就业。

表 1-7 2021 届本科毕业生辽宁省内各地市就业分布情况统计表

序号	地区	本科	硕士	合计	比例 /%
1	沈阳市	681	72	753	58.24
2	大连市	133	19	152	11.76
3	鞍山市	50	8	58	4.49
4	抚顺市	33	7	40	3.09
5	本溪市	24	1	25	1.93
6	丹东市	16	6	22	1.70
7	锦州市	21	5	26	2.01
8	营口市	31	8	39	3.02
9	阜新市	6	5	11	0.85
10	辽阳市	9	8	17	1.31
11	盘锦市	90	9	99	7.66
12	铁岭市	3	4	7	0.54
13	朝阳市	14	6	20	1.55
14	葫芦岛市	19	5	24	1.86
合 计		1130	163	1293	100.00

（三）毕业生在“新一线”城市的就业分布情况

近年来，随着“新一线”城市的发展，沈阳、天津、南京、青岛等“新一线”城市逐渐成为该校毕业生热衷的择业目的地（表1-8）。从本科毕业生就业“新一线”城市前五名依次为沈阳市、天津市、南京市、青岛市、宁波市。

表 1-8 2021 届本科毕业生“新一线”城市就业情况统计表

序号	城市	签约人数	占签约人数比例 /%
1	沈阳	681	33.06
2	天津	46	2.23
3	南京	32	1.55
4	青岛	20	0.97
5	宁波	16	0.78
6	杭州	15	0.73
7	苏州	11	0.53
8	成都	10	0.49

续表

序号	城市	签约人数	占签约人数比例 /%
9	佛山	10	0.49
10	重庆	9	0.44
11	郑州	8	0.39
12	武汉	6	0.29
13	长沙	6	0.29
14	西安	4	0.17
15	东莞	3	0.15
合 计		877	42.57

注：新一线城市名单来自在《第一财经 · 新一线城市研究所》发布的《2021 城市商业魅力排行榜》。其中，15 个进入新一线名单的城市依次是成都、杭州、重庆、西安、苏州、武汉、南京、天津、郑州、长沙、东莞、佛山、宁波、青岛和沈阳。

三、毕业生就业率变化趋势

从2019~2021届本科毕业生就业率情况（图1-8）来看，呈整体上升趋势，其中2020届本科毕业生就业率受到新冠肺炎疫情和国家整体经济形势的影响，就业率稍有回落，但随着国内疫情得到有效控制和经济的复苏，2021届本科毕业生初次就业率提升明显。

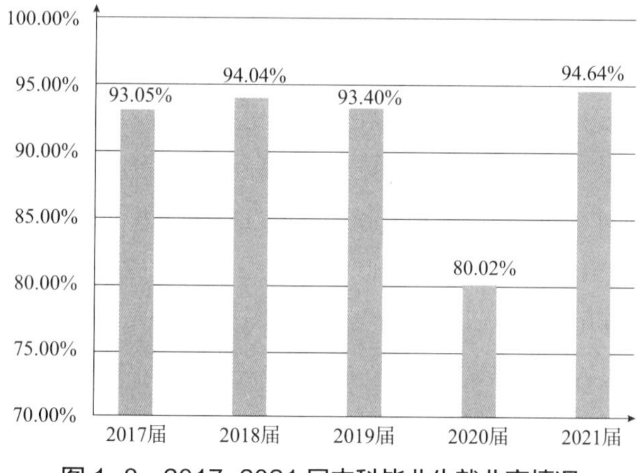

图 1-8　2017~2021 届本科毕业生就业率情况

（一）国内升学率的变化趋势

该高校高度重视毕业生升学工作，采取了一系列措施鼓励毕业生升学，2017年学校获得推荐优秀应届本科毕业生免试攻读硕士研究生资格，2021届免试推荐68名本科毕业生攻读硕士研究生，学校2021届本科毕业生国内升学率显著提升，比2020届提高了2.18个百分点（图1-9）。

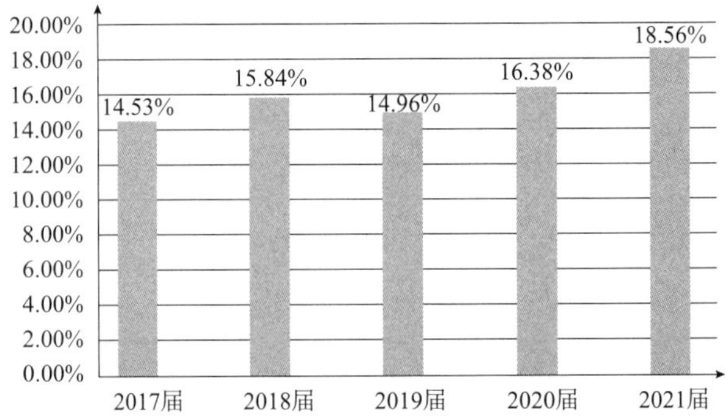

图 1-9　2017~2021 届本科毕业生国内升学情况

（二）毕业生就业特点分析

毕业生素质优良，深受用人单位好评。该校毕业生具有基础扎实、实践能力强、认真踏实和适应性强的特质，传承了立足岗位、热爱行业、开拓创新、坚忍不拔的优秀品质，在工作岗位上表现突出，深受用人单位好评。2021 年，学校继续通过座谈会和网络问卷调查等形式对应届毕业生就业后的工作情况开展跟踪调查，其中92.1％的用人单位对该校毕业生在新工作岗位上的表现表示“满意”。

适应社会发展，毕业生就业选择呈现多样化。毕业生对未来职业和个人发展选择更加理智，也有新的变化。一是毕业生选择考取研究生人数不断增多，呈现逐年上升的态势；二是就业单位、就业方式选择更加多元和灵活，在服务业、文化产业、“互联网＋”等方面有了更多的尝试。

复合型毕业生更受用人单位青睐。在创新促发展已成社会共识的背景下，用人单位对毕业生的学历层次、专业技能、创新能力、综合素质提出了更高要求，更加倾向于选拔精英型、复合型人才。拥有学生干部经历、社会实践经历及获“挑战杯”省赛或国赛奖项的毕业生，获得过国家奖学金、省政府奖学金的毕业生，省、校优秀毕业生，学生党员毕业生等特色群体的总体就业率、就业层次、升学比例均高于平均水平。

第二章　简历制作与求职途径

学习目标

（1）了解和掌握简历和求职信的制作方法；
（2）了解自我测评方式方法；
（3）掌握求职的途径和方法；
（4）了解和把握求职方式。

第一节　简历的重要性

案例导读

对于求职者来说，简历是获得工作机会的敲门砖。在当今社会，求职的方式很多，但简历适用于每一种类型和阶段的面试。从招聘人员打开招聘邮箱的第一刻起，映入眼帘的就是你的简历，简历的质量直接影响求职的成败。所以，做好简历是走向成功的第一步。

也许你目前还没有完全意识到简历在求职中的重要性。让我们看看一些有趣的数字：在美国，平均有200人申请一个职位，其中100人是合格的；在北京，一个职位平均会收到1000封申请信，其中200封是合格的；根据一家网站的统计，大型企业通常每周收到500~1000份求职简历，其中80%是在经理浏览不到30秒后被删除的。在半分钟内通过电子邮件让别人对你感兴趣要比直接与雇主见面困难得多。因此，简历对求职者是非常重要的。

看到一份心仪的工作正在招聘，你很想去试一下。事实上，你可能是这个职位的最佳人选，但如果你的简历不能吸引招聘人员，你可能会失去这个机会。因此，我们可以看到简历制作对于学生职业选择和就业的重要性，这是许多学生在求职过程中面临的第一个挑战。以下将从学生和企业两个方面阐述简历的重要性。

一、从学生角度看简历

简历（resume），顾名思义，就是对个人学历、经历、特长、爱好及其他有关情况所作的简明扼要的书面介绍。简历是有针对性地自我介绍的一种规范化、逻辑化的书面表达。对应聘者来说，简历是求职的“敲门砖”。写简历是求职者在求职前需要准备的必备材料。一份好的简历是成功求职的决定因素之一。

对于高校毕业生来说，简历是记录他们在大学期间的学习成绩、课外活动和生活的基础。是一部反映学生成长经历的“纪录片”，它对大学生的就业、工龄计算、晋升、毕业后的社会保障以及学生的发展都起着重要的作用。在当今快速发展的社会环境中，企事业单位选聘人才的第一个重要依据就是求职者提交的简历。因此，学会制作简历的重要性日益突出。

高校培养模式由“精英化”向“大众化”转变以来，学生就业问题一直是困扰我国人力资源配置的一个重要问题。2020 年新冠肺炎疫情在全球蔓延，中国的防控措施在全球是最好的，但仍无法避免对国内就业环境造成了一定程度的影响。在这样的就业环境中，要找到理想的工作，不仅要发展和提高自己的专业能力和综合能力，还要知道如何在激烈的就业竞争中有效地推销自己。那么，设计一份高质量、有创意、吸引招聘者眼球的简历显得尤为重要。

（一）帮助高校学生树立正确的发展方向

在高校毕业生求职的过程中往往存在这样的情况，很多学生到了大四年级开始找工作的时候，才开始准备简历，并且发现大学四年似乎没有什么特别突出的成绩能写到简历里，导致简历过于普通，不能被心仪的企业录用。那么从什么时候开始准备简历才最合适呢？毋庸置疑，从入学就开始准备也不为过。高校一般都设有就业指导课程，该课程系统地开设职业生涯规划和就业指导相关内容，学生在教师的指导下，根据自己的情况制订切实可行的职业生涯发展计划，并在四年的有限时间里树立正确的发展方向并按部就班地实施，在不断的实践和积累后，才能在简历上写出丰富又有价值的一笔。所以，规划好大学四年的学习和实践，树立正确的发展方向，踏实走好每一步，就是为毕业时的简历做最好的准备。

以 2015 年入学的学生小王为例，和其他大学生一样，小王带着对未来的美好期待和对大学生活的幻想来到大学校园。大一时，小王和其他同学一样，积极参加各种社团活动，成为学生会成员；大二时，小王利用漫长的暑假在学校附近的生活区做兼职，感受到了普通人生活的艰辛，历练了生活能力；到了大三，大多数与小王同级的学生开始计划自己的就业，小王选择了考研究生，在不懈的努力下，小王如愿被一所著名的大学录取。从小王的人生轨迹可以看出，小王是一个善于规划和有很强执行力的人才，但对大多数学生来说，要做到这一点是非常困难的。

因此，简历的设计和制作不仅关系到大四的毕业生，对低年级的大学生也有着重要的影响。在大学入学之初，便可以引入简历的相关概念和如何积累简历内容，使学生能在未来的学习中确立正确的发展方向，使大学里的学习和生活更有意义。

（二）引导高校学生构建学习目标

面对竞争日益激烈的就业市场，越来越多的毕业生在写简历的时候觉得茫然无措，原因不是不会写简历，而是没有足够多的内容可写，甚至有部分学生为了找到好工作，通过虚假简历欺骗企业。在高校的专场招聘会上，我们有时会见到一个班级通常有5名团支部书记、3名班长，甚至一所学校有20多名学生会主席。据不完全统计，绝大多数的大学生支持或打算在简历上作弊，“如果你不作弊，其他人就会作弊”，这种论调在大学生中相当普遍。这个问题的主要原因是没有在大学期间制订一个全面的计划（比如获得什么分数；获得什么证书；参加什么样的社会实践，等等）。如果能有一个系统的计划，就没有必要担心简历无内容可写而伪造简历。

以某高校小陈同学为例，作为一名优秀的毕业生，他自从进入大学就决心成为一名人民教师。他清晰地认识到，如果想要成为一名人民教师，就要多积累能从事教师职业的各种技能，这样才能在未来应聘教师岗位时，拿出一份有分量的简历，在众多应聘者中脱颖而出。因此，他在入学之初就设定了大学四年的目标并为之努力：

（1）大一时，他积极参加学生会和各种社团活动；

（2）大二时，他通过了英语四级、六级和普通话考试；

（3）大三时，主动申请偏远农村地区的支教实习工作，并坚持在业余时间做家教；

（4）大四时，深入了解教师岗位的招聘信息，精心准备应聘简历。

小陈毕业时被评为省优秀毕业生，在大学的四年里，他多次被评为优秀学生干部和三好学生。当教育局来招聘教师时，他成功通过了各级选拔，最终被录用。

从上面的例子可以看出，简历可以引导大学生在大学期间有一个明确的目标。同时，简历也可以帮助大学生在未来的工作中集中精力处理在简历填写过程中发现的自身不足，从而进一步提升自我。

（三）激发高校学生学习的潜能

在简历中，有一个栏目是“你在大学期间担任过什么样的职位”，在简历上填写这一栏对学生的就业非常重要。从过去几年的经历来看，许多企业更喜欢录用在大学担任学生会干部、班级干部的学生，他们认为这些学生在工作能力和沟通能力方面都非常优秀，能够更好更快地进入工作状态。如今，大学生都是“00后”，他们大多是在家长的百般呵护下成长起来的，除了学习几乎不安排任何其他事情，导致很多学生动手能力差，集体活动参与度相对不足。上了大学后，很难改变原来的生活学习状态，做事情积极性不高，学院班级活动敬而远之，更不要说竞选班级委员、学生会干部。他们认为，在大学里当学生干部主要是为了帮助老师搬运东西，并向学生传达通知，这些简单的工作并不能真正锻炼和提高他们的能力。事实上，他们的想法是片面的，他们没有意识到自己的个人素质和修养是在一点一滴的工作中积累起来的。学生干部是学生与教师之间的桥梁，具有上传和下达信息的纽带作用，通过与教师和学生的交流，语言表达能力将大大提高。在对学生的采访过程中发现，曾担任学生干部的学生语言清晰流畅，而未担任学生干部的学生较多无法顺畅地表达自己的想法，甚至有些学生脸红紧张，与担任过学生干部的同学有明显的差异。通过工作简历的引导，让更多的学生积极参与竞选学生干部和班干部，更愿意服务奉献他人，这有利于各项工作的开展，更好地挖掘他们的潜力。

简历的内容涵盖了整个大学生涯的每一个细节，是整个大学生涯的缩影。它可以帮助大学生指明学习和生活的方向，制订个人的职业生涯规划，确立明确的学习目标，激发大学生的学习潜能，为将来成功的就业打下坚实的基础。

（四）提高高校学生的自我认知

简历的制作可以提高大学生的自我意识，全面了解自己的优缺点，从而进一步加强学习，提高职业能力，成为更好的自己。

清晰的自我认知有助于大学生进行职业生涯规划。职业生涯规划是大学生自我管理的一种有效途径，它可以帮助大学生准确地了解和分析自己，从而根据自身的性格特征、专业特长、知识结构及社会就业环境，对将来要从事的职业以及要达到的职业目标或要实现的职业理想，有效地制订目标性方案。

（五）量化个人成就

求职者经常在简历中用数字来描述他们的学位或成就。数字可以突出学业成绩、竞赛成绩、奖项权重、证书含金量和实践项目难度，显示个人非凡成就。例如：注明专业课程在教育背景中的平均分数和专业排名；注明获奖成绩和获奖荣誉在学生中的比例；并注明工作中的可量化成就。例如：

（1）学业成绩：

①国家奖学金（2次一等奖学金/学年）；

②某某市奖学金（全校仅10人）；

③某某大学一等奖学金（专业前3%）。

（2）奖励情况：

①某某市高等学校优秀学生干部标兵（全校1%）；

②某某市“优秀共青团员”称号（全校仅5人）。

（3）实践经历

①负责网站调研与目标高校、企业的合作推广计划的实施；

②对全国约400家重点高校就业网进行调研，确定200多所目标院系就业办老师名

单，并负责与这200多所目标院校就业处老师联系沟通及访谈，保持2~3次后续跟踪，完善网站制订的高校合作计划文案；

③通过电话访谈方式对700多家企业进行招聘规模、渠道及目标生源等校园招聘需求调研，撰写长达5000字的调研报告，并根据调查结果对企业有针对性地推介网站服务项目，最终与近625家目标企业达成合作意向。

在实事求是的基础上，在简历中以定量的方式呈现求职者的成就，也就是说，它符合简历中“简单”的字眼，不会造成信息冗余和拖沓，从而给人力资源部留下良好的第一印象，甚至使这份简历在许多求职者的简历中脱颖而出。

（六）突显求职意向

在就业过程中，我们会看到很多高校毕业生经常想用一份简历可以通吃天下所有的职位。事实上，不同的行业间，虽然职位相同，但对能力的要求却存在一定的差异。例如，同样是售后服务，求职者需要耐心、亲和力、外向性格和良好的沟通技巧，但IT行业可能对技术有更高的要求，而媒体可能对协调和管理有更高的要求。因此，对于高校毕业生来说，针对不同的企业制作相应的简历，突出不同企业的工作要求，会让招聘者更容易接受自己。

学生在求职过程中，无法避免在简历中评估自己的某些方面。比如个性和能力，比如一些实践或组织活动。对自己进行评估时，毕业生往往表现出言语贫乏、笨拙、空洞的特点。这种评价如“你吃过了吗？”一样，形式大于意义。例如，一些学生在简历中写本人坦诚、开朗、热情，但是缺乏相应的内容来证明。一些活动的结果经常说“取得好的效果”，没有人知道这种效果有多好。如果过于模糊和笼统，这种评估就毫无意义。

因此，为了能在简历上突出某方面的能力，就应该尽早培养锻炼这方面的能力，用后期成果有针对性地突出相应能力，以增加求职过程中被录用的可能性，而不是含糊其词，简单带过。

二、从企业角度看简历

2020年全球公共卫生事件暴发以来，人才市场招聘职位骤减，越来越多的大学生通过网投简历、远程面试来竞争宝贵的招聘职位。据智联招聘《2020年秋季大学生就业报告》数据显示：33.3%的企业已启动秋招，20%还在筹划中，没有校招计划的占到46.5%。《2020年秋季中国雇主需求与白领人才供给报告》显示：2020年秋季求职期全国人才求职竞争指数（ 竞争指数 = 收到的简历投递量/发布的职位数量）为40.3，竞争指数同比上升1.3，求职市场的整体竞争更加激烈。为提高新时期人才选拔效率和精准度，企业需要从简历提高人才筛选的效率，由此看出简历对于企业选拔人才的重要性。

（一）简历可以使信息的传递更加高效

信息的传递是简历的最终目标。需要注意的是，人事经理在招聘过程中需要浏览数百甚至数千份简历，因此，简历中信息的有效集中传输尤为重要。通常一些毕业生担心简历不够详细，无法在写简历的过程中充分表达自己在各个方面的能力，因此，他们会尝试列出所有信息，并制作一份厚厚的简历。例如，有的同学在学习经历过程中从小学写起，一直写到自己研究生毕业，而有的同学则把自己的三姑六姨等各类亲属关系也列入自己的家庭关系中。我们知道写一篇文章的第一件事是立意，也就是你想要表达的东西。写一份简历应该说明你想找什么样的工作，针对这份工作的性质，求职者具备什么样的能力，并在简历中说明求职者是否具备这种能力，以及有什么样的经验和学习过程来证明这一点。这种信息传递需要准确、有效、集中，而不是拖沓冗长，没有重点。

范例分析：一份求职者的简历

简　历

个人信息　　　　　　　　　　　　简历鉴证人：班主任张老师

姓　　名：张 ××（22 岁）

性　　别：男　　　　　　　　　　出生年月：1999-1

毕业院校：北京 ×× 大学（211 院校全国重点）　　民　　族：汉族

所学专业：工商管理、会计专业　　政治面貌：中共党员

户口所在：北京　　　　　　　　　教育程度：大学本科

现住地址：北京市朝阳区 ××××××××××

联系方式

手　　机：186××××1111

电子邮箱：0000000@163.com

求职意向

基本月薪：9000 元　　　　　　　工作性质：全职

求职意向：职位 1：会计　　　　　工作地区：北京及其他地区

职位 2：财会助理

职位 3：行政助理

教育培训情况

2017—2021 年就读于北京 ×× 大学会计专业

2020 年参加了中国会计网和中财网注册会计 5 科课程的培训和学习

工作社会实践经历

从小学至大学连续担任班长职务。

大学曾担任两年学院学生会实践中心部长，高中和大学期间均做过家教和促销。

2018 年 10 参加了学校财务教程的学习，熟悉了电脑的流程，可操作总账、工资、存款等模块。

2019 年 11 月，参加了沃华会计网校初级和中级职称会计单科工作，赢得踏实、认真、细致的好评。

2020 年 9 月参加了学校手工会计实习，熟悉手工建账的流程，可以熟练地操作各种凭证。

2020 年 11 月参关了北京池谭证券公司，实时分析大盘走势并主要学习了运用 k 线图进行分析和决策。
2021 年 3 月参加了大学生义卖报纸活动，往返于北京站和八王坟之间，当日卖出 178 份。

外语水平及计算机能力

外语：英语四级
计算机：能够熟练操作财务软件，善于使用 word、Excel 等办公软件

表现及奖励

2020 年 10 月获校级暑期社会实践先进个人
2019 年 5 月获校级优秀共青团员
2019 年 12 月获校级优秀学生干部
2018 年 3 月获校级人民奖学金
2017 年 10 获校级军训标兵

简历点评：

优点：注明了求职意向；内容细致；加注了“简历鉴证人”一项，突出了本人的诚信态度。

不足：无效信息罗列过多。如：月薪、工作性质、工作地区等。这些内容招聘方都会酌情安排，无须注明。在写出的社会实践方面没有针对性地突出求职意向，只是进行了简单的罗列，看似丰富，但可以支撑求职意向的内容并不多。另外需要说明的是：如果在招聘会上投递简历，应根据不同的职位分别制作简历，否则，会误导招聘者，效果不佳。

（二）提高人才选拔的效率

范例分析：一份求职者的简历

姓　名	×××	出生年月	1998 年 7 月	性　别	男
民　族	汉	政治面貌	党员	毕业时间	2020 年 7 月
籍　贯	天津	外　语	英语	学　历	学士
专　业	材料科学与工程		求职意向	销售、市场开拓	
联系电话	139××××1234		E-mail	939×××572qq.com	
培训项目	辅导员专职训练、心理教育培训				
个人特长	能够熟练使用各种办公软件； 有较强的语言文字表达能力； 对科技以及企业管理等课程有一定理解； 有良好的团队合作精神，善于和他人沟通； 对待工作有热情，善于学习，积极向上。				
教育背景	2016年9月—2020年7月，在北京××大学进行材料科学与工程方面知识的学习，对于高分子材料专业的相关知识进行了系统的学习和研究，有比较深刻的认识，组织协调能力也有了极大的提高。				

社会经历	2016 年 10 月—2017 年 7 月，任班级组织委员、文艺委员。参与组织了党支部的辩论赛，本班最终夺得冠军，本人获最佳辩手；军训期间担任军训副班长，负责连队的组织和协调，获得军训优秀学员；年终被评为三好学生、学院优秀团员。 2017 年 9 月—2018 年 7 月，任班长、学生会公关部副部长。组织了班级的长城游以及春游，负责非典期间的学生组织和联系，获得校级优秀学生干部；积极投入校庆志愿活动，获得校庆工作积极奖；参加党校学习，获得党校优秀学员；年终获得光华奖学金、人民奖学金。 2018 年 9 月—2019 年 7 月，任学生会主席、校学代会委员。组织策划了北京 20 余所高校的“动感地带杯”校园歌手大赛，反响良好；组织台湾图片展，以及爱藏博爱义演；获得北京市三好学生、校优秀学生干部、三星奖学金一等、学习优秀奖学金。 2019 年 7 月至今，任 2018 级辅导员。在北京天下为学文化发展有限公司担任北京夏令营负责人；担任北京基德同创科技有限公司市场部项目负责人。

简历点评：

当一个求职者申请一份工作时，他的目标通常是他的专业，也是我们常说的专业与职业的关联，即专业对口。学习计算机的人应该从事与计算机相关的工作，而学习汉语的人应该从事与文本相关的工作，通常情况就是这样。但是，不排除完全脱离专业，从事与专业完全无关的其他职业，毕竟社会对人才的需求是多样化的。大学生在就业过程中可以充分考虑自己的能力、兴趣、个性等因素，做出自己的选择。然而当用人单位的人事经理通过简历选择合适的人才时，一般往往从专业相匹配开始。在这份简历中，作为一名理工学院的学生，他的求职意向是一个与市场营销相关的职位，而且跨度相对较大。如果求职意向的性质与专业无关，你应该充分说明你从事这项工作的优势和能力。同时，还应该在求职信中解释你为什么要从事非专业工作。

我们从简历中可以清楚地感觉到他是一位非常优秀的毕业生。他在大学四年所做的所有工作都反映了他在市场开发方面的潜力。然而，在这份简历中，与市场发展相关的信息描述不是非常具体，招聘人员一眼很难看出他的经验证明了他的能力。同时，活动介绍过于简单，对结果的评估也非常程式化，没有实质性的有用信息。因此，招聘人员无法完全相信和确定他有胜任目标职位的能力。

从这些甚至更多的简历中我们发现：大学生简历中普遍存在的问题是列出自己的情况和经历，但是缺乏重点和有效信息，有时更像个人总结。简历的目的是希望招聘人员能够越来越全面地了解他们，但这种效果往往适得其反。如果没有主次，招聘者只会感到混乱，没有耐心仔细区分它们。另外，大学生的求职意向不明确，因此，在突出个人才能方面重点不突出。所以，大学生在求职前，一定要先确定个人的求职意向，以便在介绍工作经历和所获奖项、专业等方面加以突出。另外，格式方面尽量简单明了，不要过多地修饰，以便招聘方在快速筛选时阅读方便。

（三）通过“关键词”法筛选人才

HR 到底是如何筛选简历的？有一件事是肯定的：面对数百份简历，HR 肯定不会仔细阅读每一份简历。一般来说，他们会对一些关键词进行初步筛选。根据调查数据，86%的HR在筛选简历时首先关注工作经历，然后在简历中搜索与职位匹配的关键词。第三个关注点是个人技能。

判断求职者的专业资格和工作经历是否符合职位要求，如不符要求，直接筛选掉。分析求职者应聘职位与发展方向是否明确和具有一致性，初步判定求职者与应聘职位的适合度，如判定求职者与应聘职位不合适时，将此简历直接筛选掉。如果一份简历在描述自己的工作经历时，列举了一些著名的单位和一些高级职位，而他所应聘的却是一个普通职位，这就需引起注意，如果能断定简历中的虚假成分可以直接筛选掉。如果可以判定求职者简历完全不符合逻辑性，直接筛选掉。

因此，这就要求我们的简历“简单但又不失厚重”。简而言之，不要用5~6页纸写简历，一般来说，人力资源部负责第一轮简历筛选的人没有那么多精力阅读简历。某家外企校招负责人表示，一般来说，在第一轮筛选简历时，最多只需30~40秒就可以阅读一份简历，所以内容太多的简历很容易让人厌烦。建议简历数量控制在1~2页以内，最多不超过3页。一份“清晰”的简历必须把申请人最大的特点放在简历最突出的位置，让筛选简历的人从简历中总结和提炼你的特点。厚重意味着简历应该内容丰富，传达大量有效信息。我们应该清楚地表达我们的教育背景、实习经验和能力优势等。

（四）激发求职者的创新意识

很多高校毕业生的简历都是千篇一律，缺乏新意和创意。他们通篇讲述了自己的教育、专业特长、工作经历和成就，然后是一番远大抱负和豪言壮语，而没有能体现优势的实实在在的内容。有些人总是求职不成，怨天尤人，但他们从不总结自己在简历中是否以最佳方式展示了自己的优势。

那么，如何在简历中突出自己的优势呢？请看求职者简历的开头：“昨天晚上，我像往常一样，关闭了自习室的最后一扇窗户，关掉了最后一盏灯，最后一个离开了自习室，完成了我最后一天的高校学习生涯。因为明天我需要迎接新的挑战。”这个类似流水账的开头非常简单，但设计新颖独特。这里没有刻意雕琢、炫耀和宣传，只有简单文字，然而，我们可以从头到尾看到这名毕业生的学习精神和持之以恒的韧劲。用简单的生活故事来诠释自己的优点，比数百个华丽的形容词更有影响力和吸引力。所以，不要跟着别人写简历，要敢于突破常规，敢于创新，写出自己的特色。

（五）判断求职者价值观与企业文化是否匹配

文化建设是我国“五位一体”总体布局的重要组成部分，是民族振兴和繁荣的精神指南。同样，企业文化也逐渐成为企业核心竞争力的重要组成部分和现代企业管理的核心内容。它在企业发展的各个环节发挥着越来越重要的作用和影响。只有建设好企业文化，才能提高企业的物质文明和精神文明水平，提高员工的文化素养，进一步培育共同的愿景追求，更有效地增强企业的凝聚力和战斗力。

兴趣爱好、专业和自我评估有助于招聘人员判断求职者的价值观是否符合企业文化。在某项调查中显示：9.4%的求职简历没有兴趣爱好、专业、自我评价等内容，46.5%的求职简历与岗位关系不大。例如，一位求职者在申请市场营销职位时写道，他的爱好是阅读和思考，而市场营销职位更注重社交能力，简历应该显示应聘者符合工作要求的性格特征，否则就不符合企业的文化。

（六）契合互联网招聘的主流招聘方式

随着信息技术的日益发展和互联网的普及，互联网招聘已经成为国内大多数企业最常用的人才招聘方式。面对互联网上大量的人才简历，如何快速、准确地找到并招聘出符合公司发展需要的人才，已成为人力资源部门急需解决的关键问题。根据中国产业研究报告网编译发布的数据，从2009年的81万家企业发布在线招聘需求，到2018年的658.9万家，增长了8倍。同样，在过去10年中，通过互联网申请工作的人数也从6500万增加到了1.8亿。我们可以看到，互联网招聘的发展也大大加快了企业招聘与求职者之间信息交流的效率。

目前，互联网招聘的方式和渠道比较多元：

（1）新的互联网招聘方式：老板直接招聘、共青团俱乐部、领英、pulse、猎头招聘等新的互联网人才招聘app方式；

（2）传统门户招聘方式：前程无忧、智联招聘等平台；

（3）基于TikTok推荐：QQ、微信、微博、抖音等。

拓展阅读

为什么你的简历石沉大海

通常情况下，大学生从大三下学期开始就可以投递简历了，有的在网上投递，有的提供纸质版简历，还有的要求当场手写简历。起初，大学生们还能保持谨慎，但随着投递的简历越来越多，他们就会变得麻木，忽略了简历的质量，因为反正都是海投。有的学生认为自己是大学毕业生，相信是金子都会发光，像简历这样的事情并不重要，其实如果你不能做任何技术性的工作，只是向面试官点头示意，你就做不了什么。很多学生会很疑惑，认为自己的学习成绩很好，能力也很强，颜值也在线，为什么提交的每一份简历都石沉大海？其实，这是一个缺乏社会经验、进入招聘面试误区的一个表现，即便你是一名大学生，在人力资源部门的眼中，你的简历如果没有出彩的地方，没有值得人力资源部门认可的技能，不能为企业带来效益，也可以在第一轮就被淘汰。人力资源部门每天都会收到成百上千的简历，为了提高效率，他们并不会仔细查看每一份简历。因为有些简历的格式虽然比较规范，但实际内容却零零散散并不真实，甚至许多毕业生在他们的简历上写道："本人性格开朗善良、乐观向上。"不难发现，他们的简历都是在网上复制的，毫无新意。因此，人力资源部门会判断这名应聘者不重视面试机会，如果你是HR，你肯定也不会雇用这样的新员工来为企业服务。

第二节　简历的编写与制作

案例导读

毕业季的慌乱

侯同学的家在四川凉山的小镇上，考入了成都某所高校，就读于物联网专业，经过四年的刻苦学习，和其他同学一样，都进入了就业季。侯同学也是怀着多参与、多尝试、多积累的心态奔波于各大招聘会现场，学校的大型招聘会、企业专场招聘会、社会大型综合招聘会，网上也寻找与专业相关的企业，进行简历投递。可是，一份份简历如同石沉大海，没有一点音讯。看着其他同学的Offer纷纷而至，侯同学很是懊恼，不知道问题究竟出在了哪里，按说成绩也不错，在大学期间的各项活动也没少参加，并且利用寒暑假也积极参与了企业实习，积累了一定的工作经验，为什么就没有企业能给他一次就业机会，甚至面试机会？怀着烦恼的心情，侯同学带着简历找到了学校就业指导中心的老师，想请老师帮助分析一下，为什么别人的就业季都收获满满，而自己却慌乱成了一片。经过指导中心老师的分析，发现侯同学简历出了大问题。首先，就业意向不明确，校园经历和实习经历没有突出重点；其次，简历格式不规范，层次脉络不清晰。这就是他没有机会进入HR法眼的症结所在。

一、简历的构成和基本内容

下面我们来详细介绍一下如何制作简历。

有的简历模板上个人信息填写模块会有很多，比如籍贯、健康状况、民族、政治面貌等，简历的黄金三分之一的位置不是让你填写这些可有可无的信息。姓名、必要联系方式、学历、专业，出生年月这五项基本信息足够了。一些特殊情况可做增减，比如有的岗位党员优先，可以加一项政治面貌。这样才能最大化地让自己在众多的简历中脱颖而出，其实一份好的简历只需将以下几个方面表现出来即可。

（一）基础信息

基础信息包括姓名、居住地、联系方式（微信、手机号、邮箱三个都要写，因为你不知道对方常用什么方式，如果因为少写了联系方式而错过了信息，就得不偿失了）。简单介绍自己的过往经历，把自己做过的事情串成一条线描述出来，如果有很厉害、很棒的项目经历，可以在简介中用数据进行简述。个人简介短小精悍最好，以总结为出发点，切忌废话，写虚的东西没有意义，例如：具有较强的学习能力，在没有成绩佐证的情况下这句话不会有任何作用。

（二）教育背景

对于一般的本科毕业生来说，直接把学校专业放在个人信息栏就可以了，并不需要专门设一个教育背景模块。除非你的教育经历有培训、交换生、硕士、博士等足够撑起一个模块的内容。

简历的上三分之一是HR停留目光最久的部分，一定要放含金量高的内容。

（三）求职意向

一定要写在简历上端，可以放在个人信息前或者紧挨着个人信息后。如：JAVA开发工程师、人事专员。不写求职意向或者企图用一份简历投遍各个职位，你的简历基本就是废纸一张。还有一些可能会写得很模糊，比如不清楚自己是承担前端还是后端开发，于是就写开发工程师。这样的简历，也很难找到归属。如果自己都没有职业规划、职业方向，HR是不会为你筹划的。

（四）工作/实践经历

1. 校园经历

这一部分可以选择性地写一些社会实践、学生工作等相关经历。在学校有参与过项目的同学可以着重描述这个项目情况，将自己在这个项目里的工作任务和发挥的作用，用客观数据进行阐述，以此让招聘方对你的实践过往有一个大致的了解。

2. 实习/工作经历

按照时间从近到远来描述，写明时间、公司（全称）、岗位。

日常工作：对日常工作进行描述，着重突出自己这个岗位是做什么的，如果有作品可以附上链接（PDF可以直接跳转链接，方便查看）。

项目经历：在实习中如果参与过项目那是最好不过的了，描述形式为，项目描述+你在其中主要做了什么+数据说明+链接（运用STAR法则）。

简历是用于应聘的书面交流材料，能全面地介绍自己并向未来的雇主表明自己拥有能够满足特定工作要求的技能、态度、资质和自信。成功的简历就是一件营销武器，它向未来的雇主证明自己能够解决他的问题或者满足他的特定需要，因此，确保能够得到会使自己成功的面试。

3. 资质技能

若个人的奖励很多，建议按照奖项的重要程度排序；有些同学有学习竞赛的奖励，又有校园活动的奖励，这个时候建议分成两列，分开填写。否则，奖项太杂乱，看不到重点。另外，实实在在地写出自己能用这些技能完成什么工作会更有说服力。

4. 自我评价

实在填不满一页纸的同学可以考虑好好写自我介绍，经历丰富的可以不用此模块。注意不要写出来的自我评价，是放到任何一个人的简历中都能通用的，通用则没有体现出自己的特质在哪里。

二、简历的制作技巧

简历是求职者的敲门砖，简历制作的好坏直接影响到求职是否能够成功。那么我们该如何写好自己的求职简历，走出确保求职成功的第一步呢？其实，简历不一定非要追求与众不同，只要能注意以下8个要领，就能够写出一份令人满意的简历。

（一）语言要言简意赅

有许多求职者觉得简历越长越好，以为这样易于引起注意，其实适得其反，它淡化了阅读者对主要内容的印象。冗长的简历不但让人觉得你在浪费他的时间，还能得出求职者做事不干练的结论。另外，招聘的工作人员多半工作量大，时间宝贵，导致HR查看简历的时间相当有限，冗长的简历反而会引起招聘人员的反感。言简意赅、流畅简练、令人一目了然的简历，在哪里都是最受欢迎的，也是对求职者的工作能力最直接的反映。所以，简历应在重点突出、内容完整的前提下，尽可能简明扼要，不要添加无关紧要的说明。多用短句，每段只表达一个意思。

（二）强调成功经验

仅有靓丽的外表而无内容的简历是不会吸引人的，招聘工作人员想要看到证明你工作能力的材料。比如要证明你以前的成就以及你的前公司得到了什么益处，包括你为公司节约了多少钱、多少时间等，说明你有什么创新等。强调以前的事件，然后一定要写上结果。记住，别平铺直叙自己过去的工作内容，一定要提一提自己对以前单位的贡献；短短一份“成就记录”，远胜于长长的“工作经验”。

（三）内容要真实

写好简历还有一个最基本的要求就是确保内容真实。有许多初次求职者，为了能让公司对自己有一个好的印象，往往会给自己的简历造假。目前，简历的造假比较典型的有：假文凭、假职务，过分渲染工作职责和更改在职时间。造假信息一旦被发现，会对求职者的诚信意识造成一定的影响，没有哪家公司喜欢不诚实的员工，并且造假也就意味着求职者没有相应的真实水平，被筛选掉也是公司的必然选择。

（四）内容应重点突出

由于时间的关系，招聘人员只会花短短几十秒的时间来审阅简历，因此简历一定要重点突出。一是目标要突出，应聘何岗位，对于不同的企业、不同的职位、不同的要求，求职者应当事先进行必要的分析，有针对性地设计准备简历，如果简历中没有明确的目标岗位，则有可能直接被淘汰；二是突出与目标岗位相关的个人优势，包括职业技能、素质及经历，尽量量化工作成果，用数字和案例说话。盲目地将一份标准版本大量拷贝，效果会大打折扣。

（五）要传递有效信息

在写简历的过程中，作为一名求职者，你应该向用人单位传递一些有效的信息，这些信息包括：①明确自己的奋斗目标；②体现自己的工作意愿很强烈；③有团队协作精神；④掌握诚恳原则。

（六）词语使用要准确

许多负责招聘的工作人员都说他们最讨厌错别字，他们说："当我发现错别字时我就会停止阅读。"因为他们认为错别字说明求职者的素质不够高，并且没有认真对待求职这件事。因此，我们最好不要使用拗口的语句和生僻的字词，更不要有病句、错别字。外文要特别注意不要出现拼写和语法错误，一般招聘人员考察应聘者的外语能力就是从一份履历开始的，同时，行文也要注意准确、规范。大多数情况下，作为实用型文体，句式以简明的短句为好，文风要平实、沉稳、严肃，以叙述、说明为主，动辄引经据典、抒情议论是不可取的。

（七）要突出自己的技能

简历中需要列出与求职有关的技能，你将有机会通过技能介绍来展现你的学历和工作经历以外的天赋与才华。在技能介绍中对自己以往取得的成绩和经验加以总结、归纳。在求职过程中，技能的选择标准只有一个，即要与求职意向相匹配。同时，也可以附加一些成绩与经历的叙述，但经历本身不具说服力，关键是要在经历中体现出你的能力。

（八）针对性强

企业对不同岗位的职业技能与素质需求各不相同。因此，建议在写简历时最好能先确定求职方向，然后根据招聘企业的特点及职位要求进行量身定制，从而制作出一份针对性较强的简历，忌一份简历"行走江湖"。

三、不同简历的比较分析

很多人说自己明明往很多公司投了简历，但是都没有得到面试邀请的机会。自己工作履历挺好的，但是为什么向自己感兴趣的公司投了简历，都没有得到面试邀请的机会，反而是那些自己没有投递的公司，经常给自己打电话。究其原因，大多是因为简历没有写好。一份好的简历直接决定着能否被面试邀请，有了面试机会，你才能展现自己的能力，才能最终获得工作机会。从这个角度来看，一份好的简历是多么的重要！

简历就是自己的一张名片。在求职过程中，HR跟求职者正常来说都是互相不认识的，他只能通过简历来了解你的情况。这就像业务员去拜访陌生客户，需要先递一张自己的名片给对方，对方通过这张名片了解到业务员的姓名、职位、业务范围以及公司优势等。同样的道理，简历就是求职者的名片，这张名片里面不仅要包含求职者的基本信息，还要包含求职者过往的工作经历，更重要的是求职者的过往成功案例。这些信息都是用来让HR知道，你是否符合对方应聘的岗位要求，如果符合对方就会要求你来面试，如果不符合自然就忽略掉了。

要明白，HR每天都会收到大量的简历，特别是一些大企业的HR。这就导致他们花在每份简历阅读上面的时间是有限的，如果自己的简历没办法在短时间内吸引他们的目光，这份简历必然就会被忽略掉。有些招聘网站会设置一些自动过滤简历的功能，如果你的简历上面没有符合对方设置的条件，就会被自动过滤掉。这样的简历压根就不会到达HR的面前，更谈不上获得面试邀请的机会。

求职最重要的一步就是获得面试邀请的机会，想要获得面试邀请的机会，就必须要把简历做好。以下我们通过两个案例的对比分析来看一下如何写好简历。

案例分析1

这是一个大三在校生的案例，想找互联网数据分析的实习工作。当事人教育背景还不错，在广东来说，是个老牌的金融优势院校，专业也不错，跟得上时代的节奏。但是这份简历存在一些问题。

求职简历

Name：Mou Zhang 张某　　　　Age：××岁
Tel：138××××××××　　　　Email：××××@qq.com

实操技能

专业技能：熟悉掌握Python、MySQL等数据分析工具。
办公技能：精通MS Office高级应用，熟悉PS、PR基础操作。
语言技能：英语 –CET6。

实习经历

2020.07—2020.10 ｜ ×××网络有限公司｜电商运营实习生

电商平台内容维护：对电脑网电商导购平台运营内容进行维护，包括日常选品、文案创作、内容审核等工作。

提炼核心卖点：挖掘、提炼电商产品优惠亮点、优惠套餐，撰写针对性文案帮助用户决策，优化用户体验以提升流量转化。

2019.12—2020.02 ｜ ××银行××支行｜银行经理助理

学习银行业务发展部的各项工作以及银行的各项理财产品、担保贷款业务、银行卡、信用卡的详细情况，以及协助业务发展部经理处理银行各项日常工作。在必要时也会协助柜台和理财经理处理银行客户数据与对客户进行及时回访。

校园经历

2020.11—2020.12 ｜港演“大湾区杯”金融数学建模竞赛｜项目负责人

编写策略框架进行模拟实测，最终策略收益达 1.2%；
在小组中排名前 20；
运用 Python、Excel 工具在大湾区 30 只成分股中选取 10 只强势股作为投资标的，进行 Python 量化投资。

2019.06—2019.09 ｜广东省第五届“互联网 +”大学生创新创业大赛｜ ×× 项目｜项目成员

项目旨在通过回收婚礼现场大规模废弃鲜花，将其加工制作成再生花产品，采用“原料来源 - 生产过程 - 成品营销”这一创业与公益相结合的项目模式；
达到资源利用合理化与可持续的目的，在项目初期进行天河区内调研确定需求，收集分析对比用户画像、市场数据从而决定商业模式；
项目成功回收处理 306kg 残损花，总影响人数达 40000 人，利润率达 28.37%；
获得赛事省级优胜奖的成绩。

2019.03—2019.05 ｜粤港澳大湾区大学生公益创新创业大赛｜项目成员

运用 PS、PR 等工具，协助项目进行路演 PPT 设计与视频制作，将策划书可视化；
获得赛事全国银奖的成绩。

教育背景

专业背景： ××× 学院（2018.09—2022.06）｜互联网金融专业｜ GPA：X.X/4.0。
主修课程： Python 数据挖掘、数据结构与算法、数据可视化、计量经济学、金融学
荣誉证书： 国家奖学金（2020 年）
××× 学校优秀三好学生（2019、2020 年）
××× 学校百佳学习标兵（2020 年）
第二届全国高校创新英语挑战活动复赛三等奖（2020 年）

这份简历有什么问题呢？

（1）教育背景后置了，很吃亏；

（2）实习经历不错，但不够精练，重点不突出；

（3）排版没有突出重点，平平无奇，没有什么记忆点。

如何解决？来分几步！针对在校生的简历，内容模块应该是：

（1）教育背景：院校+专业+核心课程+校内荣誉+校内成绩。

（2）专业技能：在校生除了成绩，还要有各类技能，专业技能、办公技能、语言技能！请一定要写跟求职方向强相关的技能。

（3）实习经验：十分建议大学生在暑期尽可能找实习，尤其是大厂的实习机会，提高含金量。勤工俭学的兼职，必要时可以有，但进企业实习要优先。积累社会经验，寻找职业方向。

可以写成如下形式：

姓　名：张某　　求职意向：互联网行业｜数据分析实习生
年　龄：××岁　　联系电话：138××××××××（微信同步）
电子邮箱：××××@qq.com　　现居城市：××

教育背景
2018.09—2022.06 ×××学院 互联网金融 本科
核心课程：Python数据挖掘、数据结构与算法、数据可视化、计量经济学、金融学。
校内荣誉：国家奖学金（2020）、校级优秀三好学生（2019、2020）、校级百佳学习标兵（2020）、第二届全国高校创新英语挑战活动复赛三等奖（2020年）。
校内成绩：GPA：3.7/4.0。

实操技能
专业技能：熟悉掌握Python、MySQL等数据分析工具。
办公技能：精通MS Office高级应用，熟悉PS、PR基础操作。
语言技能：英语-CET6。

实习经历
2020.07—2020.10｜××××网络有限公司｜电商运营实习生
电商平台内容维护：对电商导购平台运营内容进行维护，包括日常选品、文案创作、内容审核等工作。
提炼核心卖点：挖掘、提炼电商产品优惠亮点、优惠套餐，撰写针对性文案帮助用户决策，优化用户体验以提升流量转化。
2019.12—2020.02｜××银行××支行｜银行经理助理
银行产品业务学习：系统学习银行业务发展部的工作职能、业务流程、理财产品、担保贷款、银行卡、信用卡的专业知识。
银行数据处理及客户服务：日常协助业务发展部经理处理银行各项日常工作，重点协助柜台和理财经理处理银行客户数据，对客户进行及时回访。

校园经历
2020.11—2020.12｜粤港澳“大湾区杯”金融数学建模竞赛｜项目负责人
运用Python、Excel工具在大湾区30只成分股中选取10只强势股作为投资标的，进行Python量化投资，编写策略框架进行模拟实测。最终策略收益达1.2%，在小组中排名前20。
2019.06—2019.09｜广东省第五届“互联网+”大学生创新创业大赛｜××项目｜项目成员
项目旨在通过回收婚礼现场大规模废弃鲜花，将其加工制作成再生花产品，采用“原料来源—生产过程—成品营销”这一创业与公益相结合的项目模式，达到资源利用合理化与可持续的目的。
在项目初期进行天河区内调研确定需求，收集分析对比用户画像、市场数据从而决定商业模式。
项目成功回收处理306kg残损花，总影响人数达40000人，利润率达28.37%。
获得赛事省级优胜奖的成绩。

注意要点：

（1）数据分析很看重学校，所以一开始就要阐述清楚。核心课程体现专业基础，校内荣誉体现个人素质，校内成绩体现学习能力。三方面组合起来就很完整。

（2）实习经历部分，要对经历时间进行倒叙；提炼工作点并highlight出来；工作内容套用“STAR”法则，并尽量将工作成果量化。

（3）校园经历部分要提炼精华，并与求职意向强相关；注意含金量，如果只有日常兼职可以写，那就要更加提炼兼职中的亮点；要学会取舍，讲重点；校园经历能体现个人在团队内的领导角色最好。

案例分析2

求职简历

李 ××	求职意向：人力资源 深圳
学校：××× 大学 ×× 学院	专业：人力资源管理
年级：2022 届毕业生	住址：北京市
电话：158××××××××	邮箱：×××××@qq.com

自我介绍

富有责任心、责任感强，竭尽全力、严谨细致完成每一件事情；做事有条理，执行能力强；组织领导能力强，曾任部长，多次成为活动负责人、访问组长、比赛队长，组织带领成员高效完成目标活动。

个人经历

2021.7—2021.9 深圳市 ××× 科技有限公司 人力资源实习生

负责招聘（通过 boss、智联、实习僧等平台）、面试（简历甄选、面试安排、面试评估、背景调查等）；

邀约 80 人，面试客服、销售类的专员和主管岗位将近 600 人（线下 + 电话）；

在职期间带教 5 个人事实习生（邀约、谈薪、面试、发 offer、反馈、归档等日常工作）。

2021.1—2021.2 互联网 ×× 运营培训生

学习互联网市场运营（私域 + 社群），掌握内容创作、海报设计、软文撰写，进行用户增长和流量运营；

独立联系 3 个学生组织完成外联推广、多条原创推广浏览量破万、评论过百，结营时小组排名第 3（共 24 组）。

2020.10—2021.1.30 新东方校园大使

参与例会培训、宣传品牌、推广课程、社群运营。

2019.7—2020.10 青年志愿者协会宣传部部长

领导管理部门并配合八大部门的活动，分配与监督日常工作，开展 Ps 培训（每月一次）、例会（每周两次），参加志愿活动（每周多次）等；

分配部门工作、使部门高效运转（志愿者招募、每周活动的多份电子、手绘海报、活动板、邀请函，布场等）；

2020.3 第六届中国互联网 + 创业创新大赛队长

提出创意、组织讨论、集合小组想法、完成项目策划、进行路演。

2018.11—2019.11 策划 + 执行活动（5 次）

外部志愿者招募活动总负责人：任务分工，完成项目策划，借用场地物资，组织并领导执行活动，超额完成招募（超 300 人参与报名），准确填写财务报表（预算表、审批表、明细表）；与团委老师完成活动交接。

2019.10 珠海市调查访问社会实践活动组织

参与培训、设计调查路线（3 条）、实况访问调查获取数据、写数据报表、完成活动交接。

获奖情况

2020—2021 上半学年：优秀团员、三星级志愿者、优秀志愿者

2019—2020 学年：一等奖学金（top4%）、优秀学生（top5%）、优秀学生干部、优秀团干部、入党积极分子；

2018—2019 学年：社会实践奖学金（10%）、公益之星。

个人技能

熟练使用 office 办公软件、掌握 Photoshop 技能、C1 驾照；

英语四级、六级，全国计算机二级，普通话二甲，潮汕话，粤语；

存在问题：

（1）求职意向不明确；

（2）个人信息重点不突出；

（3）自我评价不够全面；

（4）个人经历没有条理，没有突出重点，与个人求职意向关联性不强；

（5）获奖情况可有可无；

（6）技能证书含金量不足。

求职意向

求职意向必须清晰、唯一、有针对性，与投递的职位相匹配。否则HR会认为你是海投的，通过概率大大降低。而一般像人力资源、财务等职能岗，都会有细分方向，像人力的6大模块，在大公司都会有明确的细分，而在中小型公司则是会以“人事专员”为主。又比如财务，也有不同的方向，所以在投递简历时务必有“针对性”。

个人信息

个人信息最需要突出的就是联系方式，如手机号码与电子邮箱地址等，要把联系方式放在最显眼的位置，方便后期安排面试。

除此之外，个人信息可以放“籍贯”“常住地”“出生年月”等，不建议放“专业”“学校”，毕竟教育背景之后还是会写的，重复不太好。

自我评价

为什么要写？这是对你自己的个人总结、浓缩的精华，让人一看就能基本了解你的能力和素质。

怎么写才不会太“油腻”？不能都是形容词，要用事例来验证“评价”，有理有据，与求职岗位相匹配。对自己要有客观的自我认识，定位清晰。

个人经历

像案例中的个人经历，将企业实习和校园经历拼在了一起，重点不突出，HR更想看到的是你的企业实习，多过校园经验。善用关键词，高度总结工作内容，善用数据，合理体现工作成果，记得倒叙，从最近至最远，突出条理性，记得“STAR”，在什么情况下，为了什么目标，做了什么事情，达成了什么结果。

获奖情况

应届生最该突出的是具有含金量的奖项，比如：奖学金、校级荣誉、市级以上赛事奖项、创新论文等，其他可以忽略。

技能证书

通常，我们可以把技能和资格证书拼在一起，技能分语言（不包含方言）、办公、专业技术等，资格证书一般指在某一领域所获得的高含金量的资格证书，不包含驾照。

修改后的简历如下：

李 ××	求职意向：人力资源（招聘 / 培训）
电子邮箱：13××××××××@163.com	手机号码：131××××××××
出生时间：19×× 年 ×× 月 ×× 日	性别：××
政治面貌：××	籍贯：××

教育背景

2018.09—2022.06 ｜ ×× 大学 ×× 学院｜人力资源管理｜学士学位

自我评价

组织执行能力：具备出色的组织领导能力，在校期间多次担任社团部长、团队负责人等职务，清晰把控活动目标，做事条理，懂得优先级排序，整合资源，高效执行。

综合专业素质：专业对口，基础扎实，具备人力资源相关实习经历，深入理解企业人力资源管理工作，富有强烈的责任心，做事严谨、细致，期待能在人力资源长期发展。

获奖情况：一等奖学金（top4%）、优秀学生（top5%）、优秀学生干部、优秀团干部、入党积极分子、社会实践奖学金（10%）、公益之星。

实习经历

2021.07—2021.09 ｜深圳市 ××× 科技有限公司｜人力资源实习生

简历筛选：通过 BOSS、智联、实习僧等招聘平台，对所负责的客服、销售类职位进行简历筛选，日均筛选量 ××，电话面试通过率达 ××%。

面试安排：通过电话，成功邀约候选者将近 600 人，协助完成面试评估、背景调查等流程，最终成功入职 80 人。

实习带教：作为资深实习生，在职期间带教 5 名人事实习生，培训内容包括电话邀约、面试、结果反馈、薪酬沟通、offer 发放、资料归档等工作。

2021.01—2021.02 ｜互联网某科技公司｜运营培训生

市场运营：掌握内容创作、海报设计、软文撰写，进行用户增长和流量运营；独立联系 3 个学生组织完成外联推广，多条原创推广浏览量破万、评论过百，结营时小组排名前 3。

校内实践

2020.10—2021.1.30 新东方校园大使

参与例会培训、宣传品牌、推广课程、社群运营。

2020.3 第六届中国互联网 + 创业创新大赛队长

提出创意、组织讨论、集合小组想法、完成项目策划书、进行路演。

2019.07—2020.10 青年志愿者协会宣传部部长

负责部门，配合八大部门的活动、分配与监督日常工作、开展技能培训、部门例会、参加志愿活动等。

技能证书

资格证书：大学英语六级、全国计算机二级、普通话二甲。

办公技能：熟练使用 office 办公软件、掌握 Photoshop 技能。

拓展阅读 1

视频简历

近些年，随着互联网科技的快速发展，很多求职者将书面的电子简历改造成更能生动反映个性特征与专业特长的视频简历。视频简历（Video Resume），是把求职者的形象与职业能力表述通过数码设备录制下来，经过对录制后的影像编辑及播放格式转换，再通过播放器播放的一种可以观看求职者影音形象的简历形式。视频简历凭借客观的影音效果以及丰富的信息量，快速拉近了求职者和用人单位的距离，使用人单位在较短的时间内全面了解求职者。

狭义：视频简历和传统的文字简历或电子简历一样，是向用人单位或组织展示、推销自己的一种宣传形式。视频简历与文字简历或电子简历一样，有一定规范及标准格式。

广义：视频简历可以展示自我的气质、形象、求职方向、职业理想，并可以方便与文字简历一同投递给用人单位，用人单位在审阅文字简历的同时还可观看求职者视频简历。

近些年，我国已经出现了以拍摄、制作视频简历为业务的工作室，以“上啥班”“视频招聘网”等为代表的专注于视频招聘服务的网站在国内陆续出现。这些新兴服务公司开始主动为用人单位提供服务，联合网站将自己打造成一个同时为求职者和用人单位服务的平台。对求职者来说，能够在网站上看到一些有关用人单位办公环境的视频信息；而对用人单位来说，他们也能浏览到求职者的视频简历。

一、视频简历的录制方法

1. 个人资料准备

（1）准备好要录制简历的设备例如数码相机、DV、摄像头等调试到设备的录制功能，进行必要的测试后就可以开始录制了。

（2）个人资料的准备。在拍摄视频简历前，准备好一份文字个人简历并要熟读，以便在拍摄视频简历时，不会因忘记简历内容而被终止拍摄。

（3）将个人的毕业证书、学位证书、资格证书等准备好，录制视频简历时一同将多种证书录制在视频简历的开始。

2. 开始录制视频简历时，要作一个简短、清晰的开场白及简短自我介绍。要面对镜头，眼睛看向镜头自行放松、微笑。同时，做好以下事项：

（1）教育背景：录制视频简历时，简要介绍教育背景及获得资格证书情况，介绍所学的专业和毕业院校，另外，还要介绍自己具体掌握的技能、能力；

（2）工作经历：重点介绍在过往的工作岗位及职位上，取得了哪些实绩，所从事的工作拥有了什么样的工作经验和能力；

（3）培训经历：参加了哪些培训机构的何种技能培训，如计算机培训、个人发展计划训练，您从中得到的具体收益是什么等；

（4）技能专长：个人技能应该包括专业水平、业务能力、计算机水平、语言能力以及其他，重点介绍之前所从事工作中获得的技能与应聘职位所要求技能的结合；

（5）求职意向：主要介绍个人希望从事的职业，同时按自己的所学专业解释，为什么想从事这个职业，最后要谈谈个人未来的职业规划与职业设想；

（6）结束语：按上述步骤进行了动态的表达后，视频简历的录制就完成了，最后可以说一些致谢之类的话语或者表达一下对面试的期待。

二、注意问题

（1）录制视频简历要根据不同的职业需要不同的技能，不同的求职者有其不同的特长，注意扬长避短，突出求职者的才能。

对于注重形象、注重表达能力的职业，求职者可以在镜头前尽现口才，展示自信与才华（如销售人员、新闻工作者、教师、管理人员、咨询人员、培训师、导游等）。

对于设计人员，可以阐述自己的设计理念，对艺术、生活的理解，点评自己满意的作品。

对于外语人才，来上一段流畅的外语自我介绍，绝对比大段的文字更具说服力。

对于表演型人才，视频简历更是求职者展示自我风采的绝佳舞台。

对于工程技术人员，可以着重介绍自己的工作经历，结合实际案例描述解决问题的方法、思路。

（2）对于众多的应届毕业生，在人才竞争中的确处于不利地位，由于没有实际工作经验，所以在视频简历中最好能着重介绍对职业技能的掌握及理解程度、自己的业余爱好、社交能力、团队合作能力、语言表达能力等招聘单位潜在感兴趣的内容，甚至可以将同学、老师、实习单位等对自己的评价加入其中，客观反映求职者的综合素质。这些是传统文字简历很难表达的，而视频简历却能很好地表述这部分的内容。

（3）录制简历后不要剪辑过多的艺术照片，这样给用人单位感觉不真实，虚假成分太多就不利于成功求职。

（4）录制视频简历时语言表达一定要吐字清楚，讲解时不要过快，尽量用演讲的方式来做语言表达。成功求职的语言表达是较为重要的。

（5）视频简历的着装：录制视频简历时应以职业妆为主，女性的化妆色彩要选择得体，不宜浓妆，颜色勿过于花哨，同色系的搭配为宜。着装的效果要表现出职业干练与智慧，男性最好穿西装。

三、主要特点

（1）了解全面：视频简历有别于传统文字简历，更富于个性化，减少文字简历只了解求职者局部、不全面的因素。

（2）省时高效：视频简历可展示个人形象、气质、语言表达能力、思维能力并节约了面试时间。不仅可以减少不必要的面试程序，增加用人单位对求职者的了解和认识，还可以在一定程度上为用人单位或组织找到合适的人才节省了时间和金钱。

（3）使用简便：视频简历可通过互联网直接发送，那么招聘单位无论在何处、在何时，都可进行查看。

（4）实现异地求职：视频简历可以零距离面对面与用人单位交流，增加面试机会，突破地区区域招聘的时间局限性。

（5）信息丰富：视频简历拥有文字简历不可比拟的信息量等。

例：求职者的态度仪表、性格气质、语言修养（包括外语）等，是很难通过文字简历表达全面的，而视频简历的优点是，可以通过其声音、语言、思维的连贯，表情的自然等方面获得对一个人的内在气质、机智及逻辑思维能力的了解。

拓展阅读2

什么是STAR法则？

你是否有过这样的经历呢？马上就要毕业了，眼看着周围的同学一个个都做了简历，可是你却无从下手，不知道该如何制作？上网搜了一堆简历攻略，可是你发现自己更迷茫了。你洋洋洒洒写了十几页简历去投递，可是简历投递出去就像泥牛沉入大海，你等了很久也没有收到公司的答复，你猜也许是简历出了问题，可是又不知道问题在哪里。

你是不是也曾经有过这样的苦恼呢？不知道该如何告诉企业HR，你就是那个最合适的人。因此，在制作简历之前，我们可以先做点小功课，研究一下STAR法则，这是近几年HR流行的面试提问设计遵循的原则，也用来审查简历的专业程度，毕竟这样写出来的简历可看度更高。除此之外，大家一定要学会点句！用点句来重点概括出你做过的事情，段落式的简历可阅读性太差了，HR根本没时间去仔细看，一定要用事实和数据来说服HR，而不是用大量的形容词。所以，如何在众多的简历中脱颖而出是我们求职中极其重要的一步。

在介绍简历的构成之前，我们先来了解一下STAR法则。

STAR法则，500强面试题回答时的技巧法则，备受面试成功者和500强HR的推崇。由于这个法则被广泛应用于面试问题的回答，尽管我们还在写简历阶段，但是，写简历时能把面试的问题就想好，会使自己更加主动和自信，做到简历、面试关联性、逻辑性强，不至于在一个月后去面试，却把简历中的东西都忘掉了。

STAR法则，即为Situation Task Action Result的缩写，具体含义是：

Situation：事情是在什么情况下发生；

Task：任务；

Action：针对这样的情况分析，你采用了什么行动方式；

Result：结果怎样，在这样的情况下你学习到了什么。

简而言之，STAR法则，就是一种讲述自己故事的方式，或者说，是一个清晰、条理的作文模板。不管是什么，合理、熟练运用此法则，可以轻松地对面试官描述事物的逻辑方式，表现出自己分析、阐述问题的清晰性、条理性和逻辑性。

在我们写简历时，每个人都要写上自己的工作经历、活动经历，想必每一个同学，都会起码花上半天甚至更长的时间去搜寻脑海里所有有关的经历，争取找出最好的东西写在简历上。

但是此时，我们要注意了，简历上的任何一个信息点都有可能成为日后面试时的重点提问对象。所以说，不能只管写上让自己感觉最牛的经历就完事了，要想到今后在面试中，你所写的经历万一被面试官问到，你真的能回答得流利、顺畅，且能通过这段经历，证明自己正是适合这个职位的人吗？

因此在写简历之前，我们就要考虑到日后面试所遇到的各种问题，进而需要做一些前期准备。

（1）了解所应聘岗位要求的经验、知识和能力。知识可以不用STAR展开问答，但一定对相关知识有深入认识。

（2）相关经验STAR：注重说明在什么背景（时间、场所 Situation）做过什么样的工作/项目（Task）；这个工作/项目最好与所应聘工作相关；怎么做的；和谁一起做的；自己在团队中的角色（Action）；最后的结果（Result）。

（3）相关能力STAR：公司经常要考察应聘者的团队能力，所以很多问题是关于团队能力的，如：请你举一个实例说明你的团队能力。这时，绝对不能简单地说自己有非常好的团队合作能力，有好多好朋友之类的肤浅语句，要真正举出一个有信服力的实例说明，按照STAR的原则说明。

STAR考核原则就是要通过应试者的过去行为推断未来表现。过去有所作为并在应试前有所准备才能在应答时侃侃道来。过去的实例成功与否不是最重要的，重要的是你从实践中是否总结出经验和教训，并在此基础上继续学习和探索。

我们举个例子来感受一下STAR法则的应用。写简历时就要准备好面试时的个人故事，以便应付各种千奇百怪的开放性问题。为了使大家轻松应对这一切，向大家推荐“个人事件模块”的方法，以使自己迅速完成这看似庞大的工程。

在脑海里仔细想出从大一到大四自己参与过的所有活动（尤其是能突出你某些能力的活动），包括：社团活动（职务、时间、所做事情）、在公司实习的经历（职务、时间、所做过的事情）、与他人一起合作的经历（课题调研、帮助朋友办事）。回忆要尽量地详细，按时间倒序写在纸上，如大一上学期发生的事、大一下学期发生的事，依次类推。相信这一步，很多朋友都已经做了，但是仅仅这样就满足了，就直接写在简历上当完事了，那是不行的，想提高竞争力，还得继续。将每件事用STAR四点写出，将重要的事情做成表格。

例：大一辩论比赛获得冠军。

S：系里共有5支队伍参赛，实力如何，我们小组做了哪些工作；

T：熟悉辩论流程，掌握辩论技巧，获得系冠军；

A：自己主动整理资料，组织小组学习流程，编制训练题，小组训练，根据每个人的特点，分配任务（详细，尽量详细，包括当中遇到的困难都要回忆起来，自己是怎么解决的）；

R：获得系辩论赛冠军。

以上这个例子中，可以让HR迅速了解你整个活动的前因后果，同时，也突出了你在这个活动过程中的领导能力、沟通能力、主动解决问题的能力，等等。

将刚才在头脑风暴中想到的事情都用这个方法做出表格。一般来说，特别突出的事情应该要达到7件左右。

这个时候，个人事件模块的工作就算完成了，但是，怎么运用呢？还得再做多一步，即挖掘闪光点。

开放性问题在面试的时候经常遇到，大家也都知道，其实每一个开放性问题都在考查自己的每一项能力，如领导能力、沟通能力、适应能力等。而挖掘闪光点就是在这些事件模块中找出你所能体现的这些能力，如上例辩论赛中所体现的领导能力、沟通能力、主动解决问题能力。

有了事情模块，也知道了每个事件自己所体现出的能力，这时候的你，还需要害怕那些开放性问题吗？

以上所说主要是为面试而准备的，但是，写简历阶段时就可以应用这些模块，针对你某阶段的某一件事，将模块中的A，R两项以简洁的语言写上。这样，当HR问你简历上的问题时，你就可以有备而回答。当然，针对职位的不同，要求自然也不同，但是，这一切都可以参考STAR法则来解决。例如，你要申请的是销售类的岗位，你就将关于沟通能力、营销经验的事例写上，并且突出自己与其的相关性，这样，自然就可以提高简历的命中率。

第三节　求职信的编写与制作

案例导读

打造一份吸引HR眼球的求职信

杜同学打算应聘一家知名企业的市场销售职位，这家公司规模很大，业界内口碑极好，因此受到了很多同学的关注。如何才能从众多的求职中脱颖而出呢？杜同学经过了认真仔细的思考，有针对性地制作了适合这个岗位的求职简历，还写了一封非常诚恳的求职信，并且在信中还增加了一份针对该公司最近营销产品的市场调查报告。在电子版简历的邮寄过程中，在题目处做了重点标注，以便引起HR的注意。这份特殊的自荐材料果然引起了公司人力资源负责人的重视，不久杜同学就接到了面试通知。

一、求职信的构成与基本内容

求职信，又称自荐信，顾名思义就是求职者以求得职位为目的向招聘单位写的介绍个人情况以表达求职愿望的信函，它是求职者和招聘单位之间沟通和联系的纽带。求职信的基本功能是：通过求职者与招聘单位之间的沟通，在相互交流的基础上，实现双方有目的的沟通。求职信的内容要求申请人用词简洁、言简意赅、表达清晰明确，切勿模棱两可、含糊不清；就格式而言，求职信必须有特定的信函格式。

参考例文：

求职信

尊敬的领导：

您好！

首先，我要向您的辛勤工作表示深切的敬意。感谢您在百忙之中抽出时间阅读我的求职信。我看见您在网上招聘导游一职。现在我将做一个简单的自我介绍。

在学校期间，我不断积极进取，夯实基础，努力学习专业知识，取得优异成绩。我在学生会担任干部，积极参加学校和学院组织的各种活动，积极锻炼自己，提高自己的能力。实习期间，多次带领旅游团游览多个景区，积累了丰富的领队经验。此外，我积极乐观，善于与他人沟通，耐心负责。我相信我能胜任这项工作。以上是我的自我介绍，期待着您的回复。

此致

敬礼！

求职者：×××

20××年××月××日

二、求职信的撰写方法

一封完整的求职信通常应由六大部分组成：标题、称谓、正文、敬语、署名和日期。

（一）标题

标题可以直接表明文种，如“应聘信”“自荐信”“求职信”等，且处于首行居中位置。

（二）称谓

在第一行顶格写下公司名称或联系人、负责人，并在称谓后要用冒号表示下面有话要说。求职信的称谓通常取决于具体情况。一般来说，它可以被称为“××公司”“××经理”“××先生（女士）”等。有时，还可以在称谓前加上尊重的字眼，比如“尊敬的××”来称呼。

（三）正文

正文是求职信的主体和重点，一般包括以下5个部分：

1. 问候语

问候语是对收信者的礼貌表达，写在称谓的下一行。在前面一定留出两个空格，并使用感叹号。通常写“您好！”“近好！”即可，也可以在后面加上一到两句寒暄的话语，比如“感谢您在百忙之中审阅我的求职信！”等。如果收信人是某一个单位，则可以省略问候语。

2. 求职目标

开头时，通常需要指出求职信息的来源和所申请的职位，要求集中具体，因为求职者通常是在看到报纸或网站上发布的招聘广告或听到他人介绍后才写的。求职信可以直接开门见山地写：“我在学习期间非常钦佩贵公司。我最近在 × × 日报看到贵公司招聘一名程序员更激发了我申请到贵公司工作的愿望。”

如果在不知道目标公司是否需要招聘新员工情况下，你可以写一封自我推荐信去投石问路，例如“我听说贵公司长期以来实力非凡，据报道贵公司想开拓省外市场……因此我冒昧地写了一封自荐信，真诚希望有朝一日能加入贵公司。我的基本情况如下……”

3. 简单介绍本人基本情况

主要向招聘单位介绍自己大学期间就读的学校、专业和专业课程分数，尤其是与招聘单位对应或接近的专业课程分数。介绍你学习的深度和广度，包括社会实践和与求职相关的成绩。还可以简要介绍自己在学校期间曾经担任过的职务、个人爱好、专长等。兴趣和爱好的介绍应限于与目标职位相关的内容。

4. 求职条件

这是求职者向招聘单位推销自己的关键环节和关键部分。招聘人员想知道你能为他们做些什么，以及你的价值体现在哪些方面。当然他们最关心的是你拥有哪种程度的专业知识和才能，以及你在过去和最近一段时间里做了什么或正在做什么。应该描述能够胜任申请职位的各种能力，这也是求职信的核心部分。目的是清楚地展示自己的专业知识和社会实践经验，以及与工作要求相关的优势、兴趣、个性和能力。对于你想申请的职位，如果你在竞争中处于劣势或有缺点，你必须在求职信中巧妙地将劣势转化为优势。在信中，你应该表达你对这个职位的理解，而且效果远比表达你对这个职位的兴趣要好。

此外，我们还应该表达我们希望被成功录用的愿望。首先说明你对这份工作的热爱和迫切的心情，然后再谈谈你的想法、计划或被选中后的计划。使得招聘单位似乎看到了新鲜血液的流动，增强了录用你的决心。

5. 提出希望

希望对方能阅读，并且用人单位能给予接纳、给予回复。求职信中正文部分常用的结束语是“以上是我的自我介绍。如果您认为我的条件还可以，期待您的回复！”“如蒙赐复，不胜感激！”等。

（四）敬语

出于礼貌，在求职信的结尾通常写上简短的问候、祝福等。常用的有“此致敬礼”“祝贵公司前程似锦、事业蒸蒸日上”等。

（五）署名

在求职信的结尾右下角写上求职人或申请人，并在后面加上冒号和自己的名字。如果使用打印机，最好在求职者处使用自己手写的亲笔签名。

（六）日期

在签名下面写上日期。成文日期格式应为某年某月某日。

三、求职信书写注意事项

（一）言简意赅、条理清晰

首先，求职信应该简洁明了，不宜过于冗长，而且要引人入胜。求职信的作用仅仅是为你赢得参加面试的机会，切忌写得面面俱到、堆砌辞藻。招聘单位负责人每天阅读的信息量是很大的，因此，时间非常宝贵，根本不会浪费更多时间来阅读长篇文章。哈佛人力资源研究所1992年的一份测试报告的数据也证明了这一点，即如果一封求职信的内容超过400，其有效性仅为25%，即读者只会留下1/4内容的印象。另外，求职信不是你展示文学底蕴的地方，最好用平实的语气写，不要炫耀你的文学才华，想方设法堆砌华丽的文字。否则，它会弄巧成拙、令人厌烦。

求职信的重点是展示有吸引力的东西，就像一部电影的宣传片一样，观众会通过宣传片去评判这是否是一部好电影，值不值得去购票观看。招聘部门也是如此，招聘部门将通过求职信了解你是否优秀，是否符合公司的要求。因此，在写求职信时，我们应该直截了当、简明扼要、条理分明。在开始时，一定要坦率地说明你对招聘单位感兴趣，想申请空缺职位，以及你如何知道该职位的招聘信息。无论你是在报纸上看到招聘广告还是从亲戚朋友那里得到信息，都要解释一下你对该职位的看法，这样你才能给对方留下深刻印象。例如，"从ganji.com了解到的招聘信息，"这可以让招聘者觉得广告起到了作用，并感到满意；"请接受来自家乡学子的问候！"这可能会突然缩短与招聘者的距离。

在内容方面，你可以用清晰的数字列出你的成绩、经验、能力和成就；层次不应混乱，要有条不紊，文字表述要合理；采用中心句总述加分句分述的形式，以便做到整齐划一、一目了然，吸引招聘者的注意力，激发他的阅读兴趣。

（二）针对性强

通常来说，求职信可以分为两种类型：一种是针对社会的一般求职信；另一种是针对特定单位的特殊求职信。目前，大多数大学生都是用一封写好的求职信"打天下"，在任何招聘中使用这一封求职信，它的针对性较低，求职成功率也不令人满意。第二种是专门为招聘信息和特定职位写的求职信。例如，如果招聘单位在招聘通知中特别强调沟通技巧，你应该根据招聘通知的要求在求职信中更多地体现你的沟通能力有多强。这种求职信是在你递交材料之前为满足本公司职位要求而特制的，当然，被邀请参加面试的可能性会大大提高。例如，如果招聘职位是营销人员，就不要写下你想成为经理的志向，因为一般对营销人员和对管理人员有不同的要求，而现在缺少的是营销人员，不是管理人员，在营销人员的条件下写一个远大的抱负，会让招聘单位感觉你好高骛远，不脚踏实地。

（三）自我推销谦虚有度

写求职信就是向招聘单位推销自己。你应该强调自己的成就和对所选单位的价值，这是自我介绍必不可少的，但你必须讲究技巧。例如，你在信中表达的“在企业中开创新局面的能力”这样的话让人听起来就很刺耳。我们可以说：“我可以用我的知识建立一个新的管理计划来提高企业的生产力”“我可以为企业做一些形象设计”等。

对中国人来说，谦虚是一种美德。从求职信中你不仅可以看到一个人的经历，还可以看到他的性格。谦虚的人能让对方感觉良好。但对于求职者来说，过分谦虚也会让人觉得你什么都做不了。谦虚不是自我否定，而是实事求是，恰如其分地表达自己。因此，写求职信应该遵循“适度营销”的原则，但这要视情况而定。由于文化差异，我们对外资企业可不必自谦，而对国内企业则应更为谦虚。

（四）切忌出现文字上的错讹

一封优秀的求职信不仅能反映你清晰的思维和良好的表达能力，还能检验你的性格特点和专业程度。因此，我们必须注意措辞和语言。写完后，我们应该多读几遍，然后仔细雕琢，切忌有错别字、病句及文理欠通顺的现象发生。否则，它可能会使求职信“黯淡无光”或带来更多负面影响。例如，“如果像我这样的人来申请，你会欣喜若狂。”对方看到这样的话会更加反感。求职信中如果出现错别字，一方面反映求职者的写作基础薄弱，另一方面也与写作态度有关。我们经常看到的错误是混淆了“的、地、得”，还有签名的日期写成2月30日，等等，这表明有些人在写求职信时粗心大意，甚至根本没有检查，这也是招聘单位比较忌讳的。

（五）注意细节

平时与人交谈时，可能会习惯性地缩写自己的学校或专业，但最好不要在求职信中使用缩写，因为用人单位的领导不一定知道你的学校或专业的缩写，这往往容易让他们产生误解。例如，“南大”是指南昌大学还是南京大学？“宁大”是指宁波大学还是宁夏大学？专业缩写有时甚至更令人费解。此外，很多缩写词有时会让人觉得没有学生本色的你无法做事，或者你的态度不够谨慎，从而会影响录用。此外，尽量少用缩写，谨慎使用带有“我”这个词的句子。当你需要在求职信中用“我想”“我认为”“我觉得”“我看”等语气来解释你的观点时，应该小心谨慎，否则会给招聘单位留下自高自大、思想不成熟的感觉。

拓展阅读

以下为会计类专业求职信范例：

求职信1

尊敬的领导：

您好！

我是××学院会计专业的应届毕业生。我在网上看到了贵公司的招聘广告，被贵公司的企业文化所吸引，且贵公司目前招聘的职位与我的专业恰好相符，我相信我所学的知识可以胜任这个职位。

我热爱我的专业，并投入热情和精力。在学校，我学到的内容包括很多方面，从会计基础知识到应用等。通过对这些知识的学习，我对该领域的相关知识有了一定的理解和掌握。本专业是一种工具，而使用这个工具的能力是最重要的。我在与课程同时进行的各种相关实践和实习中具有一定的实际操作能力。在学校生活中，加强社会能力的培养，学习管理知识，吸收管理经验。现在我已获得了会计资格证书，并取得会计电算化证书，特别是在熟悉会计电算化软件和用友软件记账的情况下，还能熟练操作Windows系列操作系统和办公系列办公软件，为今后的工作打下了坚实的基础。此外，我还认真学习了专业以外的相关知识，获得了高校英语应用能力B级证书和国家公共英语pets3证书。

我渴望在更广阔的世界里展示我的才华，希望在实践中得到锻炼和提高。承蒙不弃，我会尽最大努力做好自己的本职工作，竭尽全力在工作中取得好成绩，不辜负公司给予我的期望。希望您能考虑我，期待您的佳音！

此致

敬礼！

求职者：×××

20××年××月××日

求职信1分析：在文章开头，首先简要了介绍你的专业背景，表明你对这份工作有浓厚的兴趣，然后突出你吸引雇主的独特优势；然而，在中间的描述是复杂的，这应该是简明扼要的。你还应该告诉对方如何知道的招聘信息。以下重点介绍你的优势、技能、获奖经验和实习经验，这些都是有说服力的，表明你符合该职位的要求，一旦被录用，就可以很快进入这个角色。最后，再次表现出热情，以祝福的形式结束。

以下为计算机类求职信范例：

求职信2

尊敬的领导：

您好！

首先，我衷心感谢您在百忙之中抽出时间阅读我的求职信。我叫××，是××学院软件工程专业的学生。我在网上看到贵公司招聘程序员，以下是我的自我介绍：

作为一名软件工程专业的学生，我热爱这个专业，并投入了极大的热情和精力。在几年的学习中，我系统地学习了软件工程、计算机基础、计算机基本原理、C语言、C++、Java、web编程等专业知识。我有扎实的计算机基础知识，通过学习和完成项目积累了丰富的工作经验。

我学习勤奋严谨，学习能力强，非常重视英语学习，不断努力扩大词汇量，英语交际能力也有了很大的提高。同时，为了全面提高个人素质，我积极参加各种活动。这些经历让我意识到团结与合作的重要性，学到了很多社会知识，增加了我的经验。我相信它将在我未来的社会参与中发挥重要作用。事业成功需要知识、毅力、汗水和机会的完美结合。

请您给我一个机会，让我成为你们中的一员。我将以无比的热情和辛勤的工作来报答您的好意。我非常愿意与未来的同事合作，将我所有的才能奉献给我们的共同事业。期待您的回复！衷心祝愿贵公司兴旺发达！

此致

敬礼！

求职者：×××

20××年××月××日

求职信2分析：正文部分能实事求是，客观评价自己。在展示自己独立、有能力、有创造力的同时，不要忘记，你正在与一位成熟、经验丰富的领导者交谈，他可以判断你是否诚实、脚踏实地、有能力，还是自吹自擂。因此，我们不能夸大自己的优势，适当地介绍自己的能力和专长。面对堆积如山的求职材料，雇主没有太多时间详细阅读，尤其是在招聘方面。因此，如果你想让你的求职信脱颖而出，给对方留下深刻印象，你需要在创造力上做出更多努力。第一，增加丰富的打动人心的内容。例如，你有过什么特别的生活经历，经历过什么样的挫折，然后你就可以有一些自信、责任感、素质等。第二，采用逆向思维。

以下为自动化类专业求职信范例：

求职信3

尊敬的领导：

您好！

我很高兴您能耐心地阅读我的求职信。我是××大学的一名大四学生，在机械工程和自动化学院主修机械和电子工程专业。在网站上看到贵公司的招聘信息激发了我申请到贵公司工作的欲望！

对大四的我来说，缺乏工作经验是一个不足之处，但我在大学学习的专业课程，如机械制图和CAD、工程材料和线技术、机械制造基础、专业外语、公差和技术测量、液压和气动传动、机械CAD/CAM基础知识，让我熟练掌握了理论专业知识，并在生产实践中，我把理论和实践结合得很好，这也成为我宝贵的经验。

我是一个勤奋好学的人。在平常的学习和生活中，我可以把事情做好，在丰富的学校生活中扮演许多角色。当还是班干部的时候，我整理准备的申请材料使这个班获得了优秀班集体的荣誉。我也有幸加入了北京的城市志愿者队伍。在大量的志愿服务工作中，感受到了人民群众的爱国热情，深受感染；还曾担任社区组织的成员和运动会的队长，负责组织活动和协调团队参加比赛，这得到了老师和学生的一致肯定，也增加了更多宝贵的团队意识。我也有很强的再学习能力。也许一开始我不能做好一些事情，但请相信我会尽快做好。

值此锻炼机会来临之际，特向贵单位自荐，给我一个就业锻炼的机会。期望您能信任我，在以后工作学习中我会更加虚心学习、积极工作、尽忠尽责做好本职工作。静候您的佳音！

此致

敬礼！

求职者：×××

20××年××月××日

求职信3分析：正文主体部分可以突出能够引起对方兴趣并有助于获得工作的内容，主要包括专业知识、工作经验、自身优势和个性特征。求职的态度是真诚和谦虚的。语句流畅、表达准确、易于理解、语气恰当。

第四节　自我测评与了解

案例导读

毕业后在私营企业做销售的小张经常感到工作力不从心，后来经好朋友介绍，到人才中心做了求职测评。结果显示：他个人特点上聪慧性、自律性较高，但活泼性、乐群性偏低，忧虑性、紧张性、怀疑性也都偏高；在个人能力上，他的计划能力、主动性、适应能力、创造能力非常强，但在组织能力、领导能力、口头表达能力上都偏弱。工作人员认为，小张属于内向型人，聪明、尽职，对自己要求也较严格，但在处理人际关系上严重不足，属于不喜欢也不善于与人打交道的人。从事营销工作势必力不从心，长期下来，造成他比较紧张、忧虑性高。职业倾向测试表明，小张适合从事技术类工作。这次测评，让小张明白了下一步的努力目标。小张感慨道：“这次测评，让我从此可以少走弯路，真的很值。”

从以上的案例可以看出，小张在工作中非常积极，却感到力不从心、不开心，这是对自我不了解导致从事不太适合的工作造成的。还有很多大学生去参加招聘会，积极投递简历，却一直没找到理想的工作，因为他们对自己到底想要做什么工作、能做什么工作、去哪里都不太清楚。可见，很多人对找工作这件事情是很盲目的，把自己的简历写得非常华丽或者简单模板化，然后就带上简历去了招聘会现场，满心以为自己可以找到一份好的工作，为此奋斗终身。但实际上，结果往往并不能令自己满意，要不就是自己看不上公司，要不就是自己没能面试成功。那么，是什么原因造成这样的结果呢？

找工作之前，必须对自我和外部世界进行了解，并同时掌握一些应聘面试技巧，才能更有助于顺利求职。

另外，以前招聘单位选人用人凭印象、看简历、谈谈话、看资料，通过面试考察对专业知识的掌握以及表达能力；再就是规定试用期以检测人才的实际应用技能。事实上，这些办法，尤其是面试交谈，在短时间内凭经验分辨出应聘者的能力高下，主观性较强、随意性大，于是，越来越多的企业招聘多了一项特殊要求，要求职者出示一份“人才测试表”。

人才测试表更多就是自我测评，就是通过对人的兴趣、性格、技能、价值观的测评，能够对你适合做什么类型的职业或岗位有一定的测评，既能帮助求职者进行自我探索，设计职业生涯规划，也能对企业招聘人才有一定的参考和指导意义。自我测评有助于大学生做职业生涯规划，也有助于大学生做求职前的自我探索，即求职测评，也是职业测评。大学生通过专业化机构或测评软件，采用一系列科学手段对自身的一些基本心理特质进行测量与评估，分析个人特质，结合职业特点，帮助自己进行职业选择，这就是职业测评。

一、自我测评的内容和测评工具介绍

测评有多种评估的方式，大致分为正式评估和非正式评估两类。非正式评估是指一些定性的、非标准化的评估，比如：自己认识自己、与同学交流、向老师请教、向就业指导专家或职业咨询师进行咨询等。正式评估是定量、标准化的评估手段，主要通过专业的机构或软件来对自己做出判断。

常见的自我测评的类型主要有五类：

（1）职业兴趣测验——了解个人对职业的兴趣，即“你喜欢做什么”；

（2）职业价值观及动机测验——了解个人在职业发展中所重视的价值观以及驱动力，即“你要什么”；

（3）职业能力测验——考察个人的基本或特殊的能力素质，即“你擅长什么”；

（4）个性测验——考察个人与职业相关的个性特点，即“你是怎样的一个人”；

（5）职业发展评估测验——主要是评估你的求职技巧、职业发展阶段等。

我们认为有四个因素，即价值观、兴趣、性格和技能，在大学生的职业规划、求职决策制订过程中，价值观、兴趣和技能是最为核心的自我探索。

（一）职业价值观

价值观是“某些对你非常重要或你所渴望的事物”。

价值观是求职决策制订的一个重要影响因素，如果人们依循自己的价值观生活，就能获得最大限度的幸福感和自尊感。

在职业价值观方面主要的理论有斯普兰格六类型价值观、格雷夫斯七等级价值观、米尔顿-罗克奇的终极价值观和工具价值观以及施恩的职业锚理论等。

在我国，比较常见的是以施恩（Edger·Schein）的职业锚理论为基础开发的职业价值观测评系统。

但有专家建议：对于有一年以上工作经验的人而言，职业锚是最佳的选择。而对于没有工作经验的人而言，因为不了解各个职位的内涵，其职业锚没有形成或不清晰。所以大学毕业生不建议选用职业描作为求职决策工具。

（二）职业兴趣

兴趣是“人们为从中获得乐趣而做之事”。

一个人的职业兴趣会影响到职业适宜度，当他从事的职业与兴趣相吻合时，就可能发挥出能力，容易做出成就；反之，就可能导致其原有才华的浪费，或者要经过坚忍的努力才能取得成就。

发现自己的职业兴趣可以通过一些工具，包括非标准化和标准化工具。

非标准化工具，如通过对自己成长经历的回顾发现自己的职业兴趣。

标准化工具，如一些国际通用的标准化职业测评，应用最广泛的是霍兰德（Holland）职业兴趣类型。

霍兰德根据他本人大量的职业咨询经验，提出现实型、研究型、艺术型、社会型、企业型和常规型六大职业兴趣类型。

1. 现实型

这类人具有直率、随和、重实践、节俭、稳重和不爱社交等人格特点。

喜欢从事有规则的具体劳动和需要基本操作的工作，如一般劳工、技工、修理工、制图员和机械装配等工作。

2. 研究型

这类人具有好奇、善于分析、聪明、理性、富有理解力和批判力等人格特征。

喜欢从事智力的、抽象的、分析的、独立定向的工作，如自然科学研究、社会科学研究、工程师等。

3. 艺术型

这类人具有感情丰富、想象力强、相信直觉、富有创造性、不重实际等人格特点。

喜欢从事文学创作、美术、音乐、舞蹈、艺术设计等工作。

4. 社会型

这类人具有爱好社交、合作、友善、慷慨、乐于助人、善言谈等人格特征。

喜欢从事社会工作、教师、咨询、公关和护士等工作。

5. 企业型

这类人具有外向、乐观、爱社交、好冒险、有野心、独断、支配、自信等人格特征。

喜欢从事企业经理、政府官员、销售员等工作。

6. 常规型

这类人具有务实、顺从、稳重、谨慎、保守、有条理等人格特征。

喜欢从事工作程序较明确的工作，如秘书、会计、行政助理、图书管理员、出纳、统计员等。

霍兰德认为，在职业指导时，首先应该通过测评确定个体的职业兴趣类型，然后寻找与之相匹配的职业。

专家建议：学生和工作经验较少的人，可以将Holland的职业兴趣测试作为一种工具来帮助自己进行职业生涯设计，可能更容易发挥出自己的能力。

Holland强调的是兴趣与职业的匹配，其实，在人的特质方面，人格也是自我认知的重要组成部分。

（三）性格测评

性格是一个人在生活中对他人、对事、对自己、对外在环境所表现出来的一致性适应方式。每个人在其成长经历中，可能受到生理、遗传、家庭教养、文化、学习经验等因素的交互作用，从而形成自己的独特个性，在不同的情境中表现出特定的气质。

下面要介绍的是性格与职业吻合的测试理论——梅尔斯－布瑞格斯类型指标（MBTI）。

MBTI是使用最为广泛的性格量表之一。MBTI共有四个维度，即内倾－外倾维度、感觉－直觉维度、思考－情感维度和认知－判断维度。依据这四个维度把人们的行为和态度划分为16种类型。

MBTI性格测评工具经过很多年的使用和完善，具有良好的信度和效度。它可以解释不同的人对不同的事物感兴趣、擅长不同工作的原因，利用它可以选择职业，改善人际关系、团队沟通、组织建设、组织诊断等多个方面。

在世界五百强中，有80%的企业有MBTI的应用经验。

（四）技能

技能是招聘者特别感兴趣的部分，浓缩成一个问题，即“你能做什么？”。近年来，研究者已开发出大量的测验用于测量与工作和职业相关的技能，其中应用最广的是差别能力倾向测验和一般能力倾向测验。但这两种测验都只适用于高中以下学历的人，不适用于大学生。

一些专业机构也开发出高度专业化的能力倾向测验用以测量某种特质，但对大学生而言，除了专业化能力以外，更重要的是培养能转化到任何特定工作中的一般基本技能。

美国佛罗里达州立大学的生涯剖面图系统列出了九种一般基本技能：沟通能力、创造力、批判性思维、领导能力、生活管理、社会责任、团队合作、技术/科学、研究/项目开发。

二、职业测评工具在高校的运用情况

目前，高校非常重视就业创业工作，也深刻认识到引进专业职业测评软件对就业指导工作的帮助。很多高校纷纷引入职业规划系统或软件，指导大学生开展自我测评，就业指导中心根据学生测评之后得出的报告结果对学生做出相对个性化和专业化的就业指导服务，取得了较好的效果。

职业发展报告包括动力测试结果、人格测试结果、类型描述、动力描述、适合的岗位特质、职业类型和个人发展建议七个方面，而基本分析报告是帮助学生解读职业发展报告的辅助材料，包括MBTI人格理论、维度解释、类型偏好指数、动力理论、动力指数、动力与人格的整合和使用帮助七个方面。

三、大学生使用自我测评的注意事项

（一）慎重选择测评工具

（1）大学生在网上进行非标准化测评时，要注意鉴别测评软件的权威性、咨询师的专业性以及测评报告的准确性。

（2）要学会挑选适合自己的测评软件。

大学生参加测评前要明确自己的目的和问题，如果不清晰，应在专业人士的指导下根据自己实际需要来选择测评的具体内容，确定测评的具体方法，并且需要专业人员的操作和指导才能参加测评。

而各高校自主开发或与有关机构联合开发的测评软件由于其常模采集对象主要是中国大学生，且大部分实行动态常模，其测评系统具有较好的本土化特点，所以大学生应多参加学校提供的测评服务。

（二）不可迷信测评结果

据调查：有些大学生用了测评之后，过于依赖报告结果，觉得数据就是权威，会机械地去套测评结果。这是非常错误的想法，因为测评是根据一些长效的模式，根据大多数人总结出来的报告，但是个体还会有个体具体的思维状况。另外，测验的使用人群以及测验时被试的状态等因素都会影响测验结果的准确性。总之，职业测评是一种了解自己的辅助手段，但并不能告诉你该从事什么工作。因为，你的命运应是由你自己来掌握的！

拓展阅读

合理规划职业生涯　走出求职心理误区

随着就业压力的逐年增大，求职应聘时出现的心理误区已成为影响大学生顺利就业的突出问题。这些心理误区归纳起来，可以分为盲目应聘、举棋不定、见异思迁、坐失良机四种类型。

盲目应聘型，从应聘准备角度来看分为有备而来型和无备瞎撞型。有备而来型在心态上又可分为“不想错过机会有备而来认真应对型”和“只想一试身手从而积累经验型”。无备瞎撞型就心态而言也可分为两种类型，即“捡便宜型”和“从众凑热闹型”。“捡便宜型”的学生大多是对自己不自信，自认为缺乏竞争力，所以压根儿也没奢望能成，抱着“逮着了得个便宜，逮不着无关紧要”的心态前去应聘。“从众凑热闹型”的学生则多是还没有明确的职业目标，对就业去向缺乏认真思考，看到周围同学去应聘，自己也乐得凑个热闹。

举棋不定型，是指面对招聘信息和签约举棋不定，这种类型的学生往往对职场缺乏基本了解，对自我也缺乏足够认识。在应聘之前往往迫不及待，应聘之后唯恐求之不得。但真到签约之时又觉得突如其来，以致签约之后焦躁不安，怀疑自己是不是卖得太便宜，吃了大亏。犹豫不决、举棋不定是其最显著的特点。

见异思迁型，这是最令高校就业管理部门和用人单位头疼的一种类型，这种类型的学生往往学习成绩较好、综合能力较强。他们仗着自己拥有一些优势总能在应聘中脱颖而出抢得先机而有恃无恐，只要有好单位，也不管自己是否已与别的单位达成意向便前去应聘，这样的学生即便签了就业协议也会随时准备毁约，不仅会给用人单位带来麻烦，也挤占了其他同学的就业机会，破坏了学校千辛万苦建立起来的就业市场信誉，是最不可取的。

坐失良机型，在大学生中不乏其人。坐失良机的原因概括起来有四种：其一是因为自视甚高，什么样的单位来招聘都不合自己的口味，有点自命不凡；其二则是有恃无恐，要么是觉得自己出类拔萃，要么是因为拥有得天独厚的家庭背景或社会背景；其三与前两种刚好相反，有的大学生自惭形秽，看不到自己的长处和优势，面对招聘不敢前往；其四是自怜顾影，前怕狼后怕虎。坐失良机型的大学生，要么好高骛远、眼高手低，要么太自卑、爱虚荣、胸无大志，一次次眼瞅着花落别家，一天天望洋兴叹。到头来要么沦为“啃老族”，要么成为“老大难”，在以上四种类型中最为可悲。

综上所述，无论哪种类型在大学生求职择业中都是不可取的。产生这些心理误区的根本原因在于职业生涯规划的缺失，大学加强职业生涯教育已十分紧迫。大学阶段是学生职业准备的最后阶段，了解自我、认识职业、追求人职最佳匹配是大学生涯应该完成的基本目标。大学生求职择业前必须做到态度端正、准备充分，不仅要全面认识自我、及早确立职业理想、科学规划职业生涯、认真选择中意单位、积极应对求职挑战，还要坚守诚信底线，对人、对己、对社会负责。

（http：//www.cnzsedu.com/Article/jiaoshizp/04/200801/6000.html 中国报考在线，2008 年 1 月 23 日，河北师范大学招生就业办公室，王运敏）

第五节　就业途径和求职方式

案例导读

在当今社会中，大学生就业问题一直是社会关注的焦点之一。一方面是由于大学生身份具有特殊性，另一方面是因为它对国家的发展和社会的稳定都有着非凡的意义。自1999年高校扩招以来，大学生教育已从以往的精英教育慢慢转为大众教育，目前，我国大学生已然处于大众教育阶段。既然是大众教育，可想而知，每年毕业的大学生的数量也在不断增多，如何让大学生毕业后就能顺利就业已不再是少数大学生的问题，而是一个共性问题。多数大学生面临着毕业即失业的问题。随着时代的发展、社会的变迁，以及国家对教育的重视，大学生已经不属于稀有群体，社会对其要求也愈发严格。当代大学生正处在国际化的大环境里，机遇和挑战并存，如何能使自己成为当代社会发展的佼佼者，是每个面临毕业的大学生应该重点考虑的问题。

一、大学生常见求职途径

（一）校园招聘会

毕业生进入工作岗位的第一种方式，也是最常见的方式便是校园招聘。校园招聘会是一种由公司和学校联合开展的校园招聘形式。每年10月，由招聘的企业向高校提出申请，学校会提前检查招聘企业的资质，资质审核通过后，企业方可进入学校内部参与大型综合招聘会。所以校园招聘比社会招聘更安全。招聘会上，企业根据自己公司的需求，提供相应专业的就业岗位和名额，为高校毕业生提供就业机会。学生可以根据自身求职需求选择与专业相匹配的企业进行岗位申请。在招聘会上，企业与毕业生进行现场咨询与面试，如果双方达成一致，即可签订就业协议。

刚毕业的大学生虽然缺乏社会就业经验，但通过四年全面的专业理论知识学习，培养了一定的学习和思维逻辑能力，是企业在校园招聘中比较看重的优势。校园招聘会中，求职的主要竞争对手均是应届毕业生，难度低于社会招聘。企业对学生进行综合标准评估，更加关注大学背景和综合素质，对于没有社会经验的学生，这条道路相对公平。

（二）企业专场招聘

许多大型企业需要大量的人才引进，企业会跟高校申请召开专场的招聘会，通过资质审查后，进入高校举办只有自己本单位的招聘会。首先，企业将在专场招聘会开始前，由学校招生就业工作部门发布公告，通过学校招聘网站和微信公众号平台发布企业的相关信息和具体专场招聘会的时间和地点。在召开现场招聘会的过程中，企业会传达自己公司的目前状况、未来的发展前景、文化价值观、人力资源政策、校园招聘的流程和职位介绍，让参加专场招聘的学生深刻地领会企业的文化和发展态势，更能看到如果到该单位就职后，自己的工作环境和未来的发展平台。宣讲会内容一般包括几个部分：招聘单位介绍、职位说明、当年招聘计划、问答与自由交流、校友经验谈等。到达招聘会现场的学生会在不知不觉中扮演着“意见领袖”的角色：企业相关信息形成“信息流”，通过网络、电话、聊天等多种渠道影响着周围群体，同学之间会沟通对招聘企业的印象和关心的共同利益，学生彼此之间形成热门话题，相互影响带动。大学生可以通过专场招聘会为找到自己喜欢的工作提供更多便利。

（三）网上招聘

许多企业和公司与学校没有交叉点，或者距离学校太远，没有可以在校园进行招聘的渠道，但他们仍然需要某些领域的专业人才。因此，他们将借助大型招聘网站发送在线招聘信息，或者在公司的主页上公布招聘信息，在互联网上开展招聘工作。调查显示，68%的用人单位喜欢使用互联网进行招聘，32%的用人单位仍使用传统招聘方法招聘员工。在招聘信息发布平台的选择上，智联招聘、前程无忧和招聘单位官网是用人单位发布招聘信息的主要渠道。智联招聘、前程无忧和中国人才网等综合招聘网站占互联网招聘的一半。58同城、Boss直聘、51job等分类信息招聘网站，凭借其独特的优势慢慢赢得毕业生的青睐。企业普遍认为，在线招聘的好处主要集中在方便、快速和效率上，而缺点是他们无法对求职者有一个彻底和完整的了解。数据显示，37%的用人单位认为网上招聘具有方便、快捷、高效的优势；29%的用人单位认为网上招聘可以节省人力和物力资源；18%的用人单位认为在线招聘具有成本低、受众广的优势。关于网上招聘的缺点，37%的用人单位认为网上招聘不能完全理解应聘者。此外，用人单位在网上招聘时经常会遇到虚假简历。因此，在审查了有关在线工作的信息后，他们会选择联系候选人，安排考试或面试，并最终决定是否聘用他们。

（四）实习就业

实习是大学生走向岗位的重要阶段，也是大学生求职的有效途径之一。实习阶段的工作，既可以使用人单位了解大学生，也方便大学生较详细地了解用人单位的生产、经营、福利待遇等方面的情况。通过一段时间的相互了解，建立联系，为以后的就业合作打下良好基础。

因此，大学生在实习岗位时，注意要以谋求职位为目标，利用实习加深对所学知识的理解，从而提高技能。即使实习期满后不能录用，但有这一实习经历，在求职竞争中也会处于优势地位。

（五）他人推荐

他人推荐也是一种比较常见的求职方式，可以扩大职业选择余地。他人推荐最直接的办法是求助于亲戚、朋友、同学等熟悉的人，如学长、老师、同乡等。由于与对口用人单位的领导或业务有较为密切的关系，他们的推荐容易引起用人单位领导的重视和信任。那么，应该如何请他人推荐呢？

1. 推荐人和自己的关系

假如，推荐人是自己的大学同学或者是某一位关系较好的朋友，那么，即使该同学或朋友能帮你做个人担保，人事经理也会考察你的职业技能。

如果你的推荐人不了解你，这种推荐也难以起到明显的效果。最好的推荐者应该是了解你目前的职业发展和成就的人。

2. 推荐人目前所在职位

如果你的理想工作是销售，而你的推荐人却在公司的技术部任职，这层关系或许可以保证你能参加面试，但不能为你此后的就业提供更多帮助。最好的推荐人，应该是对空缺职位需要的人才有足够了解的人。

3. 正式提出请求

在确定了一个不错的推荐人之后，最好以书面的形式正式提出推荐请求。这样，才能让推荐人有足够的时间，充分考虑是否方便在回应你的要求前做些介绍，同时也有利于推荐人提前了解有关的工作需求和人事经理的相关信息。

4. 等待回复

当要求别人推荐自己时，还要询问推荐人是否方便为你做推荐。一个模棱两可、态度模糊的推荐人，无法起到好的推荐作用。

5. 提前约见

即使推荐人已经同意为你做推荐，你还是应该提前约他见面，给他提供一些你自己的相关信息，让推荐人深入了解你，如描述一下你所学专业、本人技能特长等。

通过向推荐人提供他所需的信息，有利于推荐人更全面地做出推荐介绍，提高被推荐者面试和顺利就业的概率。

6. 表示感谢

在不确定是否能得到面试机会之前，应该向推荐人发一条感谢信息。让他知道不管结果如何，你都非常感谢他付出的时间和精力。

即使这次的职位并不适合自己，及时的感谢也会让对方在下次有合适的工作时，第一时间想到你。

（六）主动咨询

主动寻找自己比较心仪的公司，然后通过电话咨询，这也是一种比较主动的求职方式。主动咨询表现了求职者积极认真的态度，如果公司正好急需这个岗位的工作人员，而求职者的专业又刚好对口，就可能直接获得一次面试机会。

（七）人才委托

人才委托推荐是现代人事工作的重要内容，是人事代理服务的主要实现形式之一，是一种新型的服务方式，适用于用人单位和各类人才的双向选择，特别有利于提高中、高级人才的择业成功率。求职应聘者可通过委托的方式向具有资质的人才服务机构提供有效的证件和业绩材料，明确择业方向和职位要求，确定相应薪酬和工作环境。人才服务机构一旦接受委托，就会在约定的期限内，完成向用人单位的推荐，并使求职者得到专门组织的面试机会，这种委托推荐方式能给求职者提供更多的便利。

二、获取就业信息的基本途径和方法

（一）就业信息包含哪些内容

就业信息是每个求职者在求职或做职业规划之前的必修课程，它可以帮助求职者了解各种职业的发展、需求和动态变化，从而做出自己的职业选择。高校毕业生职业信息的来源非常广泛，关键是如何辨识出有益的信息渠道和有效的招聘信息。就业信息涉及的范围非常广，包括一切与毕业生就业有关的就业政策、用人单位的需求信息、供需见面活动安排等内容。毕业生求职时必须有一定的就业信息量保证，具体来讲，一则完整的需求信息主要包括以下内容。

1. 招聘单位的基本情况

求职者首先要了解招聘单位的基本情况，从招聘单位的名称中，往往能够了解多种信息，如“中国移动通信集团有限公司沈阳分公司”，从中能基本反映出这个“沈阳分公司”所属的行业、管理系统、业务范围、内容、所在地区、企业性质等。

用人单位的基本信息主要有：

（1）单位的准确名称、性质及隶属关系、地理分布等，用人单位一般分事业单位和企业单位两类，企业单位有国有企业、私营（民营）企业、三资企业、外资企业等几种类型；

（2）单位的总部及分支机构的业务范围、类别与服务内容；

（3）单位的组织结构、规模（员工数量）与行政结构；

（4）单位的财务状况、绩效考核体系、培训体系、薪酬体系（工资、福利）以及员工的发展路径等；

（5）单位的联系方式，如人事部门联系人、电话、通信地址、E-mail等。

2. 招聘岗位对所招聘人才的具体要求

招聘岗位的工作内容，一般包括“做什么、为什么做、怎么做”。如北京大北农科技集团股份有限公司招聘，有人力资源专员、财务主管、推广服务经理等多种岗位，还需要媒介投放、运营主管、技术研发等人员，每个岗位在企业中都有特定的地位和作用。

3. 招聘单位的工资待遇

用人单位的工资待遇包括：工资、奖金、津贴、福利以及医疗、养老保险等。少数用人单位在发布的招聘信息中，说明了所招聘职位的工资待遇，但大多数的招聘是没有明示工资水平的。

4. 招聘条件

招聘条件即招聘单位对求职者的具体要求，一般包括学历、专业、年龄、性别、职业资格、技术等级等方面。有些用人单位和岗位还对心理素质、能否经常出差等方面有特殊要求。

5. 招聘数量和报名方法

求职者还应当掌握招聘数量和报名方法方面的详细信息，包括：用人单位招聘哪些岗位的从业者，每种岗位招聘的数量，报名时间、地点、方式，应准备哪些证件和材料（如个人简历、学历证书、获奖情况等）。

（二）获取就业信息的途径与方法

就业信息的获取渠道很多，主要有互联网、大众传媒、高校就业部门或家人和朋友推荐等，而这些信息都带有一定的片面性和局限性，所以导致信息质量良莠不齐、真假难辨。这就要求毕业生对获取的信息资源仔细认真地辨别处理，去伪存真，筛选出真实可靠的、对求职择业有帮助的信息，拓宽职业信息渠道，解决由于信息不对称、不及时所造成的就业困难问题。

1. 招聘会

招聘会是大学生求职的主要渠道，其中校园宣讲会和大型招聘会是两种常见的招聘会形式。

（1）校园宣讲会

大学生参加各类校园宣讲会应该注意：第一，积极地与招聘人员进行交流。尽可能地让他们了解自己，记住自己，最好能在自己的简历上标上重点符号；第二，务必准时，提前半个小时入场为宜；第三，及时将重要的内容记录下来，如职位的要求、招聘的日程等。另外，一定备好简历，准备现场投递简历。

（2）大型招聘会

大型招聘会包括由政府、高校举办的供需洽谈会以及人才市场的各类招聘会。鉴于供需洽谈会和各类招聘会一般都由各地教育行政部门、人事行政部门或者其委托的具体机构、高校或者各高校群筹划举办，其涉及面比较广、范围大，并且主办单位具有一定的知名度，所以，这样的招聘会对大学生而言就有巨大的吸引力，用人单位通常也愿意借助这种方式进行人才的集中挑选。供需洽谈会和各类招聘会提供的大量就业信息，也使大学生可以在更大的范围内进行信息筛选。现场咨询也是获取职业信息的重要途径。与现场HR面对面对话，可以更准确、更直观地了解公司的一些重要信息，比网上了解的信息更准确、更真实；另外，有针对性地了解一些重要的职业信息和专业职位，实际上也可以减少求职过程中的精力和时间浪费。由于每个人都有不同的职业选择方向，通过现场咨询获取职业信息则相对更为有利。

2. 学校的就业指导中心

学校的就业指导中心作为毕业生就业指导、推荐部门，它们既与毕业生就业工作所涉及的各级主管部门之间保持着密切联系，同时也是用人单位选录毕业生所依赖的一个主要窗口。学校在长期的办学过程中，与社会各界、方方面面建立了紧密的联系，老单位、新单位需要人才，通常会主动和学校就业指导中心联系，以图获得高质量的毕业生。就业指导中心和社会各方面的人才市场、人才交流中心、就业中介机构等单位有正常的工作联系，也是该机构的就业信息来源。并且，学校就业指导中心发布的信息，存在以下优势：

（1）针对性强，一般用人单位是在掌握了该校的专业设置、生源情况、教学质量等信息后，才向学校发出需求信息，这些信息基本是针对该校毕业生的；

（2）可靠性高，为了对毕业生负责，学校就业指导机构要事先审核用人单位资质，保证信息的真实性和学生的安全；

（3）成功率大，学校一般采取校内小型专场招聘会形式，只要符合条件并善于把握机遇，与用人单位谈妥后，马上就能签下协议。

学校的辅导员老师是就业指导与信息发布工作的具体执行者，毕业生要主动与他们联系获取就业信息。就业指导中心就业信息量大、可信度高，涉及的专业面和地理区域都比较广，应该高度重视并充分利用。毕业生们一定要善于利用身边的资源，尤其是学校的就业信息网。

3. 网络媒体

在信息现代化的时代，媒体已经成为毕业生获取职业信息的最重要途径。求职网站、广播、企业网站、企业微信公众号已经成为就业信息的重要平台。网络媒体有很多优势：第一，使用方便快捷，越来越多的职业信息直接或间接地在网络上发布，给我们带来了极大的便利，足不出户也能轻松了解所需的职业信息；第二，网络提供了更全面、更完善的职业信息，通过网络，可以从国内外访问各种常规和远程职业信息；第三，网络媒体也是交流的平台，各种职业信息可以通过网络媒体进行交流、传播、总结和直观反映。收集求职信息的网站一般有以下几类。

（1）政府主办的就业网站

政府主办的就业网站主要包括：教育部主办的全国大学生就业公共服务立体化平台、新职业网和24365就业平台，各部委主办的就业信息网站，各省人事、教育行政部门主办的毕业生就业信息网。此类就业网站提供的信息往往涉及面大、范围广，能从总体上进行规划全国性或区域性的信息交流和人才配置，具有极高的权威性。

（2）专业求职网站

目前从事人力资源的猎头公司越来越多。这些企业在充分利用各种平面媒体的同时，加大了对各种网络媒体的投入力度，纷纷建立了专业的人才网站，比较著名的人才网站有：中华英才网、前程无忧网、智联招聘网等。

（3）用人单位网站

有一定规模的用人单位一般有自己的网站或者微信公众号等平台，它们的需求信息首先会在自己的平台上发布，然后通过区域人才市场或高校就业指导部门发布。与通过人才市场发布的信息相比较，通过单位网站发布的信息更具体、全面，更有利于毕业生收集和参考。新冠肺炎疫情期间，有一些用人单位网站实行网上视频招聘活动，大大降低了成本。

4. 人际资源的有效利用

美国著名教育家卡内基（Carnegie）告诉我们："一个人的成功只有20%来自专业技能，其余80%取决于人际关系。"不管是否夸大，事实已经证明，人际关系可以得到很好的利用，并通过良性转变获得意想不到的好处。个人和家庭的社会关系和交际网络包括个人的家庭成员、主要社会关系、朋友、老师、学长等。个人和家庭的各种社会关系在帮助和推荐毕业生就业时，会发挥各种优势去帮助毕业生就业或提供就业信息。对老师、学长学姐来说，他们对相关行业和专业领域的发展情况，毕业生适合的就业区域、单位、岗位等信息的把握都比较准确、具体。这些资源对毕业生就业信息的获取及其作用不可低估。

5. 社会实践和实习

学校的社会实践和教学实习等活动，与学生所学专业知识紧密联系，教学实践活动的开展，有利于学生开阔视野，更有利于学生接触社会，体验职业，使他们真正了解用人单位的情况、对人才的需求状况和具体要求，而且信息准确可靠，是学生自我开发职业信息、推荐自我的一个绝好机会。

拓展阅读

大学生求职　小心传销陷阱

暑期将至，不少大学生选择假期打工或者刚毕业的学生选择就业。工商、公安部门发布警示，提醒大学生和求职者远离、抵制、拒绝传销，防止和避免传销侵害身心健康和人身财产安全。“潜能培训”“企业管理能力培训”“成功学培训”等招生和培训活动，该类传销需要学员先缴纳培训费用，然后通过洗脑教育，要求学员再缴纳费用以接受更高层次的培训，并要求学员推荐发展其他人员加入。

传销花样频出，遇到这些情况要警惕

以“人际网络、直销、网络营销”为旗号的异地拉人头传销。该类传销以“三商法、四个发展、五级三阶制、无限代累积制、出局制”等为主要内容，宣称投资一定金额可购买一套产品，实际上大多数没有可销售的产品。

以“资本运作、连锁销售、优化资本、资本孵化”为旗号的异地拉人头传销。该类传销以投资一定金额为一单，也可以投入更多金额高起点运作，假借西部大开发、北部湾开发等名义哄骗群众加入。

以“网络销售”为旗号的异地拉人头传销。该类传销通过网上招聘或者邀约异地同学朋友发展人员，伴有限制人身自由、暴力、敲诈手段。

以“电子商务、网络游戏、网络资本运作、网络加盟、网上学习培训、网上基金投资”等为旗号的互联网网络传销。网络传销虚拟性更强，更具欺骗性，而且隐蔽性强，传播地域广，危害巨大。

非法直销，包括未经许可的直销行为、直销企业违规经营行为。截至目前，全国获批的直销企业有76家，可登录商务部直销行业管理信息系统查询。

误入传销组织后怎么办?

大学生和求职者，如果有人给你介绍“工作”“生意”或者推荐“投资”，前提条件是你得交钱申购份额或者购买一定产品，并要发展亲戚朋友参加，且许诺可以从中提取报酬，这就是典型的传销行为，务必要高度警惕，防止上当受骗。如果被朋友邀请到外地，朋友绝口不谈工作、生意，而是带你游山玩水、熟悉环境，要看你的身份证、借打你的手机，那你很可能是误入传销组织了，要在确保自身安全的情况下设法逃脱，设法与传销行为地公安、工商行政管理机关取得联系，及时举报。

在发现自己被骗参与传销活动后，要注意收集、保存汇款账号、汇款凭证、交费收据，介绍人及更高层级上线人员的姓名、电话，互联网账号密码等相关证据线索，及时提供给执法机关。如有亲友被骗往异地从事传销，首先应积极做好亲友的思想教育工作，劝说其尽快脱离传销组织；若劝说无效，应设法弄清其所在详细地址，并积极向传销行为地公安、工商机关举报。举报传销时应当尽可能掌握传销活动的详细线索，包括传销组织的具体传销地点、时间，传销头目、骨干和参与人员的住宿地点，传销活动的公司名称、具体运作方式及相关的书证、物证等。

实践篇

厚积薄发　直挂云帆济沧海

第三章　面试准备与实践

学习目标

（1）通过课堂学习掌握一定的职业礼仪规范；

（2）全面学习并掌握面试的基本知识和方法技巧；

（3）学会运用基本技巧解决实际问题。

第一节　求职礼仪

案例导读

小涛的尴尬

小涛是一名毕业生，准备找工作面试了，但是面试该穿什么样的衣服呢？他翻阅了一些资料，最后决定买了最常见的西装和衬衫。小涛最初面试的是一家新媒体企业，在走廊里等待时，他看到来应聘的学生，穿着都很随意，当时心里还暗自嘲笑了一下这些人，觉得自己穿得这么隆重，一看就是很重视这份工作。等到小涛一进去，一个打扮得很时髦的女面试官就笑着问他："是公务员吗？"当时他的心里就有了一些不祥的感觉。后来小涛没有被录用，他执着地追问了没有被录用的原因，面试官说他看上去创造力不够。

近期又有一次面试是应聘某外企的管理培训生，由于天气非常热，小涛上身穿了一件T恤，下身搭配了牛仔裤和运动鞋，当他满头大汗地赶到应聘单位的时候，被公司前台误认为是送外卖的，小涛十分尴尬。看到走廊里来来回回的人都是衬衫皮鞋，小涛懊悔自己又搞砸了状况，估计又没戏了。他心里暗暗地下决心，下次再有面试的机会，无论时间多紧张，都要提前去踩一下点，看看企业工作的员工穿些什么，提前做好功课！

作为即将踏上求职路、迈入社会的大学生，仅靠满腔的工作热情和在学校学到的专业知识是不够的，应该学习和掌握一些礼仪知识，通过塑造良好的个人形象，提升个人的气质，给企业面试者留下良好的深刻印象，这样才能在求职面试和日常的交往中获得成功，促进个人事业更好地发展。

一、着装礼仪

（一）着装的 TOP 原则

TOP原则是目前国际上公认的衣着标准。TOP是三个英语单词的缩写，它们分别代表时间（Time）、场合（Occasion）和地点（Place），即着装应该与当时的时间、所处的场合和地点相协调。

面试的着装应该符合时代、季节、场所、收入的程度，并且要与自己应聘的职业相协调，以能体现自己的个性和职业特点为宜。例如，应聘的职位是管理人员或者教师等，打扮就不能过于华丽，而应该选择庄重、大方的着装，以显示出稳重、严谨的职业形象，能够给对方留下值得信赖的感觉；如果应聘的艺术、广告、传媒等对创造能力要求较高职位时，则可以穿着时尚、流行一些，以表现出热情、创意、活泼等个性的职业特点；面试技术类等工作岗位时，虽然比较看重的是你的专业技能，但是面试官还是希望能够从你的外表看到你的严谨和专业，因此，最好选择质地优良的职业套装和恰当的配饰，用以体现出你的专业和干练，颜色搭配上可以比较明亮清新，体现出大学生的青春活力。

（二）男士着装礼仪

春、秋、冬季，男士面试最好穿正装。夏天最好穿短袖衬衫，系领带，尽量不要穿休闲衬衫。男士在穿着西装时，要遵循“三色原则”和“三一定律”。即西装、衬衫、领带、腰带、鞋袜等一般不超过三种颜色。在穿西装时，鞋子、腰带、公文包最好为同一色系。

1. 衬衫

与西装配套的衬衫尽量质地优良、整洁、无褶皱，尤其是领口和袖口须挺括。衬衫的颜色宜选用白色、蓝色或者淡蓝色的长袖衬衫，不宜穿着夸张的颜色；衬衫的领子应略高于西服的领子，衬衫的下摆应该塞进西裤。是否搭配领带视面试场合而定。

2. 领带

领带是西装的重要装饰品，对西装的美观起着重要作用。选择领带首先是长度、宽度要适中。领带在胸前的长度以达到皮带扣为好，所以，每个人需要的领带长度由自己的身高决定。领带的宽度应该与西装翻领的宽度相协调。

3. 鞋子

穿西装一定要穿皮鞋，大学生面试，从经济和搭配来说，黑色皮鞋比较适宜，它可以搭配任何色调的西服，显得端庄、体面、大方，不要穿布鞋或者运动鞋。此外，还应该注意保持鞋面的干净，不要蒙灰。

4. 袜子

袜子最好与西裤颜色搭配，以深色为宜，尽量不要穿学生常穿的白色休闲袜，以免给人造成幼稚的感觉。在正式的场合，男性应穿中长筒的袜子，避免坐下屈腿的时候露出脚踝。

（三）女士着装礼仪

1. 服装

女性服装的样式很多，面试时的着装尽量以简洁、大方为主。通常职业套装是最简洁，也是最通用和稳妥的着装。裙子不宜太长，这样显得不利索，但也不应太短，以免坐下时不方便。低胸、过于紧身和过分时髦、暴露的服装都不适合面试时穿。衣服的色彩不宜过于艳丽，能够表现出青春、典雅的格调即可。

2. 鞋袜

丝袜是女士的第二层皮肤，穿裙子尽量搭配长筒袜。丝袜的颜色尽量选用肉色、黑色。鞋子在颜色和款式上应与服装相搭配。后跟不宜太高或过于前卫，如果自己不知道如何配色，最简单的办法就是穿黑色的皮鞋，在夏季最好不要穿露脚趾的凉鞋，更不宜将脚指甲涂抹成各种颜色。

3. 佩饰

面试时尽量不要佩戴夸张的配饰。如衣服颜色太过单调或者色彩偏暗，可以通过佩戴饰物以提高整体效果，但应注意和服装整体的搭配，最好以简单朴素为主。如果习惯随身携带包，那么包不宜太大，颜色尽量和服装的颜色相搭配。耳环、项链、戒指、手镯、胸针等首饰，佩戴时以少量为佳，宜同质同风，风格适宜。

二、仪态礼仪

仪态是指人在行为中的身体姿态和风度。达·芬奇说：“从仪态了解人的内心世界、把握人的本来面目，往往具有相当的准确性和可靠性。”用优良的仪态表达，往往比语言更让人感到生动和真实。仪态美，是一种深层次的美，能表现出真实的自我。

（一）站姿

站姿是仪态美的起点。良好的站姿能衬托出求职者的良好气质和风度。正确的站姿应该是：站立要挺拔端正，两眼平视前方，下颌微收，面带微笑；双肩自然放松，保持水平或稍微下沉；男士站立时，一般应双脚平行，大致与肩同宽，两臂自然下垂，手指自然弯曲，做到挺胸、收腹、立腰；女士则应双腿并拢，脚跟靠紧，脚掌分开成“V”字形，双手自然垂放或叠放成心形置于腹前。

（二）坐姿

坐姿是仪态的重要内容。良好的坐姿能够表达出求职者积极、自信的信息，同时也能给人以端正、大方、自然、稳重之感。

入座的时候要轻、要稳，不要猛坐猛起使椅子发出响动。女士如果穿裙装，入座时，两腿微收，用手将裙子稍微拢一拢，男士可以将西服的扣子解开。坐定之后，上身保持站姿的基本姿势，身体重心向下，腰部挺直，目光柔和，面带微笑。男子的两脚平行，两腿自然弯曲。女子的双膝必须并拢，双手自然放在膝盖或者大腿上。坐在椅子上时，一般只坐满椅子的2/3，不要靠背，在休息的时候可轻轻靠背。坐于桌前应该将手放在桌子上。如果坐得时间长，可以适当调整姿势。无论采取哪种坐姿，关键要做到自然、美观、大方，切不可表现出身体僵硬。

（三）行姿

无论是日常生活中还是社交场合，行姿往往是最吸引人的体态语言。行姿可以显示出一个人的身体状况、精神面貌和性格，更能表现一个人的风度和魅力。

行走时，头部要抬起，目光平视前方，面带微笑，双臂自然下垂，双臂摆动自然且有节奏。上身挺拔，腿部伸直，腰部放松，步幅要适当。女士在穿裙装或者高跟鞋时，步幅应小些。脚步宜轻且富有弹性和节奏感。男士应挺胸抬头，收腹直腰，上体平稳，步履稳健大方，显示出男士的阳刚之美。女士应目光柔和，上体自然挺直，挺腰收腹，步履匀称自如，显示出女性的端庄与文雅。

（四）手势

手势是人们利用手来表示各种含义时所使用的姿势，是人们交际时不可缺少的体态语言。与人交谈时，手势不宜过多，动作不宜过大，切忌手舞足蹈。打招呼、告别、欢呼、鼓掌也属于手势的范围，要注意力度的大小。在任何情况下，不要用拇指指自己的鼻尖或者用手指指点他人，这含有妄自尊大和教训别人之意。如谈到自己应用手掌轻按自己的左胸，显得端庄、谦虚。

在交际场合中，注意不要当众搔头皮、掏耳朵、抠鼻孔，修指甲、揉衣角，或者玩手中的笔或其他工具，更不要用手对他人指指点点。

（五）眼神

交际中，目光接触是常见的沟通方式，但是眼神却会表达不同的含义。与他人交谈时，尽量不要长时间的凝视对方。一般情况下，眼睛有一半的时间注视对方，另外一半的时间注视对方脸部以外的5~10厘米处，交替进行，自始至终地注视对方是不礼貌的。在社交的场合，如果无意中与别人的目光相遇，不要马上移开，应自然对视1~2秒再慢慢移开。注视对方时，不能死盯住对方的某个部位看，或者上下打量对方，这是失礼的表现，注视对方尽量自然、亲切、柔和。

（六）微笑

微笑是表达自信的最好装扮。微笑是人们对某种事物给予肯定以后的内在心路历程，是人们对美好事物表达愉悦情感的心灵外露和积极情绪的展现。微笑是一种“情绪语言”，可以表现出对他人的理解、关心和爱，是礼貌和修养的外在表现，更是心理健康的标志。

面试时面带微笑与面试官进行沟通，会增加亲和力，缩短与面试官之间的距离。但微笑要发自内心、亲切自然、适度得体，切不可假笑奉承，或者笑得太过僵硬。

微笑时要做到“三笑”：

眼睛笑：提高眉位并略弯成弯月形；

眼神笑：眼神保持自然亲切，流露出发自内心的喜悦；

嘴巴笑：嘴唇稍稍合拢，嘴角两边微微上扬。

拓展阅读

微笑，面试时最好的表情

在面试中，主考官对面试者的第一印象至关重要。良好的第一印象离不开干净整洁的着装、蓬勃向上的精神面貌、大方得体的言行举止，更离不开真诚自信的微笑。

笑容是一种令人感觉愉悦的面部表情，它可以向对方传递善意，为后续深入沟通与了解提供和谐的氛围。当陌生人第一次接触你时，你的表情一丝不变，会让人觉得你很高冷，对你产生难以接触的距离感，自然而然对你存在心理上的“防御”。所以在面试的时候，微笑的作用十分重要。

一方面，微笑可以展示出面试者积极的心态。面露欢愉微笑的面试者，使人觉得充实满足、乐观向上，给人留下美好的印象。另一方面，面带微笑可以展示出面试者充分的自信，让人感受到面试者有足够的能力应对考场的问题，镇定自若，使人产生信任感，容易被考官接受。

由此可见，微笑是所有面试技巧中最直接、最简单、最有利的一种方式，应当学会利用。但是，在面试中也要注意把握原则，不能本末倒置。

（1）微笑要真诚，切忌假笑。真正的微笑是发自内心、表里如一的。面试者不能一味追求面部表情，而僵硬地扯着嘴角，出现皮笑肉不笑、呆笑、傻笑等情况，这种状态很容易被考官识别，反而会适得其反，留下不自信、虚伪的负面印象。

（2）微笑要适度，灵活调整。面试过程中需要笑容，但不是一直笑。如果考场上遇到言语表达类题目，则需要考生审清题干要求，对不同的听众采取不同的面部表情、语言方式，从而将自己的思想明确无误地表达出来，引起考官的共鸣。因此，是否要保持笑容，也需要考生综合判断、因题而异。

总而言之，微笑是面试时最好的表情。保持微笑既是技巧，也是一种发自肺腑、真诚待人的礼仪。要想在面试中保持自然、恰当、得体的微笑，在日常生活中的锻炼一定是少不了的。在日常生活中就要注意自己的情绪锻炼，我们可以通过手机的自拍功能，面对镜头找到自己最好的表情，并练习微笑答题。通过这样的反复练习，确保答题时保持良好的状态。

三、面试礼仪

求职者礼仪是否得体，是其素质能力的体现。除了之前介绍的着装礼仪和仪态礼仪之外，在求职中，求职者还应注意面试的礼仪。

（一）面试前的礼仪

入场见面是了解的开始，人与人交往的第一礼节就是见面礼，要特别注意以下几点：

1. 准时守约

面试时首先要守时，这是职业道德的一个基本要求。迟到或者爽约都是不尊重主考官的表现，也是不礼貌的行为。如果自己有客观原因不能按时到场需要更改面试时间，一定要提前和主考官电话沟通，以免对方久等；如果已经迟到，更应当主动陈述迟到的原因，这是必备的礼仪。面试时，最好提前10~15分钟到达面试地点，这样既表示自己求职的诚意，也可以提前熟悉一下面试环境，准确地找到面试地点，还可以稍做休息来稳定情绪。如果路程较远，建议提前出发，宁可早到30分钟甚至1个小时。对于面试地点比较远、位置比较复杂的，可以提前踩点，以便熟悉交通路线、地形、具体的面试地点等。一些规模较大公司的面试往往一次要安排很多人，如果因为迟到等原因，很可能永远与这家公司失之交臂。找到准确的面试场所后，可以利用面试前的时间再度组织自我介绍的语言以及通过环境观察判断企业的文化及管理氛围，然后从容不迫地进入面试的场所。

2. 进入面试单位的注意事项

到了面试单位，不要四处张望，应先寻找前台。若有前台，则开门见山地说明来意，经指导到指定区域落座；若没有前台，则寻找工作人员求助。如果面试的单位较小，没有等候室，就在办公室门外等候，未经允许绝不可以贸然进入。假如有工作人员告诉你面试的时间和地点，应当表示感谢，但是不要打探面试单位的情况或者向其索要其他的材料，更不要驻足观看其他工作人员工作。

进入等候区之后，手机尽量调至静音，以免进入面试室后手机响起造成尴尬的局面，影响发挥。在等候室等待面试时，也应该站有站相、坐有坐相。不要来回地走动、吸烟或者咀嚼口香糖、打手机游戏。也不要与别的应聘者聊天、讨论，因为这可能是你未来的同事，也有可能是决定你能否入职的人，你的谈话对周围的影响是你难以把握的，这也许会导致你应聘的失败。如在等候室遇到熟人或者朋友，一定注意自己说话的声调，不要旁若无人地大声寒暄或者说笑打闹。

（二）面试过程中的礼仪

1. 入室敲门

如果没有人通知，即使前面一个人已经面试结束，也应该在门外耐心等待，不要探头探脑，或者擅自走进面试房间。等到面试官叫到你的时候，应声回答后再进去面试。进入主考官的办公室，即使门是开着或者虚掩着，也应该先敲门，千万不要冒失地推门进入，给人留下鲁莽、无礼的印象。敲门的力度以面试人员能听到为宜，得到回应后，再推开门进入。开门一定要轻，进入后用手轻轻将门合上。然后向面试人员问好，鞠躬或者行礼，向面试官说出自己的名字，表明是来面试的。如果办公室里有几个人，其中一个向自己介绍他人时，自己应该点头示意，并努力记住每一个人的姓名和职位。

2. 握手礼仪

进入面试房间后，不要贸然与对方握手，当对方主动伸出手来时，自己再与之握手。握手时以上下晃两三下为好。一定要显示出自己的热情和自信。面试时握手是很重要的一种身体语言。外企把握手作为衡量一个人是否诚实、自信、有见识的重要依据。坚定自信的握手能够迅速给主考官带来好感。

3. 入座礼仪

进入面试室后，在没有听到“请坐”之前，不可以坐下，等主考官告诉你“请坐”时才可以坐下，入座时应道一声“谢谢”。若对方一直没有请你入座，而面试官面前恰好有合适的座位，你也可以适时地提出“我是否可以坐在这里”的请求，得到对方的允许后也要说声“谢谢”，然后大方地坐下去。落座后，坐姿要自然挺拔，切忌不请自坐，更不要跷起二郎腿或者入座后腿部不停地摆动。良好的坐姿会给面试官留下良好的印象。

面试时，和面试官之间要保持一定的距离，给彼此留有适当的空间，距离太近会给人一种压迫感，使面试官不舒服。一般情况下，招聘单位会提前布置好面试室，将应试人员的座位安排好。进入面试室之后，尽量不要随意挪动固定的椅子。有的人喜欢表现亲密，主动将面试的椅子前移，一般情况下，面试官均不喜欢这种行为，因为面试过程中保持一定的问话距离比较舒适。如果应试的人少，面试官也许会邀请你一同坐在沙发上，这时候，身体不要完全靠在沙发上，可将手轻轻搭在沙发扶手上，保持上身的直立状态，根据面试官的距离来界定彼此的距离，太近了不好，太远了也不好。

4. 视线的处理

面试一开始就要注意自己的身体语言，特别是自己的眼神。回答问题时，要集中精力，不要眼神躲闪，目光始终聚焦在主考官身上，力求给对方以诚恳、自信、沉稳的印象，并表现出对对方的尊重。如果面试人员是两位以上，回答问题时一定要以目光扫视其他人，尽量保持眼神的交流，而将焦点集中在主考官身上。如果某位考官对你单独提问时，一定要将焦点转移到他身上，回答完之后再转移回来。思考问题时，可以看着对方身后的物体，但不要看天花板或者望向窗外，又或者抠手，可以做几秒钟的思考，但思考的时间不宜过长，开口回答问题时，应该把视线收回来。

5. 适时保持微笑

微笑可以展现一个人的风采，也能为你消除紧张。面试的时候应主动微笑着向主考官点头、打招呼。面试过程中面带微笑，能够增进与面试官的沟通，使双方的心理距离迅速缩短，有助于提高面试的成功率。

6. 展现谈吐礼仪

面试礼仪不仅局限于外部的衣着、打扮，举止等，还包括语言、表情和神态等。如果说外部形象是面试的第一张名片，那么语言就是第二张名片，客观地反映了求职者的内涵和修养。有的人在面试官提出问题后，夸夸其谈、滔滔不绝，没有考虑回答问题的时间。也有的面试者在没有听清面试官的问题时，便打断对方，主动作答；又或者在回答过程中随意对其他人进行妄加评论，给人留下狂妄自大的感觉；也有的求职者遇到十分棘手的问题时，低头沉默，显得灰心丧气。谦虚、稳重、自然、诚恳、自信的谈话态度会让你在任何场合都受到欢迎。所以面试时，讲话应当条理清晰，并通过表情、语音和语调等诸方面的配合，真诚、乐观、自然地应答。

7. 避免小动作

在面试时不可以掺杂一些小动作，例如，在进入面试环节前，有的单位需要填写一些个人信息，有的同学喜欢转笔或者不停地按动笔帽，这样做会显得很不严肃，给人留下不好的印象。

面试过程中，有的同学喜欢乱摸头发、胡子或者耳朵，还有的同学在回答问题时不停地搓动衣角。这些都是紧张的表现，会分散注意力，使你不能专心地交谈。

典型案例

习惯性小动作令她错失工作

小晴今年大学毕业，学习成绩十分优异，但是对面试程序不是很了解，因而几乎没做面试准备。到达面试现场时，她发现已经有几位求职者在等候，大家都经过了细心打扮，并且都在温习自己的简历或者其他内容，这不由得使她紧张了起来。

轮到小晴面试时，在场的三位主考官表情都很严肃，气氛很紧张，当一位面试官让小晴先进行自我介绍时，她由于紧张突然忘记了自己事先准备的说辞，脑子里一片空白，仅仅用了三两句话就说完了自我介绍。

另一位主考官问她："说一说你应聘这个岗位的优势吧。"小晴应聘的是文秘，与她大学所学专业正好对口，而且她大学期间还辅修了法律，本来具有极大的竞争优势。可是由于她太过紧张，平时的小动作全出来了，一会摸摸头发，一会碰碰鼻子，偶尔还搓搓衣角。最后的结果可想而知，小晴面试时太过紧张，出现太多小动作，让主考官对其专业度和自信心产生了怀疑，最终导致面试失败。

（三）面试后的礼仪

1. 适时告别

从某种意义讲，面试是陌生人之间的交流，既不是闲聊，也不是谈判，谈话的时间长短要根据面试的内容决定。面试者除了在面试过程中要适当运用一定的社交礼仪，更要学会察言观色，特别注意对方对谈话结束的暗示，适时礼貌告辞。一般面试官认为面试结束的时候，往往会说一些暗示的话语，例如，主考官会将工作的性质、内容、职责等最后介绍一番，可以让应聘者谈一些自己的工作设想和打算，感谢应聘者对公司招聘工作的关心和支持，一有结果我们会及时通知你等，求职者听了类似的暗示语之后，就应该主动告辞，不要盲目地拖延时间。

2. 致谢礼仪

在面试结束后一定要有一个和面试官简单的致谢过程，无论结果如何，都应该对贵公司给予面试的机会表示感谢，也要对面试官抽出宝贵的时间与自己见面表示感谢，并且表示期待能有进一步面谈的机会。这样既保持了与应聘单位主管的良好关系，又展示了自己的人际关系能力。

3. 出门时应注意的礼仪

大学生在求职过程中，面试结束后的一个简单动作，往往能够看出你是否具备良好的修养。面试结束时的礼节也是公司考查录用的一个砝码。离开面试室时，起身之后要将刚才坐过的椅子扶正到刚进门入座时候的位置，然后再次致谢离开。出门的时候要注意随手关门，动作要轻，不要发出较大的声响。如果你关门的时候不注意小节，而是用很大的力气关门，不仅会造成很大的声音，还会给面试官留下很不好的印象。所以，即使面试结束也要把礼仪进行到底。经过前台的时候，要主动与前台的工作人员点头致谢，或者表示再见之类的话，有利于给对方留下印象，方便日后询问面试结果等后续问题。

4. 不要贸然打听面试结果

面试结束后，不要贸然打电话询问面试情况，可以通过发送感谢信或者邮件的方式再次加深用人单位对自己的印象。如果一周之内或者超出面试结束时面试官告知等待结果的时间，没有接到任何回信，此时可以给用人单位打电话询问面试的结果，以表示你对这个工作的兴趣和热情，同时也能从用人单位的语气中推断出面试的结果。

拓展阅读

求职面试中切忌的七种表现

面试是一个短时交流的过程，如何做好面试管理对求职者至关重要。以下是面试过程中最忌讳的一些表现。

一、“以我为轴”的夸夸其谈

镜头回放：A一直觉得自己沟通能力强，口才好，适合做销售，得到面试的机会就兴冲冲去面试了。因为还未毕业，HR便让他谈一谈在大学期间相关的工作经历及收获，A认为这是他拿手的问题，开始夸夸其谈在校期间的各种经历和故事，不知不觉中偏离了主题，而自己浑然不知，最后HR无奈地打断了他漫无边际的描述。

建议：面试中对自己骄傲的经历及能力的表述也应该简明扼要、适可而止，千万不要像打开话匣子般没完没了地夸夸其谈、自吹自擂，甚至主次不分地“反客为主”。求职者要讲究实在，言简意赅，夸大的话说得太多了容易引起考官的反感。

二、把面试当成“休闲”

镜头回放：小C同学在校期间散漫惯了，一次面试，工作人员带领到达现场的小C到等候室等待。小C觉得很无聊，一边环顾四周，一边喝水，还时不时地翻一翻桌子上的资料，见面试时间还早，小C就拿出手机，跷起了二郎腿看起手机来。这一副漫不经心的样子，全被HR看在眼里，还没面试就让HR对他失去了兴趣。更糟糕的是，在全程面试中，小C还时不时地抖腿，结果面试不到10分钟就结束了。

建议：面试不是休闲娱乐，无论是面试前的等待还是面试的过程，都应遵守一定的行为准则，这不仅是职业素养的体现，也是个人素质的体现。HR会从这些观察中判断你是否是一名严谨、自我约束力强的人，而这个问题直接关系到对你对待工作是否认真、负责等方面的判断，自然直接关系到你是否被录用。

三、交流中惜字如金

镜头回放：某公司要招聘市场部经理，一位硕士生的简历深深吸引了老总。简历里体现出了这名硕士生有相关市场的调查研究，而且在两家单位任过职，有一定的经验，可是面试结果没有通过。老总后来说，那次面试他亲自参与选拔。他发现那位硕士有个特点，就是不管提问何种问题或者交流时都是紧锁眉头、不苟言笑，话语也不多，显出很沉闷的样子。他说，具有这种表情的人是典型的不擅做沟通工作的，然而对于市场部的负责人，沟通却是重要的一项工作内容，所以这位名校硕士没有被录用。

建议：面试时“少言”是必要的，但比“少言”更有必要的是“慎言”，而不是“不言”！面试却“不言”，就是木讷、迟钝。尽管木讷、迟钝者和那些夸夸其谈者的反差明显，但同样也不可能成为一个称职的好员工。求职面试的目的是要让用人单位考核自己，面试对话不仅要用头脑，还得用心。适当的互动不仅在交流上，更要恰当使用表情，行为得体的求职者在面试中往往能够成功。

四、面试迟到错失机会

镜头回放：L接到某外企的面试电话，对方要求下午就去面试，他慌慌张张地记下地址就出门了。在到公司之前的一段路因修路，导致交通非常拥堵。好不容易通过了该路段，面试的时间到了。到了那边时，又发现自己因为着急将面试的楼层记错了，眼看时间过去了快20分钟，HR打来电话询问情况，L很无奈地说：“不好意思，我现在还没有找到你们面试的地点。”HR当即表示：“我们的面试后面还预约了其他人，面试官的时间也非常宝贵，你只能另等通知了。”L的心当场跌倒了谷底。

建议：迟到是面试中的大忌。面试时要去的地方大部分都是自己不熟悉的地点，所以务必要提前规划好路线，采用不受拥堵影响的交通方式，例如地铁。此外，尽量提前出门，留出机动时间，避免路上遇到意外情况而导致迟到。如果实在不能按时到达，一定要提前和对方沟通，给自己争取一个顺延的机会，或者再次面试的机会。

五、未经准备提低级的问题

镜头回放：在面试快要结束时，面试官问F，你还有什么问题需要问我们吗？这时，F思考了半天，问道：“单位里是否24小时供热水？单位平常是否组织大家旅游？”面试官看了看他，笑了。

建议：求职面试不等同于其他面试。主考官要考察的是你的综合素质，而同时你也可以问一些与企业相关或者专业相关的问题。但在发问之前，你必须好好想想你将要问的问题是否有现实意义，尤其不要提一些低级的甚至幼稚的问题。这些很可能使面试“砸了锅”。

六、目中无人的态度傲慢

镜头回放：D是一名金融专业的研究生，很优秀，D自己认为，他的简历和能力相当有竞争力，对面试也相当有把握。在一家中小型企业面试时，HR问了一个常规问题，介绍一下自己。D认为简历上面都有，仅讲了三句，就说简历上写得很详细，表现出一副不愿意多谈的样子。HR的眉毛顿时皱了起来，也没有再继续下去。

建议：不管自己的成绩和能力多优秀，或者认为面试的单位有多么不起眼，仍要谦虚、低调地对待每一次面试机会。摆出一副傲视一切的态度，面试官会认为你一定会将这样的态度带入到工作中，很难合作或者管理，也可能会认为你的忠诚度难以保证，很可能拿这里当跳板。所以不注意态度，很容易错失一次好机会。

七、弄虚作假扼杀个人诚信

镜头回放：M来到大学后就松懈了，成绩很差，也没有通过英语四级，要找到一份好的工作很难，所以他就动起了歪脑筋。他在简历上大吹特吹，说自己成绩优秀，并且担任学生会主席，能力过硬，然后又伪造了成绩单和英语六级证书。很快他接到了一家很好单位的面试通知，他自信满满，以为自己随便蒙几下就能过关。而事实没这么简单，面试官直接用英文和他交流，他突然慌了，虽然能听懂几个单词，但是对方说的是什么意思，他完全不理解。后来面试官发现了这个问题，拿着他的简历问他：“你不是成绩很好，英语六级也过了吗？”M支支吾吾答不上来。

建议：HR很容易就能判断一个人是否说谎，是否在夸大自己的能力。用人单位最敏感的就是大学生弄虚作假，即便能力有限，成绩也不突出，也没有光彩照人的奖项，但只要实事求是，经过专业培训，都是可造之才。大学生在应聘时，要诚实守信，认识到自身的不足，并表示做好充电的准备，HR也会欣然接受。在诚信上丢分，会直接出局。

第二节　面试的基本程序和要求

案例导读

小王同学大学学习的是金融专业，在招聘季开始的时候，屡试屡败。在某银行的面试中过于紧张，说话没有条理；在某公司的面试中，没有说清楚对企业的了解情况，没有表达出为什么要加入该企业；在某职位的面试中，他没有回答好专业知识与录用职位的关系问题。

小王经过几次面试失败后，开始反思自己在面试中的不当之处，他总结经验教训，告诫自己在准备下一个面试之前，除了必备的专业知识外，要做到以下几点：首先，要提前准备至少2分钟的自我介绍，并能流利表达；其次，对应聘企业提前大致了解，并思考自己应聘该企业的理由，自己如何胜任应聘岗位的能力特长等问题；最后，注意面试过程中自己的语速、语调，确保让面试官能够听清、听懂等。

终于经过几次锻炼，他过五关斩六将，参加了保险公司的最后面试，在9位主考官面前，他回答流利、神态自如、有理有据，得到了面试官的一致好评。一个星期后，他收到了录用通知。

面试是用人单位在规定的时间和空间内，通过与求职者当面交流来考核求职者的一种招聘测试。通过面试，用人单位可以直接观察求职者的精神面貌和言谈举止，了解求职者的总体素质和各方面的能力。对于大学生来说，面试是一种综合性极强，集多种知识、能力于一体的多方面的考核方式，如果想要面试成功，就必须在事前做好充分的准备工作。

一、面试前的准备

（一）资料准备

1. 个人自荐材料的准备

（1）一份面试清单

一般情况下，招聘单位会采用电话通知的方式告知面试者，接电话的时候尽量在比较安静的环境中进行，仔细听清楚面试的具体时间、地点和联系人，如没听清一定要问仔细。如果来得及一定要准备纸笔，记清楚用人单位需要面试者提供的材料，例如身份证、推荐表或者照片等。通知结束时最好记住联系人，一般比较大的公司，联系人和人事部门负责人不一定是同一个人。

接下来根据通知准备一份面试清单，首先，包括面试的时间、地点，查找详细的交通路线，规划出换乘路线，确保留出充裕的时间去搭乘或者转车；其次，整理面试要求携带的有效证件，哪些已经准备好，哪些需要重新扫描或者彩印、盖章等；最后，在清单上列出面试前几天需要对企业的哪些方面做以了解和准备。

（2）一份自荐材料

许多企业收取简历的人和面试的人往往不一定是同一个人，参加面试的人很多，简历也容易混淆，这就需要面试者再准备一份简历以备现场面试官查看。有些单位在面试前会让求职者现场填写单位提供的应聘表格，需要填写的内容较多，准备一份简历，填写起来也会更快、更完善。

大学生参加面试最好带上学生证、就业推荐表、协议书以及各种证书及成果的原件和复印件。证书不是越多越好，应该分门别类，按照荣誉证书、竞赛证书以及与应聘岗位相关的资格证书等进行分类装订。证书的原件要妥善保管，复印件最好带两套以上，以备需要。

准备随手记录所需的便签本和笔。面试时，往往需要记录一些必要的东西，有时候是你回答面试问题的备忘，有时是双方谈话的重点内容，或者双方互留联系方式等，所以，随身携带便签本和笔会对面试有所帮助。曾经有一家公司面试时，先让应聘者填写公司的应聘表格，凡是没有带笔的应聘者面试前一律被淘汰。公司从这个细节先考核出应聘者对面试的重视程度、做事的责任心和细致的态度。

需要强调的是：所有的材料尽量能够整理好，装到一个公文包里，以便拿取方便。

典型案例

小孙在某学校主修的是英语，选修法语，而且法语学习得也特别优秀，令很多同龄者佩服不已。她希望通过自己的努力为自己创造美好的生活，因此，她放弃了一些推荐机会，自己参加洽谈会，自主择业。她关注一家外商（法）独资企业，该企业在全球的150多个国家有连锁店。她在网上向该企业的线上招聘投递了简历，不久便收到了面试通知。

谁知面试当天，人山人海，这家公司将线上招聘与线下招聘的人员放在了同一天面试。小孙以为在网上投递过简历，面试当天她没有再准备一份纸质简历和自荐书。当主考官问他的简历时，她只得尴尬地说在网上投过简历，主考官眼里闪过一丝不悦。试想，这样一家全球知名的企业，应聘的人员不在少数，企业没有时间现场在邮件中寻找她的简历。结果不难猜测，小孙没有进入试用的阶段，主考官没有给她机会。

2. 应聘单位的资料准备

面试官提问的相关问题往往和招聘单位有关。因此，在面试之前应该尽可能多地了解招聘单位的情况，这样有利于提高面试的成功率。若求职者对单位的信息了解甚少或者一无所知，在面试的时候容易处于被动境地，也容易给招聘人员留下“不主动、不积极”的印象，从而影响面试成绩。我们可以从以下几方面搜集面试单位和应聘岗位的资料和信息。

（1）了解面试单位所在行业情况

面试官在了解应聘者的一些自然情况之后，通常会聊到单位所在行业的发展情况，一是考验应聘者对所应聘行业的了解，二是考验应聘者对选择的行业是否认可。他认为有行业经验的人能够更好地适应岗位需求，短时间内能做出成绩。因此，毕业生在面试之前，一定要想办法了解面试单位所在行业的情况，包括行业的特点、行业走向、近一年或者两年内行业的竞争情况等。总之，对行业的情况了解得越多越好，这样在面试的时候与面试官之间的话题就越多，否则只是一问一答，或者只问不答，就会在面试过程中显得被动和乏味。

（2）了解面试单位情况

毕业生在面试前可以通过公司的网站、宣传材料等方式，了解用人单位的企业性质、背景等基本情况。如企业的从业时间、企业文化、发展历史、主要的产品和服务对象等。在搜集资料的过程中，既可以加深自己对企业的了解，坚定选择，也可以让面试官感觉求职者是经过认真研究单位情况之后才来面试的，求职是有诚意的，是经过认真考虑的，而不是随便地选择。如果应聘者对企业情况比较了解，在面试中也会赢得面试官的印象分，为面试成功打下良好的基础。

（3）了解应聘岗位情况

毕业生除了要了解面试的单位情况，还应该尽可能地了解应聘的岗位。首先，要知道岗位的需求情况，大致录用比例。其次，要了解岗位的大概工作内容、业务的管辖范围。最重要的要了解岗位要求的基本条件，达到岗位要求应该具备的素质，这样，从个人的简历准备到面试介绍，都能有的放矢，尽可能地将个人能力紧紧靠近应聘岗位。求职者的能力越靠近岗位要求，面试就越容易成功。

岗位的了解可以通过学哥、学姐，熟人、朋友等进行了解，也可以通过互联网等岗位介绍，了解一般岗位的工作内容和能力要求。

典型案例

小叶同学在参加招聘会时看中了一家民营企业，做生物科技，虽然目前规模不大，但他预感该公司前景很好，如果入职可以做本专业的研发工作。小叶知道像他这样的本科生如果进入大公司，自己动手做项目的可能性几乎没有，因为大公司专家无数，他可能在数年内都只能做一个搜集资料的下手。而在这种中小型的公司，锻炼的机会多，很多项目都有机会自己尝试去做，对他科研能力的提升是非常有帮助的。因此，他在收到面试通知后，大量地浏览了该公司的资料，掌握了其研究方向与领域。在面试的时候，他流利、全面的论述为他赢得了面试主考官的青睐，为他进入公司奠定了基础。

（二）心理准备

通常来说，招聘会中面试的时间比较仓促，面试官获取面试者信息的渠道也非常有限。面试就是一场测试，在测试每个人能力的同时也在测试每个人的心理素质，好的临场发挥需要良好的心理素质。因此，在面试前要正确对自己进行评估，知道自己的优缺点，保持正常的求职心态，切忌走极端，勇敢地尝试，为自己创造机会，对一个面试者来说至关重要。

1. 树立自信心

任何人都想在面试中展示一个完美的自己，因此，在面试时，一些求职者给自己制造出无数的心理压力，在面试过程中，尽量地掩饰、遮盖住自己的不足，以希望给面试官留下完美的印象。可是却忽略了面试的根本目的——全面而准确地展现自己的风采。所以，面试前应对自己有一个客观的评价，充分认识到自身的不足，不必妄自菲薄，更不要自怨自艾，多想想自己的优点和长处，也不必害怕在面试官严厉的目光下暴露自己的缺点而动摇信心，充分展示自己的水平和能力就能够赢得机会。

2. 切忌盲目自大

一些专业较好、成绩优异、能力较强的大学生容易从自信变成自负。还有一些大学生缺乏对自己的客观认识，缺乏对就业市场和职业生活的了解，产生脱离实际的自大。自认为经过几年的大学学习和锻炼已经满腹经纶，任何工作在手中都能胜任，在求职中自觉高人一等、自命不凡，面试中也会不自觉地表现出傲慢、不屑一顾的态度，这会令面试官敏感地察觉到你对企业的求职诚意不足，错失一次好机会。

典型案例

小平就读的是一所重点大学，所学的专业也是比较热门的信息工程专业。大学期间学习比较优异，取得很多竞赛证书和荣誉证书。小平自信满满地参加招聘会，可结果却令他有些失望，他看中的两家大公司都没有给他进一步面试的机会，他莫名其妙，后来犹豫再三，非常诚恳地向招聘方的工作人员咨询为什么没有选择自己，两家单位的答案非常相似。小平在面试过程中太过冷静的表情，使得面试官认为他仗着自己的学校牛、专业好、选择的余地大，所以态度很不积极，求职诚意不足。小平觉得很后悔，没想到自己的表现会给对方留下这样的误解，可是木已成舟，他只能暗下决心，在下一次招聘会中一定要积极主动，努力推销自己，表现出自己对用人单位非常感兴趣的态度，不至于再一次使对方觉得自己在“耍大牌”。

3. 可以适当地焦虑

绝大多数面试者在面试前会出现应激性的焦虑，这是正常的，也是必然的。焦虑主要是生理层面，你越想摆脱它，你也就越在它身上施加了注意力。也就是说，你越想摆脱焦虑，你就会越焦虑，而你越焦虑，你便越想摆脱它，结果便形成了一个恶性循环。摆脱这个恶性循环的唯一办法是自己在心理暗示“由它去吧”。一旦你不再注意你身上的焦虑，焦虑状态便会自然而然地消失。所以，面试者在面试前、面试中，要学会以平常心接纳自己的焦虑，带着正常的焦虑去做该做的事情，一旦你做到这一点就会发现，面试焦虑没那么可怕。

（三）形象准备

穿着打扮、仪态礼仪会直接影响求职的成败。因为进入企业后你的形象不仅代表你个人，重要的场合还将代表企业形象。因此，在一些岗位的选择上，多数单位力求找到能够提升组织形象的候选人，这些候选人不仅要符合企业的岗位素质要求，而且要有良好的外形仪态。所以，毕业生应根据应聘单位的性质要求，认真在形象上做好准备，争取给面试官留下良好的第一印象。不要在面试前，匆匆而草率地做一些准备，在面试时不注重细节、不修边幅，错失宝贵的面试机会。具体的个人形象礼仪及面试礼仪，大家可以参照第一节的详细论述。

典型案例

小李接到某文化公司的面试通知比较晚，因为自己做兼职时间也比较仓促，原本外出穿的西装还未来得及清洗，只好拿出箱子里的一套西装来穿，但因为压在箱底有些褶皱，鞋子也只是简单地擦去了上面的灰尘，连澡也没来得及洗，所以这次面试很糟糕。主考官老师认为小李对此次面试并不重视，联想到他可能不太在意这份工作，再加上不够整洁和不修边幅，印象分几乎为零分。虽然经常做兼职，谈吐为他加了点分，但是面试官最终还是给出了不合格的评定。

（四）问题准备

1. 背熟简历及自我介绍的内容

简历中的相关内容是面试官对你的唯一了解，面试中的很多问题都将围绕你简历上的内容展开，所以面试之前一定要确定并掌握自己简历中的内容，包括实习或者组织活动的经历及收获、所学专业的科目、自己的特长等，都要对答如流。

自我介绍是面试过程中必不可少的重要环节，自我介绍的好坏将对面试过程产生重要的影响。一些求职者在做自我介绍时，由于准备得不充分，或者心理过于紧张，语无伦次、吞吞吐吐；也有一些求职者夸夸其谈，自我介绍时间过长；还有的求职者三言两语，介绍时间过短，从而失去了一次宝贵的展示自我的机会。所以，一定要提前准备个人的自我介绍，不冗长、不匆忙，沉稳有序地将个人的情况介绍给面试官，一般自我介绍的时间以3分钟为宜。

典型案例

现在从事文秘工作的毕业生小丽深有体会，当初面试时，主考官老师问他的一个获奖证书是哪一年获得的，要不是她记错了时间，和简历上有出入，那么她今天已经在某大公司的培训部门工作了。因为忽略了这个细节，让主考官误以为她的证书可能不真实，因此将她筛选掉了，原本以她的个人能力是很有希望获得这份工作的。世上没有后悔药，没有进入那家大公司，小丽选择了这家中小型企业做了文秘的工作，经过上次的教训后，她注重细节，努力在工作中不留瑕疵，得到公司的一致认可。

2. 对可能遇到的问题进行准备

认真准备可能遇到的问题有助于认清自己真正的想法，有助于在面试现场清晰地自我表达。尽管不同的单位和面试官所提的问题不尽相同，但是大致提出什么样的问题还是有一定规律可循的。

本章第三节中会介绍常见的面试问题，以供大家参考。

3. 准备向面试官提出的问题

一般在面试结尾的时候，面试官都会问求职者有什么问题要问。这个时候求职者千万不要放松，不要随意或者不好意思地回答“没有问题了”。如果没有问题，面试官会觉得你对这个职位没有兴趣，进而怀疑你的求职动机；如果你不能提出一些实质性的问题，面试官会觉得你对这份工作思考不多。因此，在面试之前，应当准备2~3个问题，以更好地与面试官互动，提出的问题要适当，争取为面试画一个圆满的句号。

（1）适合提问的问题

求职者提出的问题应该同所应聘的岗位有关，记住关键一点：提出的问题是为了告诉面试官你非常想得到这份工作，已经思考了很多，但是希望了解更多，而不是为了难倒面试官，或者在面试官面前展示你有多聪明。因此，提出的问题要适当，既让面试官对你有好感，同时又愿意回答你的问题。

所提的问题可以集中在工作的性质、工作的内容、职责或者面试官之前提到的一些内容，下面给大家列举一些可以问面试官的问题：

我初步了解了应聘岗位的首要职责，但您能不能告诉我一些其他的要求？

公司对新员工的长期培训计划有哪些呢？

公司对该岗位人选的预期目标是什么呢？

公司对该职位的考核方式是怎样的？

我竞聘的这个职位一年典型的、分配下来的任务是什么？

这份工作最大的挑战是什么？

（2）不适合提问的问题

薪酬福利待遇无疑是你最关注的问题。一般企业在招聘的时候薪酬只是给出一个概数或者范围，企业根据面试情况定岗或者在入职之后依据培训情况定岗后给出具体的薪酬待遇。因此，在面试中，尽可能不要直接问及岗位薪水、福利等细节问题，这会让面试官觉得你只关心待遇，不关心你能为公司做什么样的贡献。

不要问好高骛远的问题，问题应尽量贴近你所应聘的岗位。例如，你应聘一个销售代表的岗位，最好不要问“公司未来的上市规划”之类的问题。

二、面试的考查内容

面试可以测评应聘者的各项综合能力和素质，包括知识水平、心理素质、表达能力、应变能力等。因为考官不同、职位不同，针对面试者的测评内容并非完全一致，但是面试官通过面试测评来加深对应聘者的考查，从而判断出应聘者是否符合他们的需要。面试测评主要包括以下几个方面。

1. 仪表风度

仪表风度指求职者的外表服饰、谈吐举止、精神面貌等。像教师、公务员、企业管理人员等职位，对仪表风度的要求比较高。研究表明：一般仪表端庄、衣着干净整洁、举止文明的人，做事有规律，自我约束和责任心较强。

2. 专业知识

了解求职者掌握专业知识技能的程度，一般包括所学专业的基本情况、课程设置、学习成绩、外语和相关软件的掌握水平等，重点考察其专业知识与所录用岗位的匹配程度。同时，作为对专业知识笔试的补充，面试对专业知识的考查更具有灵活性和实操性，所提问题也更接近实际岗位对专业知识的需求。

3. 工作能力

工作能力的考查一般通过查阅应聘者的简历，了解应聘者有关背景及过去工作实践的情况做出相关的提问。对于应届毕业生，主要考查大学期间的实践、实习、社会工作、兼职等一些经历，以及在这些过程中的收获。通过对求职者工作经历及实践经验的了解，还可以考查应聘者的责任感、主动性、思维能力、口头表达能力等。

4. 口头表达能力

此项内容主要通过自我介绍、现场问题的回答及交流方式，来考查求职者的交流能力。例如：能否将要表达的内容有条理地、完整地、准确地转达给对方；说话时的语气、语调、表情，口音、沟通是否顺畅等。考查的具体内容包括：表达的逻辑性，准确性、感染性、音质、音色、音量、音调等。

5. 综合分析能力

面试中，应聘者能否准确地抓住主考官所提出问题的本质，并且能够将自己的思想、观点、意见和建议顺畅地表达出来，并且说理透彻、分析全面、条理清晰，这也是重点的考查内容。

6. 反应能力与应变能力

主要看应聘者对主考官所提出的问题理解是否准确贴切，回答问题的迅速性和准确性等，对于突发问题的反应是否机智敏捷、回答恰当，对于意外事情的处理是否得当等。

7. 人际交往能力

主要观察应聘者在遇到比较棘手的问题后的反应，交流过程中是否有亲和力，对他人有无吸引力等。在面试过程中，经常通过询问应聘者参与或组织哪些社团活动，喜欢同哪些类型的人打交道，来了解应聘者的人际交往倾向和与人相处的能力。

8. 自我控制能力

自我控制能力在各行各业中都显得尤为重要。尤其是国家公务员或者管理类人员更为重要。一方面，在受到主管领导批评、承受工作压力或个人利益受到冲击时，能否克制、容忍、理智地对待问题，不会因情绪波动而影响工作；另一方面，工作上也需要具有较强的自我约束能力，能够认真、自觉、准时地完成工作。

9. 工作态度

工作态度的考察是通过对应聘者过去学习、工作态度的了解，来判断其在新的工作岗位上能否做到认真负责、踏实勤恳。在过去的学习或者工作中态度不认真，做好做坏都无所谓的人，在新的岗位也很难积极进取。工作态度的考察有时还包含与应聘者对工作目标的交流，以此来考察应聘者是否具有上进心、进取心。

10. 求职动机

了解应聘者来本单位工作的动机，对哪类工作最感兴趣，对工作或者竞聘岗位的预期，以此判断本单位所提供的职位或工作条件等能否满足其工作要求和期望。

11. 业余兴趣与爱好

通过与应聘者交流日常休闲时喜欢做的事情、从事的运动、阅读的书籍、喜欢什么样的电视节目、相关的特长或者爱好，来了解一个人的兴趣与爱好，这对录用后的工作安排非常有好处。

三、面试的种类

（一）根据面试的标准化程度分类

根据面试的标准化程度，面试可以分为结构化面试、半结构化面试和非结构化面试。

结构化面试，是指面试题目、面试程序、面试评价、考官构成等方面都按统一明确的规范进行的面试；半结构化面试，是指只对面试的部分因素有统一要求的面试，如规定统一的程序和评价标准，但面试的题目可以根据面试对象而随意变化；非结构化面试，是对与面试有关的因素不做任何限定的面试，也就是通常没有任何规范的随意面试。

正规的面试一般都为结构化面试。所谓结构化包括三方面的含义：一是面试程序的结构化，在面试的起始阶段、核心阶段、收尾阶段，主考官要做些什么，注意些什么，要达到什么目的，事前都会进行策划；二是面试试题的结构化，在面试过程中，主考官要考察应聘者哪些方面的素质，围绕这些考察角度主要提哪些问题，在什么时候提出，怎样提出，在面试之前都会做出准备；三是面试结果评判的结构化，从哪些角度来评判应聘者的面试表现，等级如何划分，甚至如何打分等，在面试前都有相应的规定，并在众考官中统一尺度。例如公务员录用面试即为结构化面试，面试的题目是一样的，即用一把尺子来衡量不同的面试者。同样的问题来问不同的人，如果你的回答不够出彩那就会处于劣势，但如果能够进行有特色的回答，那就能够脱颖而出，所以结构化面试对应聘者来讲是一个很大的考验。

半结构化面试是介于非结构化面试和结构化面试之间的面试。一种是主试者提前准备重要问题，但不要求按照固定次序提问，且可讨论在面试过程中出现需要进一步考查的问题；另一种是主试者依据事先规划的一系列问题来对面试者提问，根据不同的工作类型设计不同的问题。半结构化面试结合两者的优点，有效避免了单一方法上的不足。这种面试方法有很多优势，具有双向沟通性，面试官可以获得更为丰富、完整和深入的信息，并且面试可以做到内容的结构性和灵活性的结合。所以，半结构化面试越来越得到广泛的应用。

在非结构化的面试条件下，面试的组织非常随意。关于面试过程的把握、面试过程中要提的问题、面试的评分角度与面试结果的处理办法等，主考官事先都没有精心准备与系统设计。非结构化设计对主考官的个人素质要求较高，否则不易保证面试效果。目前，非结构化的面试越来越少。

（二）根据面试对象分类

根据面试对象的多少，面试可分为单独面试与集体面试。

单独面试，指主考官单独与应聘者进行面谈。这是最普遍、最基本的一种面试方式。单独面试的优点是能提供一个面对面的机会，让面试的双方能够深入交流。单独面试又有两种类型：一是由一位主考官负责整个面试过程，这种面试一般在规模比较小的公司录用低职位的人员时采用。二是由多位主考官参加整个面试过程，但每次只与一位应聘者进行交流。公务员或者事业单位面试大多属于这种形式。

集体面试也叫小组面试、群面，是指多位应聘者同时面对一位或者多位主考官的情况。这种面试可以避免个别面试官的主观偏颇，对应聘者做出较客观、公正的评价。在集体面试中，应聘者通常要进行小组讨论，相互协作解决某一问题。或者让应聘者轮流担任领导主持会议、发表演说等。这种面试方法主要用于考察应聘者的人际沟通能力、洞察力、应变能力及领导能力。

无领导小组讨论是一种最常见的集体面试法。在不指定召集人、主考官也不直接参与的情况下，采用一种情景模拟的方式对考生进行一种集体面试的考察方式。应聘者依据主考官给予的讨论题目自由讨论，题目的设定一般取自拟任工作岗位的专业需要，或现实生活中的热点问题，具有很强的岗位特殊性、情景逼真性和典型性。讨论过程主要包括阅读题目、自我观点陈述、小组讨论和总结陈词四个部分。主考官通过观察、倾听为应聘者评分。无领导小组讨论给考生提供了一个充分展示个人才能和人格特征的舞台，这类面试对考生而言其实更有利，在既定的情景之下，通过对问题的分析、论述给考官留下一个良好的印象，从而在千军万马中脱颖而出，迈进成功的大门。无领导小组讨论面试重点考察应聘者的应变能力、自我控制能力及情绪稳定性以及组织协调和语言表达能力。

无领导小组讨论试题：

海上救援

现在发生海难，一艘游艇上有八名游客等待救援，但是直升机每次只能够救一人。寒冷的冬天，刺骨的海水，游艇已坏，不停漏水。游客情况：

（1）将军，男，69岁，身经百战；

（2）外科医生，女，41岁，医术高明，医德高尚；

（3）大学生，男，19岁，家境贫寒，参加国际奥数竞赛获奖；

（4）大学教授，男，50岁，正主持一个科学领域的项目研究；

（5）运动员，女，23岁，奥运金牌获得者；

（6）经理人，男，35岁，擅长管理，曾将一个大型企业扭亏为盈；

（7）小学校长，男，53岁，劳动模范，五一劳动奖章获得者；

（8）中学教师，女，47岁，桃李满天下，教学经验丰富。

请将这8名游客按照营救的先后顺序排序。

要求：3分钟阅题时间，1分钟自我观点陈述，15分钟小组讨论，1分钟总结陈词。

（三）根据面试目的分类

根据面试目的的不同，可以将面试分为压力性面试和非压力性面试。

压力性面试，指在面试中有意制造出一种紧张的气氛，让应聘者接受诸如挑衅性的、非议性的、刁难性的刺激，以考察其应变能力、压力承受能力和情绪稳定性等。典型的压力式面试，是以考官制造环境压力、言行压力、内容压力和节奏压力就某事向应聘者发问，问题刁钻，甚至逼得应聘者穷于应付，考官以此种“压力发问”方式逼迫应聘者充分表现出其对待难题的灵活性、应变能力、思考判断能力、气质性格和修养等方面的素质。

压力面试通常用于对谋求要承受较高心理压力岗位的人员测试。由于测试时，面试官咄咄逼人或者打破砂锅问到底的问题，使被面试人员感到很突然，同时承受较大的心理压力。在这种情况下，心理承受能力较弱的应聘者的反应可能会比较异常，甚至不能承受。而心理承受能力强的人员则表现较正常，能很好地应付。这样就能判别出应聘者的心理承受能力。

非压力性面试是指在没有压力的情境下考察应聘者有关方面的素质。

典型案例

在一个招聘现场，面试官站在展位边，看似亲切地与学生交流。

“如果把你派到大西北工作，车子在戈壁滩上开几个小时没有人，你会害怕吗？”

应聘的一个女孩认真地回答：“既然选择了销售这个岗位，我就做好了吃苦的准备，而且我对销售很有兴趣。”

“销售不是有兴趣就能做好的，需要的是能力。”面试官立刻否定了女孩的说法。

“我既然有兴趣，我一定会努力做好。”女孩的回答干脆利落。

可是面试官还是一脸严肃说：“起码从现在看，我觉得你的能力不够。”

女孩顿时满脸通红：“我会努力提高自己的能力。”

“好，那你说一说销售人员需要具备什么样的素质？”没等女孩缓过神来，考官的问题又来了。

“勤奋、刻苦。”

“光刻苦就行了吗？”

“还要有聪明才智。”

“聪明的人太多了。”

“那还有技巧。”

“什么样的技巧”

……

这一连串的发问，让旁观者感觉面试官在有意抬杠。

5钟后，女孩一脸尴尬地从人群中挤出来。“这20多个问题，我来不及回答，气都喘不过来了。从来没有遇到过这样的面试。”女孩说。

（四）根据面试进程分类

根据面试的进程来分，可以将面试分为一次性面试和分阶段面试。

所谓的一次性面试，指用人单位对应聘者的面试集中于一次进行。在一次性面试中，面试考官的阵容一般都比较“强大”，通常由用人单位的人事部门、岗位所属的业务部门组成，有的大型企业还会邀请人事测评专家。在一次性面试中，应聘者能否面试过关，甚至是否被录用，取决于这一次的面试表现。所以，对于这类面试，应聘者必须认真准备、全力以赴。

分阶段面试又分为依序面试与逐步面试两种类型。

依序面试一般分为初试、复试、综合评定三步。初试的目的在于从众多的应聘者中筛选出较好的人员，这个时候简历就显得尤为重要了，也有一些企业在招聘现场依据初步交流进行筛选。初试一般由用人单位的人事部门主持，主要考察应聘者的基本表现，例如仪表风度、语言表达和工作态度等，将明显不合格者予以淘汰。初试合格者进入复试，复试一般由用人部门主管主持，以考察应聘者的专业知识和业务能力水平，衡量应聘者对拟任工作岗位是否合适。复试结束后再由人事部门会同用人部门综合评定每一位应聘者的成绩，确定最终的录用人选。

逐步面试，一般是由用人单位的主管领导、部门主管及工作人员组成面试小组，按照小组成员的层次和由低到高的顺序，依次对应聘者进行面试。面试的内容依层次各有所侧重和不同，低层一般以考察专业及业务知识为主，中层以考察管理能力及业务水平为主，高层则实施全面考察与最终把关。实行逐层淘汰筛选，越来越严格。应聘者要对各层面试的要求做到心中有数，力争在各个层次能够展示出不同的个人能力，争取每个层次均留下好的印象。在低层次面试时，不可轻视大意，更不能骄傲马虎；在面对高层次面试时，也不必胆怯拘谨。

（五）根据面试内容设计的重点分类

根据面试内容设计的重点不同，可将面试分为常规面试、情景面试和综合性面试等。

常规面试就是我们常见的，主考官和应聘者面对面以问答形式为主的面试方式。在这种面试条件下，主考官处于主动提问的位置，应聘者根据主考官的提问做出应答。主考官根据应聘者对问题的回答，展示的知识、能力，以及应聘者的仪表仪态、身体语言，在面试过程中的情绪反应等对应聘者的综合素质状况做出评价。

情景面试是面试发展的新趋势。在情景面试中，突破了常规面试中面试官和应聘者一问一答的模式，引入了无领导小组讨论、公文处理、角色扮演、演讲、答辩、案例分析等情景模拟的方法。情景面试中，面试的方法相对灵活多样，时间充足，真实性强，应聘者的才华和能力能够更充分、更全面地展示，主考官对应聘者的整体素质也能够做出更全面、更深入、更准确的评价。

综合性面试兼有以上两种面试的特点，主考官通过多种方式考察应聘者的综合能力和素质，如使用外语与其交谈，即时作答，或要求写段汉字，甚至现场实际操作工作软件等，内容主要集中在与工作职位相关的知识技能和其他素质上，以考察其外语水平、文字能力、口才、专业等各方面的能力。

典型案例

情景面试多以“现场模拟”的方式提问。主要测查考生能否准确把握题目情景，针对性开展劝说，以此判断考生言语表达能力是否合格。

题目：小江是单位的新员工，领导给他安排了很多琐碎的工作，也经常因故批评他。小江感觉很郁闷，认为领导不够重视他。如果你是小江的同事，该如何劝导他？

【题目点拨】

解决问题关键之一：要学会换位思考，感同身受。

沟通对象遇到困难和问题时，我们如果特别着急地劝说沟通对象，可能会适得其反，产生距离感，反而影响沟通效果。所以适当地换位思考，能够很好地拉近关系。

范例：小江忙着呢？我来拿上次和你说的那个审批报表，看你心情不太好，怎么了，原来是这样，其实我也知道你是一个工作非常认真的人，来到咱们单位之后工作也很积极，各方面表现优异咱们大家都看在眼里。

解决问题关键之二：要针对主要问题进行针对性的劝导。

在针对沟通对象沟通时，要准确把握沟通对象面临的问题以及问题产生的原因，只有这样才能保证劝说的针对性。

范例：一方面咱们领导的经验和能力肯定比咱丰富，安排事情都是从大局出发，分配任务也是根据每个人的优势特长安排的，给你分配琐碎工作并不是不重视，是为了锻炼你的工作能力。另一方面对于领导的批评，做错事了本身就应该受到批评，领导批评你是对事不对人，安排了你擅长的本以为能做好的事却没有做好，批评你也是为了帮助你指出问题，从而更好地进步。

解决问题关键之三：巩固效果，自然收束，结果导向。

情景模拟的收尾，一般要结合题干的具体情景，灵活设计。

例如：说了这么多了，咱接下来在工作中就是先要摆正心态，尊重领导安排，尽快熟悉单位工作流程、规章制度，继续以积极的状态面对工作。

（六）根据面试途径分类

根据面试途径的不同，可以分为现场面试、电话面试与视频面试。

现场面试就是传统的主考官与面试者约定面试地点进行面试。

近两年，由于受到新冠肺炎疫情的影响，现场面试受到各种条件的制约，许多用人单位经常采用电话面试和视频面试。所以应聘者更应高度重视电话和视频面试。

电话面试一般出现于较大型公司或者求职者离公司较远时，公司的HR便会选择首先采用电话面试。面试单位招聘负责人提前预约招聘者或者不预约招聘者，直接通过电话的方式了解应聘者的大体情况，例如自我介绍、工作经历等都在电话中进行。区别于传统的面对面的面试方式，电话面试节约了面试双方在时间和经费上的成本。但是在电话面试中，因为没有肢体语言，也没有纸质证明的材料，所以面试者的口才表达能力显得特别重要。电话面试往往是HR对求职者的第一感觉，对以后能否有第二次面试和笔试等都有决定性的作用。但基于电话面试的条件局限性，一般都只会作为初步了解求职者大体情况的工具。

视频面试包括在线视频面试和异步视频面试。在线视频面试也是同步视频面试，是指用人单位和应聘者通过互联网，利用摄像头和耳麦，采用语音、视频、文字的方式进行即时沟通交流的招聘面试行为。在线视频面试免去了应聘者和企业的奔波，提高了企业HR的工作效率，在疫情期间是许多单位采用的面试方式。在线视频面试比电话面试增加了肢体语言环节，可以展现出应聘者较为真实的面貌。主考官也可以利用在线视频交流对应聘者的谈吐、性格、基本状况都有较直观的了解。

异步视频面试是相对于同步视频面试而言的，是指用人单位主考官只需要用短信或者邮件将面试问题发给应聘者，应聘者可以通过手机、摄像头等设备录制并上传面试视频，然后用人单位主考官通过观看、评价、分享和比较视频，完成对应聘者的筛选。

典型案例

春招在“云”上

“请你为这篇微信推文想一个标题。”隔着手机屏幕，企业面试官给小王出了一道题目。小王思考了一会儿，给出了答案。接着面试官又提了第二个问题……受到新冠肺炎疫情影响，小王春节后的面试挪到线上举行，令她始料未及，“这是我第一次体验视频面试。”

小王是北京某高校2020届毕业生，依照往年情形，现在正是奔走于各大招聘会、参加笔试和面试的时间。然而今年，这些都要在线上进行。最近，小王除了写论文，就是浏览招聘网站，投简历，参加网上笔试、视频面试等。

姗姗来迟的春季招聘，“云”成了最鲜明的特色。随着复工复产加速，企业用人需求逐渐旺盛，云招聘如火如荼地开展起来。国家相关部门、高校、媒体、求职平台等通力合作，推出各式各样的线上招聘活动，帮助求职者与用人单位对接，对求职者和用人单位来说，云招聘都是一种全新体验。

四、面试后的准备

面试结束后，我们要总结面试过程中的问题和经验，从面试中不断学习。当不知道结果时，一味地等待可能会错失很多机会，此时，可以通过感谢信、实地考察等方式来争取求职的成功。如果没有被录用，也不要气馁，调整好心态，找出失败的原因，为下一次面试做准备。

（一）回顾总结

面试者在面试结束后，尽量记下参加面试的所有细节，以便于对面试结果的成败做出判断，为后面的行动做出准备。还应准确记下与你交谈的人的名字和职位。对自己在面试中遇到的问题进行回顾，问自己几个问题：

我是否以最好的方式呈现了自己的能力并且列举出适当的例子作为证据？

我是否清楚地解释自己的个人目标、兴趣和愿望？

我是否抓住了推销自己的机会，使面试官感觉到我可以为公司做很多贡献？

我在面试过程中表达得是否太多或者太少？

我是否太紧张、过分被动或者主动？

我有没有通过面试获得足够的信息来帮助自己做出决策。

如果失败了，我可以为下一次面试做什么改变？

（二）写感谢信

为了加深招聘人员的印象，增加求职成功的概率，求职者可以在面试结束几天内，写一封简短的感谢信。一是感谢用人单位提供的面试机会；二是重申一下自己的优点和对应聘职位的兴趣，以及自己能为公司的发展做出的贡献等。这样既显得礼貌，又能让用人单位感受到你的诚意。即使此次求职未成功，也会给用人单位留下良好的印象，可能会使招聘者为你推荐其他适合的职位，或者在公司出现另一个职位空缺时想到你，创造出一个潜在的求职机会。

典型案例

大学毕业后，小吴进入了一家外资企业工作。当初和小吴一起进入面试的还有一位同学，但最终，只有小吴一人被录取了。

在面试过程中，小吴和他的另一位同学表现都很不错，给面试官都留下了深刻的印象。但面试结束两个星期过去了，他们始终没有接到通知。小吴的同学开始抱怨："即使没录用我，也该发个邮件或者打个电话通知一下啊！"没过几天，小吴的同学摒弃了等待，开始寻找新的工作机会。

同学的这个决定让小吴也一度产生了动摇，但是小吴还是有些不甘心，小吴记得面试时，面试官给了他一张名片，思前想后，他按照面试官名片上的邮箱地址发送了一封

E-mail。在信中，他感谢这家公司给予他的面试机会，也表示了自己期待加入贵公司的意愿，期待得到进一步的通知。没想到，第二天，小吴就接到了这家单位人力资源部的录用电话。

进入公司半年后，一次偶然的机会，小吴问当时的面试官，也就是他现在的上司："能告诉我您当初录用我的原因吗？"上司笑着告诉他："你很有实力，而且更为重要的是，在所有的求职者中，你是唯一一位写感谢信的人，虽然那封信来得有些迟。"

"一封E-mail让我得到了一个工作机会。"当有别人问到的时候，小吴这样给大家介绍经验。

（三）变被动为主动

面试结束后，一般用人单位都会要求面试者等候通知。此时，面试者往往处于被动地等待状态。其实，在面试结果出来之前，求职者都不应该放弃努力，应时刻保持积极主动的状态，主动为自己创造机会。比如，用短信或者微信给对方一个问候或者一句祝福，用以加深用人单位对自己的印象；如果一周内，或者他们做决策所需的一段合理的时间内没有任何音信，也可以主动给用人单位打一个电话，询问自己是否被录用。建议选择用人单位上班后一小时左右的时间段，而不要在刚上班或即将下班的时候询问。在询问过程中，一定要注意个人的语气和表达方式。若是未被录用，最好坦诚询问面试官未被录用的原因，为下次面试做准备。

（四）实地考察，争取试用

求职者可以利用多种渠道，争取参观现场，参加岗位实习。这样在实习过程中，既可以提前了解用人单位、熟悉岗位要求，也可以在实习中展示自我，有利于用人单位全面直观地了解自己的优势和特长，获得对方信任，争取试用以至录用。

典型案例

善于抓住实习机会

小汪是某不知名院校机械专业的毕业生，争取到了在一家大型的企业进行毕业实习的机会。实习期满后，如果公司满意就可以正式签约，成为这家大型企业的员工。

一天，车间里一台设备出现了故障，维修工程师正忙于别的设备，让小汪先尝试拆卸故障部位。小汪自己先仔细研究了产品说明书，虽然说明书是英文的，但是小汪在大学期间外语通过六级，专业英语也学得不错，他很快就读懂了外文说明书，准确找到了故障部位的拆卸方法。等一切准备就绪，维修工程师腾出手来对设备进行维修，在最后的安装中，却剩下了一个螺丝，不知道在哪个部位漏装了。小汪凭借在拆卸过程中的记忆，与维修工程时仔细核对了设备，最后找到了这颗螺丝的归属，得到了在场维修工程师的一致好评。于是，在实习结束后，小汪成为这家大型企业的一名正式员工。

（五）自我反省，做好再冲刺的准备

应聘者中肯定会有失败者，如果自己一不小心落入失败者的行列，千万不要灰心丧气，要认识到找工作本身是一个非常漫长的过程，要正确对待“被拒绝”。在求职这场马拉松里，“被拒绝”并不一定代表你不优秀，面试是一个相互匹配和相互均衡的过程，所以要及时地调整好自己的状态，通过理智、冷静的自我思考、认真总结，分析失败原因，继续增加自身的知识积累，增强信心，为下一次的成功做好准备。

典型案例

自我反省　重获信心

英文专业毕业的小林，意外看到了某行政岗位的招聘通知，虽然招聘岗位与小林所学的专业不对口，但她还是投递了简历并且幸运地接到了面试通知，面试当天，小林以饱满的精神状态和充分的自荐准备，提前到达了面试现场。

应聘流程很简单，首先是笔试，笔试通过之后是面试。笔试时小林作答如流，没有觉出任何难度。面试环节，刚开始还很顺利，可到了后面，主考官提出了一个情景问题，使得小林有些措手不及，经过几分钟思考，小林急中生智顺利回答了问题。面试结束后，主考官让她等候通知。

过了两周，小林自认为此次应聘的过程很顺利，面试成功的希望很大。好不容易等来了结果，单位给出的答复却是没有录用。这让小林有点接受不了，她立即询问了被拒绝的原因，答复的老师说“专业不对口”。听到这个理由，小林立刻抱怨了起来，专业不对口，我的简历上明明写得清清楚楚，你们没有看到吗？这不是在浪费我的时间吗。电话另一头的老师没有多说，随即挂了电话。

放下电话后，小林冷静下来，开始反思自己：“难道真的只是专业的问题吗？还是我在面试中回答的问题不够好，使得院方认为我的能力不够？还是……”一连串的问题在小林的脑海里不断浮现。

拓展阅读

无领导小组讨论如何把握发言机会

无领导小组讨论面试最大的特点是能够引发比较激烈的人际互动，在激烈的讨论中

寻求统一的结果。正是这样，考生在讨论中需要主动积极地表达自己的观点，但实际情况却恰恰相反，不少考生确实是满腹经纶，可是没有机会施展出来。

一般而言，在讨论中的角色有领导者、倾听者、时间把控者等。需要考生在实际考试中根据当时的角色定位来寻找发言的机会。

领导者，顾名思义就是负责整体讨论节奏控制的角色，要组织大家在规定时间中完成讨论。因此，领导者既要能够利用有效的方式启发其他人的思路，也要用高效的方式确保讨论的针对性和方向性，还要确保所有组员发言的充分性，尽可能让所有人都有参与。所以，作为领导者这一角色的发言时机可以有：第一，要做好准备在讨论开始的第一时间进行发言，阐明自己的观点，确立好自己的角色，并确定接下来的讨论方向；第二，由于需要把控讨论的方向，但也避免不了出现不同的意见，所以，在讨论的过程中，需要集百家之长，及时对自己的思路进行适当的调整，然后及时进行补充发言，让讨论的进程和方向按最初设定的方向进行；第三，讨论中出现一些激烈争辩时，需要在充分听取各方意见之后，及时站出来进行发言梳理化解，明确统一的讨论方向。

倾听者，是指在讨论中倾听其他人的发言内容并进行关键信息记录的角色。这一角色定位和领导者恰好相反，在讨论中的存在感相对比较低，不容易引起组员以及考官的注意。倾听者要想得到高分，把握好发言的时机仍然尤为关键。一般可以从以下几方面把握：第一，由于角色本身的特点，讨论刚开始，应该认真记录其他考生的发言内容，然后结合题干和自身的认识进行分析，得出自己的观点，确定讨论的大方向，此时抓住机会将自己的结论进行阐述；第二，在实际的讨论中，在大家发表了很多意见之后，往往会产生分歧，此时可以对各方的意见进行整合梳理，得出一个新的思路再进行阐述，为化解分歧、推进讨论打开思路。

总之，在考试的过程中无论是什么角色都需要把握一切可以发言的机会，积极主动将自己的观点展现出来，努力促使达成一致的结果。当然，除了把握发言次数更要注重发言的质量，这样才能真正脱颖而出。

第三节　掌握面试行为的控制和基本技巧

案例导读

巧妙回答面试问题

某财经大学毕业生小萌应聘某一集团公司的财务助理，进入复试后，主考官问："请问你是什么学校的毕业生？学什么专业？"小萌说："我是财经大学会计学专业的应届毕业生。"随后，主考官又提了一些专业性比较强的问题，小萌一一作答。面试结束后，双方都很满意，并约定好时间，签订《就业协议书》。然而，当HR经理看到协议书上“××财经大学”的公章时，惊讶地说：“我还以为你是××财经大学的呢？怎么变成是这所财经大学了呢？”这时，小萌十分冷静地回答道：“老师，我并没有骗您，我们学校的会计专业属于省级重点学科，具有很强的实力。通过初试，老师应该也看到了我的表现，您是多年从事人力资源管理的前辈，更知道人才的重要性，不会只重视学校而不重视个人能力。虽然我现在只是一名普通的毕业生，但是，我相信通过我的努力一定可以为贵公司的发展做出应有的贡献。恳请老师给我这个机会。”小萌的一番话，打动了人事经理，最终顺利签订了《就业协议书》。

前面我们已经学习了一些面试的基本礼仪知识和求职的准备工作。想要面试成功，求职者除了要以自己的专业知识、能力和才华打动面试官，还要在求职面试过程中适当运用一些面试技巧。

一、常用的面试技巧

（一）倾听技巧

倾听是一种很重要的交际沟通能力。面试的实质就是主考官和应聘者进行信息的交流，从而获得全面评价的过程，形式上充分体现在“说”和“听”上。应聘者注意听，不仅表示对主考官的尊重，更重要的是通过正确有效的倾听，才能听清、听懂主考官的问题，做出有效的回答，给出满意的答案。

一些求职者在面试中为了积极表现，当面试官提到自己非常熟悉的、简单的话题时，没等面试官说完，求职者就打断面试官的话，急于开始回答。这是对面试官的不礼貌，而且也容易误解面试官的真实意图。所以，要耐心将面试官的问题听完，确认没有下一个问题时，再开始作答。还有一些求职者通过了专业知识的问答环节，在接近面试尾声的时候，得到了主考官的正面评价，就放松了神经，不再专注聆听、认真回答，这也会使主考官对其评价大打折扣。

体现仔细倾听的最好办法就是运用点头、微笑等肢体语言积极与面试官配合，以表示对面试官所提出的问题赞同或者适时提出自己的意见，也可以就面试官提出的问题进行提问，从这些举动中，面试官可以清楚地知道你在仔细听他说的话，没有漏掉一句。在电话或视频面试中，仔细倾听尤为重要，因为没有肢体语言的直接传输，通过仔细倾听过程中的互动才能够拉近与面试官的距离，从而获得面试官的正面评价。

典型案例

小张在某一外资公司面试时，因为紧张，没有听清究竟是Australia（澳大利亚）还是Austria（奥地利），让她回答首都的风土文化。澳大利亚的首都是堪培拉，而奥地利的首都是维也纳。她没有听清楚问题，又不好意再问，在那里支支吾吾地把时间都浪费了。自己还急得满脸通红，而主考官老师以为他不会回答，因此，这一题没有得分，影响了她的面试成绩。因此，仔细倾听面试官的问题是非常重要的，即使没有听清，也应该坦诚地告知面试官没有听清题目，请他再说一遍，这样也不会造成面试官对她的误解，可以为自己争取到再一次作答的机会。

（二）观察技巧

在面试中，应聘者除了注意倾听主考官的提问，看懂对方的“脸色”，也是求职过程中不可忽视的一项能力。在面试官与求职者交谈过程中，面试官的表情、神态和举止也相应地表达了他的想法和意图。例如，求职者在面试中介绍自己的某项特长时，面试官却不时地移开目光，表现出心不在焉的情绪，那么他很可能对你的介绍并没有特别在意或者感兴趣，求职者应该尽快跳过，介绍其他信息。而如果面试官仔细地询问求职者是否拥有六级或者其他技能证书，很显然，他比较注重专业人才的选拔，这时求职者应该尽可能地展示所获得的证书，借助证书对自身的特长一一介绍。所以察言观色，首先要求细心、敏锐，捕捉到有价值的信息；其次能“解读”和“破译”某些体态语的真实含义。

典型案例

小杨到一家公司面试，与主考官一握手，就感觉到这是一位十分老练和严肃的主考官。握手的时候，他的手掌僵硬，握手只是轻轻一碰，手指头都没有弯曲。果然，小杨刚一坐下，主考官就按部就班地从自我介绍、对职位的认识等问题开始询问，小杨做好了打持久战的准备。

谁知，才过了几分钟，主考官的手机就响了起来。主考官挂断电话后，脸色骤变，不复刚才的沉稳，反而显得有些焦急。小杨感觉到了主考官的情绪变化，但他并没有把这一细节放在心上。正好主考官问到了一个他准备十分充分的问题，他便口若悬河、滔滔不绝地讲了近10分钟，当他还要继续讲下去的时候，主考官粗鲁地打断了他的讲话，让他另谋高就。

在面试过程中，考官因客观原因中断面试，由此引起情绪的变化，不外乎好和坏两种。小杨虽然察觉出了主考官的情绪变化，但他并没有调整自己的应对策略，还是一味地陈述自己准备好的问题，导致了面试的失败。当发现考官的情绪比较焦急时，应聘者的回答就要简洁明了，切忌拖泥带水。

（三）语言技巧

面试过程中求职者的语言表达艺术，体现着一个人的综合素养和成熟程度。准确、灵活、恰当的口语表达，也是面试成功的关键。在同等条件下，表达能力强、善于宣传和推销自己，容易在竞争中脱颖而出。因此，求职者也要掌握一定的语言表达技巧。

1. 良好的语言习惯

交谈时，尽量发音准确、吐字清晰、用词得当。多使用平缓的口气、得体的语调和适度的音量。有些人因为紧张会导致语速加快，还有一些人平日里慢条斯理，但在面试中，要根据内容的重要程度、难易度及对方的注意力情况调节语速和节奏。

2. 内容简明扼要

面试交谈的内容，不同于平时的闲聊，要受时间和内容的限制，内容要简明扼要，回答问题要紧扣主题，不要啰唆重复，切不可漫无目的地侃。尽量在一定时间内用简短的话语传递尽可能多的信息，给对方留下干练的第一印象。

3. 表达通俗易懂

表达上，多使用通俗易懂的词汇，避免使用文绉绉、酸溜溜或过于书面化、时髦的语言，既不亲切，又很难懂。内容上要质朴无华，不要片面地追求语言的华丽，很容易引起反感。

4. 善于运用形象和幽默风趣的语言

用形象和幽默风趣的语言有助于增强语言的吸引力，融洽和活跃气氛。在面试交谈中，应聘者除了要表达清晰之外，可以适当展现自己幽默的一面，既能使谈话的气氛愉悦，消除尴尬，拉近双方的距离，也能展现自己的优越气质和从容风度。当面试中出现难以回答的问题时，机智幽默的语言更有助于化险为夷，给主考官留下良好的印象。

典型案例

机智、幽默让她脱颖而出

一家杂志社招聘采编人员，入围20人，无论从学历到专业，小林均不占优势，她唯一的优势就是在大学的三年中，一直在学校的校刊工作，从最开始的小编辑到后来的负责人。接到面试后，小林将该杂志社厚厚的一沓杂志认真翻了一遍，仔细琢磨着杂志社的办刊风格、特色、定位及主要栏目等，还将一些常常在杂志上出现的主编、编辑和记者的名字记了下来。

在面试时，小林一扫桌牌，惊讶地发现，竟然有三位评委是她记下的编辑和记者。小林首先做了常规的自我介绍。主考官问："你经常看我们的杂志吗？对我们的杂志了解吗？"小林便从杂志的风格、定位、特色等方面谈了自己看法，还提出了自己的建议。最后，她还用诙谐幽默的语言补充道："我还了解我们杂志社的许多编辑、记者的写作风格。××老师的文笔简洁优美，××老师的思维缜密流畅……虽然我与他们并未见面，但文如其人，我经常读他们的文章，也算与他们相识了。”这时，几位评委露出了会心的微笑。最后，主考官让小林谈一谈自己应聘的优势与不足。小林说：“我的优势是有过办校刊的经验，不足是喜欢给杂志挑错，例如，题目累赘，用词不当，版面设计不合理……”听到这里，评委们不约而同地笑了。最终，小林被幸运地录取了。

小林在面试前做了充分的准备，并且拥有办刊的经验，这些都有利于提高她面试成功的概率，同时，她的灵活和幽默也帮助了她进一步获得了评委的好感，于是她最终取得了面试的成功。

（四）问答技巧

面试时若招聘者问自己有没有问题，此时可以适当地提一些问题。提出的问题最好能够紧扣工作任务、紧扣职责。例如求职者可以询问如下问题：应聘的职位具有代表性的工作有哪些；该职位所面临的挑战等。注意不要问一些通过事先了解能够获得的该公司的信息，这会让主考官觉得求职者对这个单位或工作不是很重视。

回答问题时通常要把握以下原则：首先，回答一个问题时，先说明你对该问题的基本观点，再逐一用资料等论证和解释；其次，扬长避短，面试中争取在有限的时间内将自己的优势充分体现。但是扬长避短，不是弄虚作假，而是放大自己的优势，弱化自己的不足。学会适当举例，例如组织的活动、参加的竞赛、实践的感悟。在典型范例的基础上，运用语言表达的技巧对考官的问题进一步作答，比单纯使用套话说辞显得生动，也会使自己的观点得到更加充分的论证。

典型案例

面试是一门学问，里面有许多技巧。一个不懂得技巧的面试者，很可能句句都说不到点子上。下面是一位叫萧雪晴的大学生与主试官的对话。

主考官：“萧雪晴，你的名字很好听啊！”

萧雪晴：“是吗？谢谢！这个名字天生就符合我的性格。雪是温柔的，晴又是炙热奔放的。我从一出生就注定是一个双重性格的人。”

点评：回答的前半段还好，后半段显得就太过做作了。主考官称赞名字，一是出于内心真诚的赞美，二是为接下来的交谈创造一个良好的气氛。而从萧雪晴的回答，很容易使主考官认为她是一个爱说空话的人。试问，谁一出生就能被看出是什么性格，显然回答不够真诚。

一脸尴尬的主考官赶紧转移话题，问道：“请问你来自哪里？”

萧雪晴：“我来自唐山，唐山你去过吗？”

不凑巧，在场的面试官谁都没有去过唐山，现场气氛比较尴尬。

点评：面试者最大的忌讳就是反问面试官，尤其是一些关于私人的或者是商业秘密的问题，都不是你应该打听的。

主考官："你的简历我大致翻了一遍，简历上写你以前做过很多兼职。请问，从兼职中你学会了什么？能谈一谈吗？"

萧雪晴："我学会了与人沟通，具有团队精神以及一些组织和领导能力。"

点评：看似很规整的回答，却犯了两个严重的错误。一是回答没有重点。面试官每天都会面试很多的应聘者，像萧雪晴这样的回答，他们可能会感叹道："这又来了一个有团队精神的领导。"二是一句话说出了自己的四个优点，既没有数据的支撑，也没有实际例子具体说明，很难让人信服，容易让人产生面试者很自满、很浮躁的感觉。

主考官："好了，你的大致情况我们都了解了，你回去等通知吧，录取的话我们会通知你。"

萧雪晴："要是不录用，就不通知了，是吗？"

点评：这样的问题缺乏必要的礼貌，会破坏面试官对面试者的好印象。

二、面试的难点和应对方法

尽管大学生在面试前做了大量的充足准备，有时面试官也会故意设定一些"关卡"以考验面试者的应变能力，或者在面试过程中遇到一些意想不到的情况，若处理不恰当，会直接影响面试的结果。这里介绍几种常见的策略，以利于毕业生们有针对性地加以准备，顺利完成面试，走出困境。

（一）精神紧张及应对方法

在陌生的环境，面对陌生的人提问，且事关自己今后一段时间的发展前途，在这种情况下，90％以上的毕业生都存在或多或少的精神紧张。适度的紧张可以促进注意力的集中，投入面试，但过度的紧张则对面试极为不利，不仅会导致精神状态不佳，甚至可能将已经准备好的内容忘得一干二净。所以，面对紧张时我们首先可以通过深呼吸的方法调整自己的紧张状态，其次在面试之前，冷静地问自己，如果面试最坏的结果是不被录取，可以接受吗？大部分的求职者可以接受不成功的面试，只要做好了承受任何结果的准备，就能坦然面对面试过程中的各种问题，可以有效地缓解紧张情绪。

（二）遇到不清楚的问题及应对方法

在面试过程中，往往出现预料不到的情况，如主考官提出的问题自己不熟悉或者根本不懂，例如专业上的问题，这时不要支支吾吾、不懂装懂。可以婉转地和主考官确认是否是某方面的问题，对不太明确的问题，一定要搞清楚，这样既可以为自己争取一些思考的时间，也会保证回答的问题有的放矢，不至于答非所问。一定不要胡乱猜测、信口开河。如果问题一点不清楚如何回答，就实事求是地告诉主考官。可以这样表达，例如：非常抱歉，虽然这个方面的知识在学校学习过，但是我很难一下子很有条理地整理出来。我在某某方面比较擅长……作为主考官可能会理解你，因为世界上没有人什么都懂。坦然的回答反而能够给人留下诚实、坦率的好印象。

（三）讲错话的应对方法

人在紧张时最容易说错话。比如在称呼时，把别人的姓名或职务张冠李戴。碰到这种情况，许多面试者往往觉得非常尴尬，越发紧张。正确的方法是先保持冷静。如果说错的话无关大局，可以视作没有发生，继续专心地回答问题，不必一直耿耿于怀、提心吊胆。通常主考官不会因为求职者一次小的失误，而放过合适的人才。如果说错的话比较严重，为防止误会，可以在合适的时间更正道歉。例如："对不起，刚才我紧张了点，好像讲错了，我的意思是……请原谅。"出错之后，坦诚地纠正自己的错误说不定会得到主考官的认可，还有希望被录取，千万不要将错就错。面试时，大家都渴望成功，害怕失败，往往过于在意小节，或过分紧张，而不能发挥出正常水平。所以，最好的办法是抱着平和的心态去参加面试，即使错了，也不必掩盖，坦然承认，相信你会成功的。

（四）长时间的沉默及应对方法

面试时出现偶尔的沉默是正常的，但有时主考官长时间保持沉默，故意来考验应聘者的反应。遇到这种情况，许多应聘者因为没有思想准备，不知所措，开始不安。应付这种局面最好的办法是利用这一时间对你前面所讲的话题加以补充，或者也可以提一些你对单位尚不了解的问题，还可以介绍一下你个人的详细情况来打破僵局，走出困境。

（五）主考官挑三拣四地提问及应对方法

有一些面试的环节，主考官会对你挑三拣四、言辞犀利，似乎你说什么、做什么都不对，如果你碰到了这样的情况，有可能进入了压力面试的环节。前面已经讲过，压力面试是制造一个充满压力和紧张的面试场景，考察面试者在这样的情况下做出怎样的反应。你的反应方式是你能否通过压力面试的关键。例如，面试官质疑你的成绩不够好，进而怀疑你的工作能力。他想听的并不是你去辩解你的成绩是怎样一回事，而是想看你在面对其他人的质疑时你用怎样的态度去面对。如果你的态度非常愤怒或者崩溃，那结果可想而知。面对这种情况，我们应该镇静、平和地回应质疑和挑剔，不要急于反对别人的看法，因为成绩已经不可改变。我们首先承认可能在这一门学科上不擅长，或者是当时因为某些事情耽误了复习的时间而导致的结果，之后做出了哪些努力弥补，用事例来表明自己认识到专业学习的重要性，并具备学习能力等。所以，面对主考官的挑三拣四，我们要面对、正视自己的弱点，然后从容地告诉对方，我知道自己有这个弱点，而且一直在通过努力去弥补它。

三、面试典型问题分析与解答

在面试过程中，有许多问题是突如其来的，需要应聘者沉重冷静、随机应变，但是有许多问题是面试中经常出现的，需要认真准备。下面列举一些常见的面试问题，供毕业生们参考。

（一）关于个人方面的问题

1. 请用简短的语言介绍一下你自己。

自我介绍是面试的必考题。在面试前用人单位大多数看过了毕业生的求职材料，对一些情况有所了解。在介绍内容时如社会实践经历、获奖的情况、技能证书的名称等重要的内容，一定要与个人简历相一致。在内容表述方式上尽量口语化，简洁明了，突出你应聘该公司的动机和具备什么样的素质可以满足对方的要求，不谈无关、无用的内容。此项内容最好事先以文字的形式写好背熟，时间以3分钟为宜。

如果参加的是群体面试，最好在此基础上花些心思增加些个人的亮点，避免千篇一律，可以给面试官留下与众不同的印象。

2. 你认为最能概括你自己的三个词是什么？

这道题也可以是“介绍一下你自己的优点？”回答这类问题，最好使用几个简单明了的词汇，例如责任心强、适应能力强、做事有始有终等，一定要结合具体的自己亲身经历的典型事例向主考官说明，使他们觉得你不是在说空话，而具有发展潜力。

3. 你认为自己有缺点吗？请谈一谈。

当被问到自己的缺点时，不宜推托说自己没有缺点，也不宜为了谦虚夸大自己的缺点，更不宜把明显的优点讲成缺点。可以说一些对于所应聘工作“无关紧要”的缺点，甚至一些表面看是缺点，从工作角度看却是优点的缺点。千万不要自作聪明地回答：“我最大的缺点是过于追求完美。”有的人以为这样回答会显得自己比较出色，但事实上，这一回答显得非常自大和虚伪了。不宜说出严重影响应聘工作的缺点，如脾气大、贪玩、懒惰等。可以从大学生普遍存在的弱点方面介绍，比如社会经验不足等。

典型案例

在某招聘现场，某公司正在对进入最后面试环节的求职者进行面试，主考官突然问一位姓李的求职者：“你觉得自己有什么缺点？”“我工作过于投入，别人都说我是工作狂。”李先生不假思索地脱口而出。主考官笑了笑：“工作投入可是优点啊，你说说你的缺点吧。”李先生并未察觉主考官态度上细微变化，还是继续得意地喋喋不休：“我是个急性子，又好坚持原则，所以容易得罪人。”主考官脸呈不悦只“嗯”了一声，没有抬头，便终止了问话。

李先生的求职结果是可想而知的。

4. 你平时生活中有什么业余爱好？

业余爱好能在一定程度上反应应聘者的性格和心态，这是用人单位提问该问题的主要原因。最好不要说自己没有业余爱好，也不要说自己有哪些庸俗的、令人感觉不好的爱好，也不要把自己的爱好仅仅局限于读书、听音乐，可以展示一些富于团队合作精神的爱好，例如打球，也可以把自己在某方面特长上取得的成绩加以强调。例如运动会短跑第二名，羽毛球比赛第几名，等等。

5. 你是应届毕业生，找工作的同时是否有考研、考公的打算呢？

很多毕业生在求职时同时准备考研或者考公，如果考研或考公成功就与单位解约。从单位的角度，招聘毕业生需要花费精力和财力，而且签约了一名毕业生就等于放弃了其他人，所以在签约之前首先和毕业生确认是否有考研或者考公的准备，毕业生应如实表明态度，以免签约后引起纠纷。

（二）关于学业、经历方面的问题

1. 大学即将结束，你对自己的成绩满意吗？

对于一些成绩比较优异的毕业生，这类问题比较容易回答。但是对于那些成绩不太好的毕业生，这是考验面对别人质疑自身弱点的一个态度，这时不能为自己找客观原因，如“老师教得不好”“课程进度太快”等，显得你是推卸责任的人，应当从主观上找到原因，并给予一个合适的理由，同时最好突出一个自己好的一面，以免让人觉得你一无是处。

2. 回顾大学，请你对你的大学生活做一个评价？

大学期间是职业生涯的准备期，你可以从学习、工作、生活态度以及取得的成绩上做以总结；重点谈一下大学生活对你的人格、价值观等方面的影响；也可以简要提一些努力不够的地方，以及今后自己的目标。

3. 你在大学期间担任什么职务或者参加、组织过什么活动，能谈一谈吗？

可以介绍一下你担任职务的任职时间，在此期间你发挥的作用、最大的挑战及取得的收获。参加的活动最好是比较典型的实习、社会实践、勤工俭学、大型社团等方面的活动，不要单纯地回答活动的名称而没有下文。要介绍自己参与或者组织的这些活动所取得的实际工作经验和对你今后工作的重要性，这样能够说明你是一个善于学习的人。毕业生一定要根据自己的实际情况诚实地回答问题，将担任的职务理解透彻，再将自己的经历联系起来即可，不必要过度地包装或者伪装自己，以免造成不诚实的印象，反而得不偿失。

典型案例

面试官："你的简历中提到你在学校的帮扶中心勤工俭学，在这个过程中，你有什么收获？

求职者："首先，我通过勤工俭学获得了一份收入，可以补贴我的生活费用，减轻了父母的经济负担；其次，通过这种方式，我增强了自己的独立意识，培养了独立生活的能力；此外，帮扶中心在我们学校也是一个学生组织，加入这样一个组织和许多同学一起努力，给了我很强的集体归属感，也培养了我的团队合作精神。"

面试官："据我所知，做兼职会占用很多时间，你是如何平衡兼职工作与学习之间关系的？"

求职者：您说得对，做兼职的确占用了我不少时间，但我并没有因此放松学习，毕竟学习是学生最重要的职责。我做事一向认真努力，不论是在学习中还是在工作中。为了兼顾工作和学习，我牺牲了很多娱乐和休息的时间，因为我非常清楚，既然我选择了兼职，就必须放弃娱乐活动和休闲时光。因此，我做到了学习和工作两不误。

面试中的问题虽然千变万化，但围绕的都是与招聘职位相关的各种素质与能力的考核，同学们根据自己的实际情况实事求是地回答问题，就应该算是成功地回答了问题。

（三）关于单位方面的问题

1. 请问你了解我们单位吗？

这个问题需要求职者在面试之前做好准备，从多种途径对企业在所属行业的情况以及企业的文化、发展、服务对象等提前加以了解，在面试官提到类似问题时就会轻松应对，如果答非所问或者张口结舌，场面可能会很尴尬。

2. 请问你为什么选择我们公司？

很多应聘者在回答这个问题的时候多是从个人角度展开话题，比如"希望在贵公司有更好的发展空间""希望得到锻炼的机会""希望有能得到更好的待遇"等。但事实上，面试官是想从中了解应聘者的求职动机、愿望以及对此项工作的态度。建议从该单位在行业中的地位，自己的兴趣、能力和日后的发展前景这几个角度来回答。例如"我提前了解了贵公司所在的行业，与我所学的专业很对口，而且我了解贵公司十分重视人才的培养，从岗位能力要求上，我觉得这项工作很适合我，相信自己一定能做好。"

3. 请给予我们一个录用你的理由？

应聘者最好站在招聘单位的角度来回答这个问题。招聘单位一般会录用这样的应聘者：基本符合条件、对这份工作感兴趣、有足够的信心。所以，应聘者要"投其所好"，在了解招聘单位设置这个岗位需要发挥的作用基础上，根据自己的专业优势和能力来回答这个问题。例如“我符合贵公司的招聘条件，根据我目前掌握的技能、高度的责任感和良好的适应能力及学习能力，应该能够胜任这份工作。我十分希望能为贵公司服务，也希望贵公司能给予一次机会。”

（四）关于职业方面的问题

1. 请问在你找工作的过程中，你最重要的考虑因素是什么？

这个问题的回答可以结合你正在应聘的工作，侧重谈你的专业能力、兴趣和工作的匹配、企业提供的发展平台、你对未来事业成就上的渴望以及未来的发展前景等方面来谈。

2. 你认为以你的能力或者特长适合什么样的工作？

当面试官问到这样的问题时，不要说不知道，也不要说干什么都行。因为面试官提出该问题可能是结合未来的工作岗位安排进行的提问。也可能是考查你对自己的评价，所以最好结合你的性格特征、能力或者专业背景进行回答。

3. 对目前这项工作，你有哪些可预见的困难？

应聘者不宜直接说出具体的困难，这样回答可能会令面试官怀疑应聘者不行，可以尝试迂回的战术，表达应聘者所持有的态度。例如可以这样回答：“工作中出现一些困难是正常的，也是难免的，虽然这项工作需要在施工现场摸爬滚打，但是这也是增长我基层经验的机会，我来自农村，不怕吃苦，而且我的大学生活也锻炼了我的良好合作精神，我相信工作中的困难是可以克服的。”

4. 你是应届毕业生，缺乏工作经验，如何能胜任这项工作？

如果招聘单位对是应届毕业生的应聘者提出这个问题，说明招聘单位并不是真正在乎“经验”，关键是看应聘者怎样回答。

对这个问题的回答最好能体现出应聘者的诚恳、机智和敬业。如：“作为应届毕业生，在工作经验方面的确有所欠缺，因此，在读书期间所有的实习和见习机会我都认真学习，在寒暑假也利用社会实践的机会做兼职来体验社会。在这些过程中我体会最深的是，实际工作远比书本知识丰富、复杂，但我有思想准备，在多项活动中得到了锻炼，培养了较强的责任心、学习能力和适应能力。请贵公司放心，学校所学及兼职的工作经验使我一定能胜任这个岗位。”

5. 你对工作薪酬方面的要求是什么呢？

这是在面试过程中经常提到的问题。用人单位抛出这个问题，一方面是想了解求职者是否对自己有准确的定位；另一方面是想了解求职者对本行业、本岗位的了解和自身的胜任能力；此外也是在考察求职者的应变能力。

这个问题的回答在面试前要做好两项准备：首先，要正确评估自己，了解自己的学历、能力与应聘岗位的匹配程度；其次，尽可能了解行业、企业薪资的结构，例如你所应聘的岗位是否发放“月薪”，有的企业可能月薪不高但是一年固定发放“15薪”，或者底薪+业绩或者绩效奖励。因此要全面了解再做回答。

正确的回答是不做正面的回答，强调你最感兴趣的是这份机遇和挑战并存的工作，结合自己的职业生涯发展谈岗位实践的重要性，避免讨论经济上的报酬。

拓展阅读

准备了4杯水而来5位领导，如何分配？

铁托是西安某高校计算机科学与技术专业的本科应届毕业生，不久前，他在参加一家公司的最终面试时，得到的题目是：如果准备了4杯水，却来了5位领导，应该如何分配？

铁托透露，多数同去的应聘者回答按照职位高低分配，职位最低的领导就不给了。而这些人都被淘汰了。“我说应该把水都倒了，让领导批评我，而不是觉得公司招待不周。”最终，铁托通过了面试。

对于刁钻的问题，企业想要什么样的答案呢？

对于面试中的一些“另类”问题，北京一家外企HR陈先生表示：“有的面试官喜欢出奇葩的问题，来考验求职者的临场发挥能力，打破他们原有的完美状态，暴露出他们最真实的一面，来看看他们究竟能做到哪一步。”

“问题越刁钻，理想中的答案也就往往会超出常理。”陈先生表示，现在不少企业和岗位要求求职者能跳出常理框架，天马行空、发散思维。因此，求职者首先考虑的应该是问题本身背后的含义，而不是先考虑给出的答案要如何完美。

对于面试中的刁钻问题，专家认为，求职者也需要理性看待。“有人把人情世故贬义化了，但学会跟人打交道很重要，礼貌待人，尊重自己，尊重他人。”

（资料来源：法治日报 2020-12-17）

第四节 大学生笔试攻略

案例导读

笔试的优缺点

笔试的优点表现在：一是经济性，笔试可对大批应试人员在不同空间、不同时间内实施，测评效率高，二是广博性，笔试的试卷内容涵盖面广、容量大，一份笔试试卷常常可以出几十道乃至上百道不同类型的试题，因而通过笔试可以测出应聘者的基本知识、技能及能力的深度和广度，测试的信度和效度都比较高；三是客观性，这是它最显著的优点，考卷可以密封，主考人与被测者不必直接接触，评卷又有可记录的客观尺度，考试材料可以保存备查，较好地体现了客观、公平、公正的原则。总之，采用笔试的方法，机会均等而且相对客观，这是其他方法难以替代的。

笔试的缺点在于：偏重机械记忆，不易发现个人的创造性和推理能力，不能全面考查应聘者的工作态度、品德修养以及组织管理能力、口头表达能力和操作技能等。因此，笔试虽然有效，但还必须采用其他测评方法，如行为模拟法、心理测验法等，以补其短。一般来说，在企业组织的招聘中，笔试作为应聘者的初次竞争，成绩合格者才能继续参加面试或下一轮测试。

笔试是一种与面试对应的测试，是用以考核应聘者特定的知识、专业技术水平和文字运用能力的一种书面考核方式。笔试可以在不同空间、不同范围内对应聘者进行考核，其测试内容涵盖面广，因而被各个行业、企事业单位应用于招聘环节。它可以直接把求职者的基本情况了解清楚，划分出一个基本符合需要的界限。有些单位往往选择先通过笔试来确定进一步面试人员的名单，对于应聘者而言，只有通过笔试才能顺利进入面试环节，因此，应聘者不可轻视笔试，必须认真对待。

一、笔试的种类

笔试通常限于一些对专业技术要求很强或者对录用人员素质要求很高的单位，如国家机关、事业单位、央企、跨国公司等知名企业。笔试的测试结果是根据一定的标准答案评定出来的，弥补了面试往往根据个人喜好、感情评分的缺陷。笔试得出的分数真实可靠，而且排名简易，对于应聘者来说是相对公平的竞争，对于用人单位来说也是检查和核实应聘者是否具有真才实学的有效办法。根据考核的内容和方向，笔试可以分为以下四种类型。

（一）专业知识测试

专业知识测试主要考核应聘者是否具备相关职位的专业知识水平和相关实际能力。一般用人单位在选拔毕业生时，主要通过毕业生推荐表和成绩单及相关的自荐材料来了解其基本的知识能力。但也有一些用人单位，或者一些专业性要求比较高的岗位，需要采用笔试的方式对其专业水平进行再考核。值得注意的是：这种考核方式被越来越多"热门"单位所采用，例如，某些大型机械制造类企业的笔试主要涉及相关的理工类专业基础知识，如机械原理等；外资企业要考察应聘者的外语、国际贸易知识等；国家机关、事业单位招聘要考核行政管理和法律知识，如参加公务员考试，考试科目为法律、政治、行政学、公文写作、英语及能力考试；招聘行政管理、秘书等工作岗位的单位对应聘者进行文字能力的测试，如自编一份请求报告或会议通知等。

为考验应聘者实际工作能力或专业技术能力，通常还要进行专业技术测试，主要考查应聘者的动手能力和实践能力，如考查操作和使用计算机的能力、英语会话和阅读能力，以及财务、法律、驾驶等方面的能力。

（二）智商测试

智商测试主要测试应聘者的分析和观察问题能力、综合归纳能力和思维反应能力。智商测试对毕业生所学专业一般没有特殊要求，但对毕业生素质要求较高。越来越多的企业认为：有没有专业训练背景无关紧要，专业能力可以通过公司的培训获得，但毕业生是否具有不断接受新知识的能力是至关重要的。

智商测试题主要测试毕业生对数字的敏感程度以及基本的计算能力，如图形识别、常识理解、记忆、排列等测试项目。

例题：

小明身上没有任何工具，但他从高处往下跳，却没有人阻止他，为什么？

我没有兄弟姐妹，这个人的父亲是我父亲的儿子，这个人究竟是谁？

一只猫坐在玻璃前看窗外的景物，窗外的景物有公园、大厦、马路，哪一物件与猫最接近？

（三）情商测试

情商又称情绪智力，是近年来心理学家们提出的与智力和智商相对应的概念。主要是指人在情绪、情感、意志、耐受挫折等方面的品质，包含情绪控制力、自我认知能力、自我激励能力、认知他人的能力、人际交往能力几方面内容。情商的水平不像智力水平那样可以用测验分数较准确地表示出来，它只能根据个人的综合表现进行判断。

情商测试一般采用答题形式（问卷形式）。在众多公司的情商测试中，问题主要集中在气质类型、自信心、意志力、心理适应能力、应付困境能力、交际能力、责任感等方面。

测验：

如果你意外拿到一千元奖金，想去买一件很需要的大衣，但钱不够；如果去买一双不急需要的运动鞋，则又多了数百元，你会怎么做？

A.自己添些钱把大衣买回来

B.买运动鞋，再去买些其他的小东西

C.什么都不买先存起来

分析：

A.买大衣说明你的决断力还算不错，虽然有时也会三心二意，犹豫徘徊，可是总是在重要关头作出决定，比起普通人来说已经算是杰出的了！你最大的特点是做了决定不再反悔。

B.买运动鞋说明你是个拿不定主意的人，做事没有主见，处处要求别人给你意见，你很少自己做判断，因为个性上你有些自卑，不能肯定自己，你这种人一定受过某种心理伤害，或者周遭的人物太优秀了，因此造成你总是有不如人的感觉。

C.不买说明你是个判断力超级强的人，不客气地说，你甚至有点莽撞，就是因为你冲动率直的个性，反而考虑不够周详，你常常后悔自己匆匆做决定，而忽略了其他事情。

（四）综合能力测试

现在越来越多的招聘单位采用综合能力测试，这种测试既包括专业能力测试，又包括智商和情商测试，还涉及对学生自身素质的考核，如道德、价值观、社会知识等。有的考题是对学生阅读理解能力，发现、分析和解决问题的能力及知识面等素质的全方位检测。

二、笔试的准备

从某种角度来说，笔试能够更加深入地检验毕业生的综合素质、平时的知识积累以及对知识的理解和掌握程度等多方面能力。用人单位的笔试远比学校的考试要灵活多样，他们更侧重于能力的考察，而不是单纯的课本知识。因此在笔试之前，毕业生应进行全面的准备。

（一）围绕重点，系统掌握

一是要复习专业知识，但不必采取地毯式的复习策略。笔试一般都有大体的考试范围，因此，可以围绕这个范围翻阅一些图书资料，复习巩固所学过的基础知识，温故而知新，做到心中有数。一些招聘企业的笔试，题目往往会和往年有一些联系或者类似，可以主动搜集应聘企业往年的题目，也可以通过师兄、师姐分享的经验来进行准备。你对笔试的准备，在一定程度上也体现了你对目标企业是否感兴趣和重视程度。

对于非专业的知识，如文史知识、科技知识、经济知识、法律知识等，需要同学们日常的积累和搜集。可以在相关的网站搜集此类问题，做一些相关方面的汇总，这样都能提升成绩。

（二）学以致用，理论联系实际

现在的求职笔试越来越强调用学过的知识来解决实际的问题，具有很强的实用性，也就是考察应聘者对知识的运用能力。因此，在复习的过程中要重点突出一个“用”字，加强专业知识与实践运用的结合性，了解专业知识运用的相关领域，搜集相关的典型案例及前沿知识、未来发展，提高自身的知识储备，解决实际问题的能力。

（三）调整心态，积极应对

一般笔试是求职的第一关，对于初入社会的大学生，对职位的渴求心理容易导致笔试时紧张怯场，不能发挥出正常水平。还有一些毕业生认为笔试是检验专业知识的，事到临头再补也没什么用处，还不如听之任之。这两种心态都是不可取的，因此，在考前一定要做好积极的复习，更要克服自己的自卑和怯懦心理，把笔试当作一次平常的测验，保证充足的睡眠、清醒的头脑，使自己发挥出应有的水平。

三、笔试的技巧

大学生在进行笔试时，可以采用一些技巧提高自己回答问题的正确率，消除紧张情绪。

（一）通览全卷

拿到试卷后，首先通览一遍，了解题目的多少和难易程度，以便掌握答题的进度，合理安排答题时间；然后按照先易后难的原则安排答题顺序，先答简单有把握的题，后攻难题，这样不会因为攻克难题而浪费太多时间，从而导致没有时间做简单的题。遇到较大的综合题或者论述题，可以先列出提纲，再逐条论述。

（二）读懂题意

在答题之前，要搞清楚题目的类型、要考察的知识点和考查的目的等。因为求职笔试不同于平时的考试，考查的范围比较广，随意性和灵活性较大，与实际问题联系较多，有一些可能是求职者从来没有遇到过的类型，这时应试者应该保持沉着冷静的心态，分析问题，仔细思考，从记忆仓储中寻找可能的线索，寻求最佳答案。

（三）字迹清晰

笔试答题中，应聘者应尽量做到卷面整洁、字迹清晰。求职笔试不同于其他专业考试，招聘单位会从所设置的所有环节中考查应聘者的能力，从卷面上可以联想到应聘者的专业水平、思想品质和工作作风。如果字迹潦草、卷面不整洁，不看答题的内容，招聘单位就会觉得此人工作态度马虎；而字迹端正、答题一丝不苟的人，招聘单位会认为其态度认真、作风细致，有利于提升用人单位的“心理印象分”。

（四）自我暗示

笔试中，如果应试者因日常积累不足，复习时间仓促，没有经验或者题型生疏等，会感到无从下手、情绪受挫，这时不要烦躁、慌乱。因为这种情况对于大多数人来说都是可能遇到的，要对自己进行心理调节和自我暗示，比如告诉自己“我遇到的难题，大家也同样会遇到”“我平时成绩很好，这次也一定能处理好”等。另外，很多招聘单位只是通过笔试进行初步的考查，不仅仅看重求职者考分的高低，其认真的态度、细致的作风、新颖的观点也会大大增加被录用的可能。所以，应聘者要尽全力答题，争取为自己创造机会。

（五）认真检查

答完试卷后，要进行一次全面的检查，特别注意不要漏题、跑题，要纠正错别字、语法不通、词不达意等错误。另外，特别强调一点，对于心理和智力测试的题目，在检查中如发现不妥，又难以确定对错，最好的方法是保留原来答案不做更改，对于这类试题，人的第一感觉往往更可靠。

拓展阅读

“大厂”笔试找枪手，别为offer丢了诚信

“笔试助攻”“老字号准确率有保证”“包过进面”……近日，据《河南商报》等媒体报道，一些代考机构瞄准互联网大厂春招，采用对电脑远程控制的方式“替”求职者完成笔试，形成代考产业链。

根据教育部公布的数据显示，2021年高校大学毕业生比2020年增加了几十万人，就业竞争压力不容小觑。由于待遇较高、发展前景好等原因，字节跳动、腾讯等互联网大厂本就是“一职难求”，加之毕业人数再创新高，僧多粥少导致offer竞争更加激烈。

可即便春招竞争再激烈、互联网大厂的offer再珍贵，也不该成为求职者特别是即将进入职场的高校毕业生们找枪手，企图在笔试中走捷径过关的理由。求职笔试可谓高校毕业生们进入职场与社会时的第一粒扣子，人无信不立，通过找枪手代考，即便顺利通过笔试，甚至拿到了心仪的offer，可不讲诚信的污点却永远留下了。如果作弊被发现，还会面临被“一票否决”、甚至被公司拉入黑名单的风险，得不偿失。

招聘考试事关公平，既然设立笔试环节，就必须坚持公正原则，找枪手代考显然是对其他专心备考求职者的一种不公。这不仅破坏了设立笔试环节的初衷，也不利于互联网大厂选聘到德才兼备的员工。

此外，找枪手者顺利过关甚至最终拿到offer，会在高校毕业生以及准毕业生群体中产生负面影响，让他们今后面对考试时不是专心备考，而是第一时间想到找枪手等捷径。而这些靠代考过关的职场新人，极有可能将投机取巧、弄虚作假的方式带到日常工作中，这对企业文化、个人职业素养都有侵蚀风险。

你有张良计，我有过墙梯。枪手通过电脑远程控制完成代考，互联网大厂则可以发

挥自身的技术优势，在笔试环节中加入更多的反作弊举措，让枪手无法轻易得逞，为公平选拔人才保驾护航。同时，在考题设置方面，也要更多体现互联网行业的特色。如果试题内容紧扣互联网发展趋势，与时俱进、特色鲜明，习惯于模式化应试的职业枪手便“无用武之地”，那谁还会花钱找代考呢？这样做，也可以更好地筛选出与公司需求更加匹配的优秀人才。

在秋招、春招在线笔试中作弊，破坏了社会的公平公正，有违公序良俗，而且大有成为灰色产业之势。对此，教育、人社等相关职能部门不该听之任之，要采取相应措施对其予以打击治理。当然，最后要奉劝所有求职者，特别是初出校园的毕业生们：笔试诚可贵，offer价更高，若为诚信故，二者皆可“抛”。守住诚信这条最基本的底线，靠实力拿到offer，才是步入职场、迈向人生巅峰的正确打开方式。

（资料来源：中国青年报　2021年4月23日）

第四章　就业心态与心理调适

学习目标

（1）了解大学生良好的就业心态内容；

（2）掌握如何保持良好的就业心态；

（3）了解大学生就业中的常见心理问题；

（4）掌握大学生就业心理调适方法；

（5）树立正确的就业择业观。

第一节　就业过程中常见的心理问题及调适法

案例导读

临近毕业的半年时间里，小陈同学每天都不断重复着“参加招聘会–投递简历–面试”的过程，在一次次地被拒绝中，日趋沉重的焦虑替代了他原本拼搏进取的决心，也影响着他择业的思路。小陈同学虽然一直在不停地调整自己的择业目标，但发现自己离预定的目标越来越远。他慢慢变得心灰意冷，并开始出现心悸症状，有时候还会整晚失眠。为此，他开始酗酒，希望借助酒精来缓解自己的焦虑，但仍然于事无补。他的脾气也越来越暴躁，还常常和身边的人发生口角，甚至一度很抑郁。幸好后来在家人和好友的劝说及专业心理老师的帮助下，最终成功应聘到一份工作，逐渐恢复了原来的自信。他回忆起那段可怕的日子，说道：“基本每天就在焦虑与烦躁中度过，每一分每一秒都是煎熬。”

从上面的案例可以看出，面对就业市场的压力，遭遇不断的求职被拒，大学生内心会受到不同程度的打击，产生不同程度的困惑和痛苦，引发一定的心理问题。同时，招聘单位也非常重视求职者的心理素质。所以，大学生要对常见的就业心理问题有所了解，对求职挫折有一定的心理准备和认识，积极开展就业心理调适，以健康的心态促进就业择业的顺利进行。

一、常见就业心理问题

大学生在求职过程中，面对就业市场的激烈竞争，他们要经历严峻的就业考验，而且也要经受各种各样的心理考验。因为，人的心理需要一种微妙的平衡，太过自卑或自信、太过浮躁或优柔寡断都是不健康的心态。常见的就业心理问题主要有焦虑、怯懦、自卑、逃避、抑郁、偏激、自负、嫉妒、攀比、盲从等。

（一）焦虑

焦虑是指一种缺乏明显客观原因的内心不安或无根据的恐惧。大学生在求职的过程中，从确定就业方向和行业、职业、岗位、就业区域等，从投递简历到笔试、面试等，都很容易让求职者产生焦虑的心理。比如：到底是去自己理想中的城市还是听从父母留在家乡，到底是去现代化的民营企业拼搏还是在家乡找一家国企，这次笔试有没有出现失误，这次面试能不能顺利通过等都会让求职者产生焦虑。有实验研究表明：适当的焦虑可以增强人的进取意识，激发人的上进心，从而产生求胜的心理；但是，如果过度焦虑，甚至无法化解焦虑的话，就会严重影响大学生求职，造成求职障碍。

典型案例

某师范院校大四学生小王，从小成绩优秀，高考时报考师范类专业为的就是成就自己做老师的理想，父母希望女孩子能当老师，找个稳定的工作，在学习上要求严格，尤其在找工作的问题上期望更高，希望她能到好学校任职为家里“光宗耀祖”，同时提高自己将来成家的“含金量”。她自己也认为找不到好工作对不起父母，辜负了父母的期望，回到村里也抬不起头来。她大学期间成绩优秀，但参加社会实践较少，前一段时间参加一个重点高中的教师招考面试，面试老师问她：“英语六级为什么没过？全国计算机二级为什么没过？”她突然觉得自己的综合素质离用人单位的要求还有很大距离，顿感自卑、失落，认为自己大学白读了，工作找不到，一无是处。当她冷静下来分析原因可能是：平时参加实践锻炼的机会少，临场应变能力比较差；没有吃过苦、受过挫折；自己每次应聘笔试成绩优秀，但面试成绩却很低，所以在两次面试失败后产生担心、害怕，之后每当接到面试通知就会感到不安，心情低落，总担心自己面试准备不充分，或者因外表、表达或者面试紧张而导致求职失败，结果越是担心害怕，越是遭遇面试失败。

（二）怯懦

怯懦就是懦弱、软弱无能的意思。通常表现为害怕困难，意志薄弱；害怕挫折，情感脆弱；害怕交际，性格软弱，平时寡言少语，行动拘束，容易逆来顺受等。大学生在求职时，往往因为缺乏实际工作经验，认为自己只是学了一些理论知识，实践技能较低等原因从而缺乏自信，变得怯懦。大学生在求学期间，毕竟以理论学习为主，没有太多的实践技能，在求职时，往往因为缺乏实际工作经验，担心说错话给用人单位留下不良印象，从而导致说话音量过小或者干脆不敢说话。

每一位面试者都会想尽办法给用人单位留下好印象，可是在求职时，有一些面试者往往克服不了心理上的怯懦，造成事与愿违的局面。很多大学生都谦虚谨慎，也可以说是谨小慎微，他们生怕自己的一丁点儿错误产生不良影响。这种性格的大学生，一旦大学毕业迈入社会，就会面临各种竞争，太过怯懦的性格必将导致竞争的失败。只有正确认识到自己的不足，发现自己的优势，扬长避短，用勇气去战胜怯懦，才能为自己的未来争得一席之地。

典型案例1

小杨是一名大四学生，来自一个普通家庭，大学四年小杨都在勤工俭学，几乎没添置过什么衣服。看着身边家境优越的同学，穿着体面的衣服，使用着最新的电子产品，小杨只能暗暗羡慕着。小杨平时在班里沉默寡言，很少和同学们聊天，即使遇到事情也不会说出来，只是一味地忍让，总是感觉自己不如别人、低人一等，久而久之就形成了怯懦的性格。现在，即将步入社会，小杨也要准备应聘的相关事宜，可生性怯懦的他却面临了巨大的挑战，在求职过程中总是谨小慎微，总怕一句话说错或一个问题回答不好给用人单位留下不好的印象，导致不敢放开表达自我，每场面试他都是“不战而败”。尽管他自己也在努力改变，但收效甚微。不知道在求职的路上，小杨还要持续多久才能成功。

典型案例2

大四学生小红最近正面临这找工作的困惑，有一次小红面试一家通信企业时，一开始怯懦地假装愿意接受地区调配，没想到被面试官看穿了，于是被语重心长教育了一番，最后小红很诚恳地说出了自己的要求，结果竟然当场就收到了offer。有了那一次的经验之后，小红在面试的时候就学会了“得寸进尺”，会很坦白地告诉面试官我适合的工作类型和希望得到的发展平台，面试官也会给予正面的回应，不会认为她是一个贪心的人。仔细想想，其实其中也有它的道理，我们找工作的时候，不是单单让公司判断我们合不合适，我们也要在心中有一杆标尺，看看这家公司究竟适不适合自己，这就是真正的双向选择。

（三）自卑

自卑心理在大学生就业过程中也是极为常见的。一些大学生因自己所学专业不是热门，毕业院校不是名校，没有强大的社会关系等会不由自主地产生自卑心理；有些大学生则是由于自身素质和就业竞争力过低，性格内向、不善于表达、心理负担重等都会产生自卑心理。不管自卑心理是如何产生的，在自卑心理的作用下，大学生常常会精神不振、整日唉声叹气、内心孤寂，导致求职屡屡受挫。自卑心理会严重影响大学生求职就业，它是求职就业路上的绊脚石，会使得大学生的求职面试不断受挫，导致就业受阻。自卑产生的原因是多种多样的，有个人原因、家庭原因、社会原因等，但主要还是个人因素居多。其实，自卑并不可怕，只要找到自卑的原因，有目的地去锻炼、克服，不断提升综合素质，不断突破自己，就能有效遏制自卑感，重新找回信心，发现优点，努力为下一次求职冲刺。

典型案例

有一位女大学生去一家中外合资公司应聘求职，她通过了一道道关卡，最后只剩下她和另一位男性求职者。招聘主管是个外国人，他在与这两位求职者的闲聊中，比较随意地问了三句话："会打球吗？"

男的说："会。"

女的答道："打得还好。"（实际上她在大学校园里是个不错的羽毛球选手。）

主管又问："给你俩一辆汽车，限在一星期的时间内，能不能掌握学会驾驶这辆小汽车？"

男的说："能。"

女的说："不敢保证。"

主管再问："厨房里有一些蔬菜，你俩能不能给我做几样拿手好菜，我这人不挑剔。"

男的说："没问题。"

女的忸怩地说："做得可能没那么好。"

你认为这两位应聘者的答话，哪一位更能受到面试官的欢迎？一般来说，这位男应聘者的答话更能受到主考官的欢迎，因为男应聘者给主考官的印象是自信和勇敢。

（四）逃避

有些大学生过惯了校园生活，对父母和学校的依赖性很强，想到进入社会要面对社会的错综复杂就会产生逃避心理和抵触情绪。存在逃避心理，很难在求职就业过程中迈出勇敢的一步，自然就会遇到求职障碍。

典型案例

小光一直想成为咨询行业的销售高手，毕业后如愿以偿进入当地一家还不错的咨询公司，由一位很有谈判经验的销售高手黄姐带领。黄姐是个细心体贴的人，每次下达任务都会根据成员的情况做出相应的调整，让成员能够稍微迈出一步，就能达到目标。但小光觉得黄姐每次都在为难他，最终与领导发生争吵后离职。后来，再与小光联系时，他又辞职了，原因和上次离职一样。小光没有正视自己的抗压能力，也没有让自己走出舒适区，越是逃避这一点，就越容易陷入一个怪圈："领导下达任务—扛不住压力—辞职—找工作—辞职"。

（五）偏激

大学生在求职过程中，很容易出现偏激心理，固执地认为某种职业发展前景很好，一定要将自己的择业目标定在这一方向，并努力克服重重困难实现目标，但最后多半都是以失望告终。其实，这都是大学生没有认真去审视自己和审视未来的结果，被一些固有观念或道听途说所影响。

典型案例

同学小张从小以表姐为榜样，因为表姐大学毕业后，只经过短短3年时间就买了车和房。在外婆80岁大寿时，全家团聚，表姐也在，小张同学趁机向表姐请教如何能快速成功，表姐说做销售吧，准能赚大钱。一心想证明自己实力的小张，听后热血沸腾，暗暗下定决心，一定要像表姐那样，好好干出一番事业。

但是，小张从小性格就比较内向，不善于表达自己，在公开场合总是愿意待在不引人注意的地方。有次开班会，老师点名让她发表自己的看法，她一紧张居然口吃起来，从那之后，只要遇到紧张的场面，小张就会条件反射性地犯口吃。

转眼就到了毕业的季节，小张固执地守着表姐做销售赚大钱的建议，一门心思想找销售工作，后来找了一份销售保险的工作。保险销售除了要具备良好的语言沟通能力，人脉资源也至关重要，但是，这两个基本条件小张都不具备。首先，小张家在异地，在本城并没有什么人脉；其次，小张在拜访陌生客户时，口才不佳，性格怯懦，连连受挫，连续3个月都没有业绩。没有业绩就拿不到工资，好在家里的亲戚给她"赞助"了一单，不过之后的几个月又没有业绩了，最终小张退出了这个曾让她热血沸腾的行业。对于求职，不可偏激和固执，要对自己有充分的了解，选择一份适合自己的工作，而不是盲目跟从他人。

（六）自负

在求职时，有的大学生自认为自己所学专业好就业，自己既有不错的学习成绩，又有学生干部经历，自视自己也算是风云人物，自信过头，产生自负心理。持这种心理的大学生，往往自认为高人一等，傲气十足，在求职时，好高骛远，对自己的期望过高，对用人单位诸多挑剔，很难找到自己满意的工作。

典型案例

小李是一名成绩十分优秀的学生，在求职期间，收到了很多单位递来的橄榄枝，但小李特别自负，对这些令其他同学羡慕不已的单位都不屑一顾，所以，迟迟不愿意签约。最后，马上到了毕业离校的时刻了，其他同学们都有了就业去向，小李开始有了危机感了，但以前的那些单位都已经招聘完毕，对她拒之门外了。

过分的优越感和自卑感都是对自我的非客观评价，过分的优越感属于自负，这在比较优秀的学生当中是一种比较普遍的心理。大学生自信、有活力是好事，但在人才市场，人才济济，我们既不要自卑，同时，也要对自己有客观的认识，不要太自视过高，错失很多就业机会。

（七）嫉妒

嫉妒在大学生中是比较常见的一种心理问题，只不过轻重有别。在求职问题上，看到同学在自己之前找到了比较理想的工作，自己却一无所获，此时，就会产生一种嫉妒心理，心有不甘。

典型案例

某音乐学院需要招收一名有表演经验的学生做舞蹈老师，得知这一消息的大学生都跃跃欲试。最终，舞蹈专业的小静获得了这个难得的机会。小静的同学们都特别羡慕她，甚至开始嫉妒她。其中有一名叫晓蕾的同学，自认为自己各方面都比小静好，可主考官偏偏录取了小静，自己却落榜了，她心里非常不甘，不由得因妒忌而生恨，散布谣言，说这次招聘有内幕，污蔑小静，最后导致小静郁郁寡欢甚至不敢出门，这事对小静造成了很不好的影响，学校对晓蕾进行了严肃的批评和教育。

（八）攀比

一些大学生在求职时，不从自身实际出发，而是与同学攀比，特别是看到与自己成绩、能力相当的同学，找到令人羡慕且收入可观的工作时，觉得自己找不到理想的工作就会很没面子。为了获得心理上的平衡，他们会重新设计自己的求职目标，其结果往往高不成、低不就，错失了一些就业单位，陷入被动之中。

典型案例

当小赵同学同宿舍有人去了大厂，小赵自己一定要去，什么其他的好工作，一概不考虑，认为别人都可以做到的自己肯定也能做不到。同宿舍其他人考了公务员，他自己一定也要去考，其他的任何机会都不选择，认为没有公务员吃香。他的同学有人去了外企，他又认为自己怎么也得去一家外企，光鲜亮丽，多么令人羡慕。他心里想的是同学去了哪里，自己的朋友去了哪里，却从未想过自己心里想做什么，自己要去哪里。室友去了大厂，是因为他热爱互联网，热爱这个行业，室友从大二就关注这个行业，并且一直在网上做着自己的事情。另一个室友考了公务员，是因为他上大学开始就专攻行测考试的学习，并且积极参加社会实践锻炼能力。同学去了外企，是因为同学外语水平很好，并且同学之前有多次大公司实习的经历。

他们有的可能你没有，但是你一定有他们没有的。他们没有的经历，他们没有的技能，他们没有的希望，或者他们没有的愿望，你都有可能有。所以，找工作，最大的敌人就是攀比。攀比之后，你心中便没有了自己。

（九）盲从

大街上经常能看到一种现象：某家店门口排起了长龙，很多人即使不明原因，也会加入队列中，这就是典型的盲从现象。有的大学生具有较强的依赖性，自主性较差，在就业找工作时，不先考虑自己的兴趣爱好，不先考虑自己的擅长，而是一味地从众，什么工作热门就去做什么，别人去哪里自己就去哪里，根本不去思考自己是否有能力胜任，是否有发展空间等问题。目前非常典型的就是考研的盲从，在每年的毕业生就业意向摸底中，准备考研的比例越来越高，这里不乏随波逐流的盲从现象。有的学生有明确的目标，入学以来就一直为考研做准备，基础课从大一就学得很扎实；有的学生甚至到大三都没有准备，而是在进入大四，看周围的同学很多都在学习考研，自己不想奔波于求职现场转而准备考研，但是，对自己准备报考的院校专业以及历年考试情况等均不了解，这就是一种盲从现象。

典型案例

有位大四的小田同学，看到学长创业了，红红火火、精彩纷呈得真不错；看到同学去了北上广的合资企业、大型民企、外资企业等，像电视上看到的那些白领一样天天在高档写字楼间穿梭，特别有派；听说某某同学考上了研究生真是羡慕。老家的父母一直劝自己回家乡找一个稳定的工作，其实想想也挺好。小田同学很苦恼，觉得哪个选择都不错，感觉哪一种就业方式都挺好的，这时的他有些迷茫，感觉不能盲从。

当遇到这种情况时可以问自己几个问题，别人这么做的观点是什么？他为什么要这样做？自己的观点是什么？通过提问和回答，逐渐理清自己的观点和思路。

别人创业的观点是什么？他为什么要这样做？实现人生价值和理想，挣更多的钱，可以自己的工作自己做主。那你的观点呢？创业确实能够带给自己自由和价值感，但创业也很辛苦，事事需要自己打理，随时也会面对更大的风险，我筹集不到那么多的启动资金，也吃不了创业的辛苦，承担不了创业的风险。

别人去外企、大型民营、合资企业的观点是什么？为什么要去？平台好，能够快速学到更多的东西，可以有一些培训，拥有精英人士的圈子。那你的观点呢？外企等大型企业确实有更多的培训和学习机会，但挑战性也很大，工作节奏快、压力大，暂时接受不了的话还是再积累几年经验吧。

别人考研的观点是什么？为什么要考研？考研可以提升学历，进一步深造，有利于去大型企业，有利于将来去科研院所做科研，有利于将来去学校当老师等。那你的观点呢？我觉得考研也很不错，暂时缓解就业压力，同时将来可以有更多的选择。

别人说的回老家进事业单位的观点是什么？为什么要那么做？回老家进事业单位工作，稳定，可以和家人互相照顾。那么你的观点呢？我觉得回老家进事业单位确实有这些优点，既可以与家人互相照顾，又可以做到旱涝保收，但是，心里总还是有一些不甘，觉得年轻人总应该到外面去闯一闯。

通过向自己问问题，相信小田同学一定对自己的选择已经清楚了，小田同学更趋向于先考研，深造之后再选择大型企业或者科研院所或教师行业等。

二、大学生就业中应具备的心理素质

近年来，社会对人才的需求有了很大的变化，其中一个主要变化就是从专业型转变为素质型，现在大部分用人单位对求职者不仅有专业技能上的要求，更重要的是对综合素质也有相应的要求。在综合素质培养过程中，心理素质的好坏决定着综合素质的高低。比如好的工作态度一定要有良好稳定的情绪做支撑，优秀的团队精神背后一定要有成熟宽容的心态做基础，自信积极的心态一定要有充分的前期准备做积累，正确而迅速的决策一定要以对自我和外界清楚的分析为前提。因此，注重培养良好的心理素质是培养提高综合素质的前提。作为求职者，应具备并提高以下心理素质。

（一）积极乐观的心态

积极的心态是一种积极向上、乐观、进取的心态。是一种由希望、乐观、进取、向上、宽容、接纳等特征组成的正面的心态；与之对立的消极的心态，是由悲观、颓废、抱怨、迟缓、偏激等特征组成的反面或负面的心态。学习生活、就业中，积极的心态往往起着决定性的作用，所谓心态决定性格，性格决定命运。大学生求职的道路是曲折又漫长的，求职前后以及走入职场都会有各种各样的压力和艰辛，这就好像你在取得一门课的好成绩之前必须经过努力学习和复习冲刺一样，也像运动员在赛场上创造好成绩必须在赛前经过千百次痛苦的练习一样。只要摆正心态，用积极的态度去面对激烈的竞争，成功就不远了。

典型案例

小杨，性格开朗，嘴角随时带着微笑。他在校期间结交了很多朋友，毕业后，刚进公司仅仅两个月，就和公司两个同事的关系特别好，不仅如此，他还博得全公司上上下下的好感。要问小杨有何秘诀，他笑着说："乐观"。乐观的人心中总是充满了希望，而且能保持积极的态度去做事，无论在什么情况下，他都把自己视为公司的一员，不把自己置身事外。在工作中，他总是积极主动、善于合作、虚心请教、热心助人，这样的人，相信没有哪个老板和员工会不喜欢！

小杨所在公司虽然算不上大，但"麻雀虽小，五脏俱全"。公司不仅制度健全，而且每一个项目的开展都有严格的流程，小杨首先用一个月的时间来熟悉公司的所有流程，然后再用一个月的时间来了解不同项目的开发手续和流程。现在，公司决定将一个新项目的策划交由小杨来独立完成，这对于刚进入行业的他来说，是一次不可多得的机遇。

本案例中，小杨是个乐观的人，他始终坚持用阳光、乐观的心态去面对生活和工作，那么生活和工作一样也会回报给他阳光。相反，有的大学生进入公司后，总觉得怀才不遇，不想从基层工作做起，整天无所事事、怨天尤人，当别的同学已经在工作岗位积累了丰富的经验准备大干一场时，他才发现，自己把大好的时光和机会都白白浪费了。

（二）宽容、豁达的心胸

这里的宽容是对那些在意见、习惯和信仰等方面与你不同的人表现出耐心，能够容纳不同的意见。当遇到不同观点、不同意见时，尽量减少激烈的辩论，尤其是带有情绪的辩论和争论，而是要学会接受别人，多收集信息并学习了解，然后再理性地用恰当的方式和别人进一步沟通。比如当遇到对方有不同观点时，不能直接说："你说得不对。"而应说："你说得有一定道理，我的想法是这样的，咱们再好好交流一下。"但宽容也不是完全接纳别人的观点而放弃自己的观点，而是欣赏和接受对方观点的合理成分，使自己的想法或决策更趋完善。宽容的心态可以使你成为一个心胸宽阔和合作能力强的人。在无领导小组面试中，在职业生涯的团队合作中，宽容豁达的心胸能给你带来更加积极和谐的人际关系，体现了更好的心理素质。

（三）稳定良好的情绪

一个人拥有稳定良好的情绪，是成熟的表现，是有修养的表现。在大学生求职的道路上，有时不是缺少机会或是你能力过低，而是缺乏对自己情绪的控制。在面对求职失败时，在求职面试时，在就业的过程中遇到不顺心的时候，如果你能够很好地管理自己的情绪，你可能会获得更多的就业机会。那么，如何更好地管理自己的情绪呢？有什么办法可以控制自己的愤怒呢？可以在冲动愤怒的时候告诉自己先沉默一分钟，这样就可以让自己先冷静下来，因为愤怒的冲动往往就在一瞬间，一分钟过后你可能就没有那么愤怒了，也就能用理性的思维来想问题和解决问题了。也可以把令你愤怒的事情写在日记里，或者找个树洞或者单独找一个地方去诉说发泄，也可以通过跑步、跳舞等运动发泄怒气。

典型案例

小军与小磊是大学同班同学兼室友，两人平时的学习、思想考评等方面都很优秀，毕业时，小军和小磊同时接到一家大型国有企业营销部的面试通知。

面试时，小军与小磊被分在两个会议室，主考官问了小军一系列关于专业和职业认知的问题，小军对答如流，并不时地提出自己的见解，受到主考官的赞赏。在另一个会议室，小磊的面试也进行得相当顺利，主考官对他也非常满意。

在面试快要结束时，主考官向小军与小磊提出了同样的问题：“对不起，我们公司的计算机突然出了故障，参加面试的名单里没有你，非常抱歉！”。此时，在第一会议室的小军听了主考官的话后，立即失去了原有的风度和素质，他生气地质问主考官为什么会出现这样的情况，自己在学校一直非常优秀，总是名列前茅，这次却连面试的机会都没有，难道是贵公司在捉弄人！这时主考官对他说：“你先别生气，其实我们的计算机并没有出错，你以第一名的成绩进入了我们的面试名单，刚才的小插曲是我们出的最后一道考题。我们感觉你的其他条件都不错，但心理承受能力不佳。作为一名营销人员，工作中可能会出现各种意外，我们需要有良好心理素质的人才，显然，这个职位并不适合你。”小军听后，整个人都傻眼了，没想到这也是一道考题，所有的付出都前功尽弃了。

在第二会议室的小磊听了同样的问题后，他面带微笑，十分镇静地说：“我对贵公司发生这样的失误感到十分遗憾，但今天既然我来了，就说明我与贵公司有缘，我想请您给我一次机会。这次计算机失误对我来说是个意外，对贵公司来说也是意外，它或许意外地使你们选择了一名优秀的员工。”主考官露出满意的神态：“你是一个不错的小伙子，我愿意给你这个机会。”

（四）耐力和毅力

耐力是一个人承受疾病、苦难、疲劳、挫折等的一种忍耐性，也体现为一种力量，有时也是坚持不懈毅力的体现。大学生在求职的过程中，可能会遇到拒绝和失败，在未来的工作中也会遇到一些不如意或困难挫折，如果有一定的耐力和毅力，很多时候咬紧牙关坚持下来，就能突破自我并取得一定的成绩。日本著名的企业家松下幸之助说过：

“信心加忍耐能化一切不可能为可能，任何事情都离不开这个原则。虽然不见得会完全照着预期的方式进行，但只要咬紧牙关忍耐下去，在坚持的忍耐中，即使原计划不能实现，但环境状况会改变，而出现一条可行的道路，或许是那种坚忍不拔的毅力激起外界的共鸣与援助，虽然与原先预定的不尽相同，但终究是曲曲折折地迈向了成功。”所以，大学生要逐渐增加自己的耐力、增强自己的毅力。如何培养毅力和耐力呢？首先，要有正确的思维，面对困难和挫折，要能用辩证思维看问题，找到困难和挫折中积极的一面，在心理上接纳和适应它，然后再想办法解决它或避免更坏的事情发生；其次，对待困难和挫折，要有一个正确的态度，应该面对困难而不是逃避困难，然后认真想办法解决，对于疾病、失意、遭到拒绝等挫折，要正确面对，找有意义的事情去做，而不是一味地抱怨受到的委屈和痛苦。只有通过有意义的行动，才能化解焦虑，才能面对困难并解决。

典型案例

松下电器创始人松下幸之助，年轻的时候因为家境贫寒，不得不外出打工，挣钱谋生，这也养成了他坚忍不拔、吃苦耐劳的性格。有一次，他按报纸招聘广告到一家电器厂去应聘谋职，松下向工厂人事主管介绍了一番自己的情况，最后请求道，“请给我一份工作做吧，哪怕是最危险、最低微的工作”。

人事主管瞧瞧其貌不扬的松下幸之助，根本不想聘用他，便对他说：“真不凑巧，我们刚刚聘用了一位。要不，你过一个月后再来看看。”

一个月后，松下幸之助准时出现在这位主管面前，这位主管心里在嘲笑松下：从未见过这种不会领会辞退话的“傻老帽”，不妨随便打发他走人。于是，这位主管对松下说：“年轻人，你总是不凑巧，我们的老板出去开会了，得过两三天才能回。”

到了第三天，松下幸之助又来了，这次这位主管真的有点不耐烦了，直接说出他不想聘用人的原因：“瞧你穿的，这样破旧是进不了我们厂的。”

松下什么话也没有说，下午去借钱买了一套新衣服穿上，找到那位主管说：“你看我现在够条件吗？”

主管打量了一下，说：“从你的履历介绍，看不出你有任何有关电器的知识，我们厂是从不用这种人的。”

“没关系！我不会但是我会学，一个月以后见！”松下说完，果真回去自学了一个月的电器知识，又跑来找那位人事主管。

这位主管说：“一个月能学到什么知识呢？”

松下说：“一个月不行，我用两个月，两个月不行，我用三个月……”

话未说完，这位人事主管再也坐不下去了，他拉起松下的手说：“你是我遇到过最有韧性的求职者，我已被你打败，从今天起，你来工厂上班吧。”

松下幸之助凭借着坚韧不拔的毅力终于谋得了一份工作，并用这种精神坚持工作，直至日后走向成功。在人生的道路上，只有一种失败，那就是轻易放弃。

（五）自信心

有位哲人说过："一个人，从充满自信的那刻起，上帝就伸出无形的手在帮助他。"这个世界有上帝吗？有，上帝就是你的自信心！自信对我们的生活非常重要，我们的事业、我们的爱情、我们的生活、我们的工作，不管是哪一个领域，自信都是无比重要的。自信给人以力量，给人以快乐。正是有了自信，人们才充满了睿智，你和我的心中才升腾起无尽的希望。

所以，自信心是一项非常重要的心理素质。有自信的人能够正确认识自己，知道自己的长处和不足，也不会自卑贬低自己，当然，也不会盲目自负、自傲自大。自卑感严重的人，往往唯唯诺诺，没有自己的主见，不能很好地展示自己的优势，容易丧失很多机会；自负的人一般不认真审视自己，容易自我膨胀，甚至变得盛气凌人，使别人避而远之，实际上自负的人内心也有强烈的自卑。自卑和自负都是由于不能正确认识自己而导致的。拥有自信心，会使求职的大学生正确认识自己，客观认识外部世界，确定合理的就业目标，并且在求职的前后表现得更加优秀，也更容易获得就业成功的机会。

典型案例

小丁毕业于某科技大学，毕业后应聘考入一家事业单位。这是一份稳定的工作，但工作一段时间后，小丁认为自己不太适合那里的工作模式和评价标准，自信的他从事业单位辞职后开始寻找新的机会，并最终决定自立门户创业。后来，小丁和徐老板在广州一家狭小的办公室见面。徐老板主动问他一些问题："你觉得目前你做的项目在行业内的情况怎么样？""我们会是第一。"小丁毫不犹豫地这么回答。客观上讲，当时小丁的项目刚向门户网站迈进，与新浪、搜狐相比，还只是一个刚刚崭露头角的小网站。徐老板当然知道当时小丁做的项目不是门户网的第一，但觉得他很有上进心，不是吹牛，而是有实质的自信。"我觉得企业家有这种精神是很重要的，你有这么一个理想和雄心去做行业排头兵。我投的就是你的这个自信。"

通过小丁的经历，我们可以得出结论充分的自信是创立事业、成就价值的重要素质。

既然自信心如此重要，那么，我们要怎样做才能树立自信心呢？

首先，在平时的工作中要不断地学习，不断地提升自己。阿基米德说过："给我一个支点和一根足够长的杠杆，我就能撬动整个地球。"有如此的自信，那是因为他深入掌握科学的原理。关羽之所以敢独自一人去东吴赴会，是因为他深知自己的本领……正所谓"有了金刚钻，才敢揽瓷器活"。

其次，要有一定的耐心和毅力。有些事情不是一朝一夕就能做好的，需要我们持之以恒地努力。要用长远的目光看待目前遇到的困境，相信我们有能力去解决它，相信自己，最后的成功必定是我们的。

最后，不要总想着自己的缺点，要时刻告诉自己“我是最棒的”“我是优秀的”。每个人都有缺点，完美无缺的人是不存在的，对自身的缺点不要念念不忘。要知道，别人往往并没有那么在意你的缺点。要相信自己，相信自己是最棒的、最优秀的。

大学生应具备的心理素质还有很多，如果大学生求职者能够在以上这些心理素质方面不断加强训练、培养自己，相信一定会逐渐提高自己的综合素质，从而在就业过程中更好地展示自己，更顺利地找到自己心仪的工作。在日趋白热化的就业市场中，是否拥有良好的心理素质越来越成为决定求职成败的重要因素。良好的心态不仅使人沉着冷静、机智灵敏，更能够扬长避短，在求职过程中发挥出自身优势和特点，从而为自己在众多的求职者中展现风采、脱颖而出奠定基础。

三、就业心理调适

（一）自我反省，客观定位

大学生就业中遇到的各种问题和矛盾，很大一部分原因就是对自我认知不清晰，所以，遇到问题要进行自我反省，重新对自己进行客观定位。也就是说大学生首先要正确认识自己，清楚自己的性格、爱好、技能和价值观进行了解，清楚自己的优势与不足，评估自己最适合干什么职业等。通过理性的自我思考，才能客观地对自己进行评价，才能在就业中更加准确地定位自己，为理想的职业目标做好充分的知识、能力和心理准备。进行自我反省，可以避免出现一些就业中的问题，也可以在出现就业问题时很快地厘清并进行解决，很快地调节心理状态。

典型案例

英文专业毕业的萌萌，学习成绩名列专业前10%，大学期间当过学生会的学生干部，也有一定的组织沟通能力，她自认为是一个综合素质强、能力不错的学生，可是，在毕业求职季时，却遭遇了不少打击。她先后应聘过教师、翻译、销售、行政助理等，每次面试自认为表现都不错，但最后都以落选告终。萌萌一度很是挫败落寞，但静下心来，萌萌好好进行了反省，寻找失败的原因。

首先萌萌诚恳地询问了几家公司不录用的原因，然后萌萌又向自己的就业指导老师做了咨询，并且向周围成功应聘的同学请教了经验。最后，她总结了之前失败的原因：首先，自己简历千篇一律，不管什么职位都用一份简历，内容都一样，没有按照求职意向挖掘自己的优势；其次，自己的求职目标不是很明确，教师、翻译、行政助理、销售这些岗位工作相差较远；另外，可能由于自认为能力较强，在每次面试的时候都表现出骄傲的态度，导致公司以为她没有诚意来公司工作……想到这里，萌萌释然了，觉得自己还是应该更加明确一下职业目标，更好地为下一次的应聘作准备，相信凭着自己的不断努力，一定会有美好的收获。

（二）培养自信，正确面对

就业的心理调适中，很重要的一点就是要有自信心，要正确面对就业中的各种问题。求职的过程不可能一帆风顺，不管遇到什么问题，始终都要坚定信心，要敢于面对现实，要培养独立的自主意识，增强竞争理念，放眼未来，相信这美好的新时代一定会给大学生提供广阔的就业和择业空间。当然，毕业生在求职过程中，自己要有正确的自我评价和估量，对求职的期望值不要过高，当理想与现实差距太大时，势必会带来更多的打击，这时要善于自我面对，进行理智的分析。另外，在就业压力中要以平常之心笑对困难，以正确的态度分析挫折，依靠自己的力量顺利地走向社会。

典型案例

某位著名的击剑运动员在一次比赛中输给了水平不比他高的对手。第二次相遇，由于上次失利阴影的影响，这名运动员又输掉了。第三次比赛前，这名运动员做了充分的准备，不仅加强了练习，他还特意录制了一盘磁带，反复强调自己有实力战胜对手，每天他都要将这盘录音听上几遍，提高自信，心理障碍消除了，他在第三次比赛中轻松击败对手。

还有一个例子，心理学家从一个班级的学生中挑选一位最愚笨、最不招人喜欢的姑娘，并要求她的同学改变以往对她的看法。在一个风和日丽的日子里，大家都争先恐后地照顾这位姑娘，向她献殷勤，送她回家，大家以假当真地打心里认定她是位漂亮聪慧的姑娘。结果呢，不到一年，这位姑娘出落得很漂亮，连她的举止也跟以前判若两人。她自豪地对人们说，她获得了新生。确实，她并没有变成另一个人，然而在她身上却展现出每一个人都蕴藏的美，这种美只有在相信自己的时候才会展现出来。

这两个典型的例子都说明了自信对于人取得成功的重要性。

（三）适度宣泄，情绪稳定

在就业过程中难免会遇到递交简历如泥牛入海、面试屡屡失败等情况，虽然双向选择自然就会有大学生不选择单位和单位不选择大学生的情况存在，但遭遇就业失败时，心情难免不佳，因此产生怯懦、逃避、冷漠、焦虑、烦躁、冲动等消极情绪也都是正常的，关键是要及时进行心理调适，适度宣泄情绪，让情绪保持稳定是心理调适的方法之一。

适度宣泄指将心里的焦虑、烦躁、冲动等不良情绪用对人无害的方式发泄出来，以求得心里舒畅，达到舒缓压力的目的。有一种既简单又有效的宣泄办法，就是去空旷的地方对着远方大声呼喊。当然，最好的办法还是倾诉，向父母或者朋友倾诉自己的忧愁、苦闷，在此过程中获得更多的感情支持和理解，增强克服困难的信心。此外，大学生还可以通过跑步、郊游、聊天等方式适度地宣泄自己的情绪，恢复心理平衡；也可以通过写日记的方式，将自己就业过程中积压的不良情绪从笔端流泻出来，以达到平衡心理的目的。

（四）正视挫折，勇于面对

面对激烈的就业市场竞争，找到一份好的工作是需要一个准备、面对、失败、再准备……直到成功的过程的。对于乐观的人来说，挫折是人生的一种挑战和考验，正视挫折和教训使我们成长，使我们变得更成熟。大学生在求职期难免会遭遇各种各样的挫折，但这仅仅是人生的一个小插曲，要敢于正视，不因小挫败而失锐气。在面对挫折感觉惊慌失措、怯懦抑郁时，要想办法调整自己的心态，把挫折视为正常现象，并以积极进取的心态认真总结、不断努力、反复尝试，最终实现职业生涯目标。

当开始求职就业时，有的人也许一开始就很顺利，好的开始固然是件好事，但是一时的失败未尝不是一种财富。大学生在求职过程中保持健康稳定的心理、积极进取的态度，遇到挫折，不消极退缩，认真分析失败的原因，通过后期的努力弥补不足，或者合理化期待值，或者学会如何发挥优势、淡化或转移弱势，或者进一步学会求职的方法、包装自己、面试攻略等，总之，通过努力，终会获得一份满意的工作，开启新一段的人生旅程，同时，这段经历也成为人生的财富。

典型案例

小刘在大三时曾担任院学生会办公室主任。在找工作初期，小刘在和辅导员的谈话中曾谈到，以自己的实力至少要进省电力公司，其他单位的话既然大家都去，他也会去试试看。在应聘初期，小刘先后参加了中广核、三门峡水电站等的面试，除三门峡水电站通过笔试外，其他均在笔试环节被淘汰，在三门峡水电站的面试过程中，小刘因对公司情况不了解而被淘汰。在经历几次挫折后，小刘非常沮丧，他不仅抱怨笔试题目太难、太偏，抱怨面试官过于刁难自己，而且开始怀疑自己，是不是能力不行。在犹豫与蹉跎中，他等来了某省电力公司第一轮招聘，在应聘过程中，小刘由于太过紧张，出现了答非所问的情况，没有被录取。小刘非常痛苦，找辅导员诉苦，辅导员帮其分析了自身的状况，同时分析了其在面试过程中失败的原因，并开导他慢慢来，一步步争取和努力。在后续的应聘中，小刘明显感觉自信心增强，最终在省电力公司第二轮招聘中被成功录取。

（五）保持乐观，笑对生活

爱因斯坦曾经说过："真正的快乐是对生活的乐观，对工作的愉快，对事业的热心。"不管是为人处世，还是工作学习，都应该时刻保持一种乐观的心态，相信事情一定会往好的方面发展下去。在生活中，大学生可以多参加一些娱乐活动，多结交一些朋友，陶冶情操，转移就业压力，一举多得。此外，还应积极参加各种公益活动，在帮助他人的同时从中得到认可与快乐。总之，大学生的职业生涯才刚刚开始，拥有乐观的心态是最重要的，一定要笑对人生。

一些大学生在求职过程中，由于怯于出头，羞于表现，常常给人以唯唯诺诺、缺乏能力的感觉，不能给自己提供施展才华的机会。面对日益激烈的人才竞争，大学生应该抛弃自卑心理，树立乐观意识。在平时注意培养自己良好的人格品质，改变那些不适应自身发展的不良人格品质，培养自信乐观、自强不息、宽容豁达、开拓创新等品质，树立自信心。在求职遇到挫折困境时，要相信自己的能力，不被暂时困难所吓倒，正视现实，放眼未来，要相信未来是美好的，前途是光明的，对自己抱有合理而坚定的信心，定能达到理想的彼岸，找到自己满意的工作，同时，要适时调整自己的不良心理。对求职的期望适度，保持实事求是、知足常乐的心理。有理想、有抱负的青年大学生，更应该怀着一腔热血，到祖国最需要的地方去建功立业、奉献青春。

有一个这样的寓言小故事，有两只小青蛙，不小心掉进了一个装油的坛子里，想跳出来，油太腻，跳不出来；想爬出来，坛子太滑，多次努力没有结果。其中一只想：反正没有希望还游什么呢？这样想着于是越来越游不动了；而另一只虽然疲劳还是坚持游着：只要有力气，我都要游下去！游着，游着，它突然碰到了一块坚实的固体，是黄油在它不停地搅动下凝固起来，它踩在凝固的黄油上一用劲跳了出来——原来成功就这么简单。

（六）学会转移注意力

转移注意力是进行自我心理调适的重要方法之一。当心理问题出现时，我们可以通过环境的改变、参加娱乐活动等方式转移注意力，例如回归大自然、爬山、旅游、跑步、听音乐等，不仅可以放松身心、开阔眼界，而且能在亲近大自然的过程中受到大自然的启发。

目标转移法：大学生如果在求职中遭遇挫折感到烦躁、郁闷，无法集中精力做事时，可以暂时转移一下注意力，换一种方式放松一下烦躁郁闷的心情，最好的方法就是听听音乐，看看电视，上上网，这样做就会分散一下紧张的注意力，让烦躁郁闷的心情能够及时得到缓解和放松。

心理暗示法：心理暗示是一种现象，有积极和消极暗示两种。当你心情不愉快时，如果你采取消极的方法暗示自己，就会使心情"雪上加霜"，会让自己的心情更加烦躁和不愉快。如果遇到心情烦躁不愉快时，应该采用积极的暗示方法，也就是用积极的心态去思考，告诉自己心情烦躁是暂时的，属于正常心理反应，乌云就会散去，温暖的阳光即将到来。还可以回忆从前所发生在自己身上的美好事情，这样做就会缓解由心理压力造成的心情烦躁。

思想交流法：日常生活和工作中，我们每个人都离不开与人交流和沟通。但有一些人则不喜欢与人沟通，不想让别人对自己了解太多，更不想让别人知道自己的心事，无论是遇到高兴或烦恼的事情，都不愿意把自己的心里想法和心理感受告诉别人。这样做的结果就是不仅解决不了自己存在的问题，而且还会增加自己的烦躁心情，长期下去就可能会产生与人沟通的心理障碍。在求职就业中遇到压力和困惑时，遇到烦恼和痛苦时，不妨和身边的朋友倾诉一下，讲讲自己心里的真实感受。这样做你就会把不愉快和烦躁的心情释放出去，心情舒畅了，烦躁和不安的心理也得到了解决，朋友说不定还能给你一些有建设性的建议，这真是一举多得的事情。

第二节　保持良好的就业心态和树立正确的就业择业观

案例导读1

摆正求职心态

某高校园林专业毕业生小明，他很想去上海闯荡一下，所以，一直等待上海的园林公司来招聘。他经常去就业中心询问，刚开始老师对他的勇气比较佩服，但随着聊天的深入却发现，到目前为止，他们系的很多男生都已经去一些小的园林公司实习了，而小明的理想是必须去上海的正规大园林公司，并且必须细化的专业对口，他一直认为小公司不正规，所以，他一直等学院的招聘会。前几天北京东方园林来招聘了，但没细化的具体专业，所以小明就没去。

就业指导老师建议他不要等，应该主动出击联系，去人才市场看看，结果他说也去了，可是园林公司都是要有实践经验的。结果他这样一直从9月份等到12月份。园林系的招聘定在明年的3月份，就业指导老师问他如果上海公司不招聘就这么一直等下去吗？如果上海公司也要有经验的学生怎么办？

小明的就业心态没有摆正，就业范围太狭窄，必须去和自己专业对口的专业就业，还盲目地定位到大城市就业，其他的就业机会都主动放弃，失去了很多的就业机会。最后，大半年过去，当他还在校园里畅想非上海不去而空等时，他的同学们都已经在那些他瞧不起的小园林公司进行项目施工积累经验，而且还都明确了职业方向。

案例导读2

客观定位，积极应聘

小王，某本科院校的一名高职升本学生，学习成绩优秀、思想积极向上、组织协调能力较强，在学校担任学生干部工作，工作做得井井有条且很出色地完成了几次大型活动的组织。在就业双选会上，他向一家央企递交了简历，但单位直接就拒绝了，单位明确表示要招聘本科生，不要专升本、高职升本学生等。小王听了之后没有气馁，也没有灰心丧气，而是继续积极地向用人单位推荐自己，虽然自己不是正常四年制的本科生，但是自己专业水平不输于其他学生，也表达了自己诚挚想要进入公司的诚心和决心，同时，小王看单位招聘位置前学生很多，就帮助单位开始收简历并干一些其他服务类的活。后来，单位主管领导商量给小王一次机会，经过了笔试和面试，小王的成绩都遥遥领先，最后，单位决定破例录取小王。小王进入企业后，踏实勤奋工作，很快在众多的所谓高才生中脱颖而出，成为单位优秀的员工。

案例导读3

无法面对挫折

小张是一个性格比较内向的学生，在校学习认真刻苦，成绩优良，也做过一定的学生工作。随着毕业时间的逐渐临近，她开始为自己的工作忙碌起来，制作了简历，每逢学校有招聘单位来，她都积极地去投简历面试，可是，每次都空手而归。这对她打击很大，看着比自己成绩差的学生都找到了工作，她心里像打翻了五味瓶，很不是滋味。于是，她越来越自闭，越来越自卑，逐渐不想去参加面试了。

从以上的案例可以看出，大学生就业的心态与就业成功有着密切的关系。求职者的求职期望与现实相差太大，求职连续不成功的打击、准备不足造成的紧张等，都会造成求职者的失落、焦虑、忧郁等，表现在就业过程中就会影响就业者的身心健康，增加就业障碍，而这又会反过来影响大学生求职的就业成功率。所以，大学生在求职前就要了解就业面临的各种准备，包括职业目标和外部世界的探索、简历面试的准备、就业途径、合同签订以及心理准备，并懂得适时地自我心理调适，只要制订好客观现实具体的目标，做好充足的准备，并进行适时调整，一定会有很好的就业去向。

一、良好的就业心态

（一）积极的自我认知

自我认知指的是对自己的洞察和理解，包括自我观察和自我评价。自我观察是指对自己的感知、思维和意向等方面的觉察；自我评价是指对自己的想法、期望、行为及人格特征的判断与评估，这是自我调节的重要条件。可见，自我认知包括自我观察、自我评价、自我调节。简单来说自我认识就是一个了解自我的动态、发展自我的过程。

自我认知很重要。比如患有色盲症的人，颜色辨别是有困难的，如果立志当一名画家，肯定会困难重重，实现的概率很小。一名技术员工，转行做管理，如果不会分配任务、管理人员，事事都要自己来做，也会导致管理的失败。这些都是由于自我认知不清晰造成的。

大学生可以通过测评软件、成就事件、价值观清单等工具方法来了解自我，也可以听听亲朋好友的反馈，也可以自己主动与他人比较分析来全面了解和认识自己，来达到积极的自我认知，可向就业指导教师和班主任咨询，也可征求同学、家长和熟悉自己的人的意见。长期学习、工作、生活在一起的人对自己的言行看在眼里，印象很深，对自己的评价会更公正、更客观。当然，在这个过程中，会发现自己的优点，但也会发现自己的缺点，这时，不要陷入自傲或自卑的情绪中，要积极地接纳自我，有效地控制自我，不断地完善自我。

认识自己是就业中的关键一环，知己知彼，百战不殆。在求职过程中，如果对自己的主观评价与社会对自己的客观评价趋于一致，就容易成功；如果主观评价偏高于社会客观评价，往往会导致碰壁、失败；如果主观评价偏低于社会客观评价，则导致信心不足，犹豫不决，很可能会错失良机。因此，认识自我是成功走向社会的必要条件。求职者应了解自己的气质、性格、能力、价值观等，以便确定切合实际的求职目标。

（二）合理期待，理性决策

大学生在求职时首先要建立积极的自我认知，了解自我，同时要了解外部世界，即将要进入的职业行业等职业世界，双向了解之后，制订一个合理的、合适的职业目标，也就是对未来要有一个合理的期待。即合适的目标应和本人具备的能力相当或接近，切勿好高骛远。大学生要学会进行自我分析、自我评价，正确地了解、认识自己，恰当地评价自己，善于确定符合自己实际情况的就业目标，既不妄自尊大，做力不能及的事，也不妄自菲薄而放弃可能发展的机会。

在确立就业目标的时候要避免从众心理，杜绝攀比。确立就业目标要从自身的特长优势、兴趣爱好等自身特点出发，符合社会发展的需要，虽然人人都想要往“高处”走，这种心理是可以理解的，但也要想到这个所谓的“高处”就一定是好的合适的单位吗？一定适合自己发展吗？在就业中不能一味顺应“从众心理”，科学的就业方法应是选择社会需要的并能发挥个人特长的职业，以个人所长满足社会所需。

在确立就业目标的时候也要避免理想主义，及时调整就业期望值，不刻意追求完美的工作。“钱多、事少、离家近”的工作不一定有，也不一定完美，也不一定能体现你的人生价值。人无完人，工作单位也没有十全十美的。

另外，很多大学生积极参加应聘面试，经历了过五关斩六将的通关后，终于收到了用人单位投递过来的橄榄枝。这时，一个新的问题出现了，签约吗？万一之后来的单位更好呢；不签吧，万一以后没有这么好的单位了怎么办？这时，也要拒绝完美主义倾向，理性决策。

选择就业单位时，往往不可能达到各方面都如人愿。千万要克服“主见缺乏症”，培养果断的决策能力。通过分析单位是否适合自己的实际情况、兴趣爱好、特长等；是否有利于自己的未来发展；工资待遇是否符合自己的期待；地域城市是否符合自己或重要他人比如家人亲人的期待；是否能同时照顾家庭和事业等自己看重的一些方面。综合考虑之后，也要勇敢做出抉择，瞻前顾后、犹犹豫豫有可能最终错失良机。

典型案例1

从众心理

某天，一个年轻人，在人来人往的大街上突然停下，抬头仰望着天空。起初，人们不以为然，认为只是天空中的什么东西吸引了男子的注意力。但是，他们发现了不对劲，10分钟后，男子依然保持着抬头仰望天空的姿势。于是，慢慢地，有人加入了进来，一个，两个，三个……街上的人越来越多，他们都驻足仰望着天空，虽然他们都不知道自己在看着什么。终于，那个男子低下了头，他看了看身边的人们，似乎想说一些什么。而人们也注视着他，希望从他的嘴里听到些什么。终于，他开口了：“你们在看什么？”之后，他离开了现场，只留下面面相觑的人们。这就是从众心理的一个非常著名的实验，在这个实验中，那些人或许根本不知道他们抬头的目的或者意义是什么，在看着什么。他们只是盲目地跟着其他人看着天空，并没有自己的想法。他们只是在受到外界人群的影响后，做出了符合社会舆论、与多数人一样的行为与判断。

典型案例2

盲目攀比心理

某高校，小宋同学所学的能源与动力工程专业比较热门，他又是一个在各个方面都比较突出的优秀学生，曾多次获学校综合奖学金、优秀学生干部。但是出人意料的是，到他毕业离校时都没有找好工作。这是为什么呢？原来，小宋在开始找工作时没有立足于正确的择业心态。他来自偏僻的农村，家庭十分清贫，祖祖辈辈都以农耕为生。他从小就立志要刻苦学习，将来要出人头地。大学四年他学习认真、工作勤恳、成绩优秀、能力突出，为自己赢得了很多荣誉，同时也为他的求职择业带来了很多的机会，增强了竞争的实力。他认为自己是班上最优秀的，找工作也理所当然是最好的，所以一开始他就给自己定位，将来的工作一定要是同学中最好的。在开始的几次面试中，本来有比较理想的单位，但他却不急于签约，特别是后来看到有同学签了比较好的单位，更是不服气，心想一定要胜过他们。于是以后只要有用人单位来招聘，他都要去看一看。他的做法渐渐引起了许多同学和用人单位的不满。因为他的出现，使得其他同学相形见绌，失去了被录用的可能；而当用人单位选定他而拒绝别人后，他又犹豫不决，再三拖延。同学们对他的行为十分反感，有的甚至非常愤怒。一些用人单位也因为他而耽误了人才的选用，因此十分生气，从而影响到学校的声誉。老师对他进行了批评教育，并表示不再推荐他参加任何面试。此时的他并没有认识到自己的错误，校内不行就往校外跑，穿梭于社会上形形色色的招聘会。由于总想要最好的，总想要超过其他同学，以至于到毕业离校前，工作还没有着落。

（三）情绪健康，积极适应

大学生在求职的过程中要保持稳定良好的健康情绪，积极适应求职中由于竞争、理想与现实的差距等带来的一些问题，首先要克服自卑、胆怯的心理。当前，由于多种因素的影响，在就业过程中，摆在大学生面前的是希望与痛苦并存，失望与机遇同在，严重的自卑胆怯情绪会导致心理失衡，稳定而良好的情绪会使人心情开朗、轻松、安定、精力充沛。因此，学会克服自卑、胆怯情绪，是就业成功的基石。

就业是一个双向选择的过程，既有你选择单位的方面，当然也有单位选择你的时候，所以，求职被拒是很容易遇到的挫折。遇到挫折，不消极退缩，这在就业求职中也很重要，不怕挫折，采取积极的态度解决问题。遇到挫折，要认真分析失败的原因，是主观努力不够还是客观要求太高？是客观条件苛刻，还是主观条件不具备？也可以请自己的老师或有经验的亲友帮自己一起分析，通过认真分析，才能心中有数，才能更好地调节心理，才能在以后的求职中更好地扬长避短，增加经验，取得成功。

就业中要保持自信，避免过度焦虑。在求职中，一点焦虑感都没有也不太现实，因为就业总会带来压力，如果一点压力也没有，则或者是家里已有工作安排，或者是自己干脆不想找工作。只要找工作，自然就会遇到各种各样的问题，比如面试的失败，身边小伙伴找到了满意的工作而自己尚未有着落，这些都会令你产生焦虑。产生焦虑并不可怕，每个人遇到这样的困难和挫折都难免会焦虑，关键是如何面对？如何消除焦虑？如果这家公司不成功，也许只是不适合，求职这件事主要是看岗位和自己的匹配度，并不是这个求职者不好，那个求职者好，仅仅是哪个更适合而已。所以，一定不要灰心，也不要过度焦虑，焦虑的心情很有可能影响自己面试的状态和发挥，多总结面试经验，看看自己有哪些差距，努力弥补，一定有更适合你的单位在等待着你，只要你不断努力、积极争取，一定会取得求职的成功。

典型案例

自卑焦虑造成求职失败

某高校需要选用一名心理学专业的毕业生从事心理健康教育与咨询工作。因为有良好的专业基础和比较充分的面试准备，成绩优秀的毕业生梅梅从十几个竞争对手中脱颖而出，成为面试场上主试官关注的焦点。如果不出意外，此人选非梅梅莫属了。考核的最后一关是课堂试讲，但不承想半路杀出个程咬金，去北京参加考研面试回来的同班同学林林，因外语一分之差考研未能成功，听到这个招聘信息，觉得机会难得，带着推荐材料去了那所高校人事处，对方对其也比较满意，综合两位同学的条件，最后决定以试讲情况定取舍。来了个强劲的竞争对手，本来觉得稳操胜券的梅梅这下慌了，她觉得林林成绩很好，平时又特别能说会道，这回说不定自己就完了。越是这样想越是紧张，以至于去试讲的头天晚上因为焦虑几乎失眠了。第二天站在讲台前，虽然做了充分的准备，但因为自卑、紧张，自己晕晕忽忽，根本就发挥不出正常水平。而林林则镇定从容、挥洒自如，结果不言而喻。

（四）直面现实，勇于竞争

当前，毕业生就业形势依然很严峻，受疫情的影响，一些企业的效益受到严重的影响，企业人才发展自然也受到限制，另外，就业市场的不均衡也依然存在，沿海繁华大城市人才竞争激烈，西部偏远地区人才需求量大。作为毕业生应该正视自身、面对现实、敢于竞争，同时，也应该树立把小我融入大我的情怀，把自己的梦同中国梦结合起来，到祖国最需要的地方去建功立业，实现自己的人生价值。

大学生就业制度的改革为毕业生和用人单位提供了“双向选择”的机会，使大学生能够根据国家的就业政策，结合自己的专业、爱好、性格、特长、愿望等选择工作岗位，可以通过适当的途径和方式展示自己、推荐自己，获得用人单位的青睐。大学生应当珍惜这个机会，敢于竞争，努力实现自己的抱负。

要做到敢于竞争，就要树立竞争意识，敢想、敢说、敢干，有敢为天下先的精神；还要从实际出发，充分考虑到自己的专业、性格、气质、爱好等，扬长避短；并且要靠真才实学参与竞争，不能互相拆台或不讲信誉；同时还要做好经受挫折的准备，求职择业的过程中充满竞争，失败在所难免，有了充分的思想准备，才会成为竞争中的强者。

大学生要想在求职择业中取得成功，仅仅做到敢于竞争是不够的，还必须善于竞争。善于竞争体现在具备良好的心理素质、实力和良好的竞技状态。在求职面试时一定要轻松自如，特别是要克服情绪上的紧张和焦虑；同时还要做到仪表端庄、举止得体、交流表述清晰，采用适当的方式推荐自己，给用人单位留下良好的第一印象，争取在激烈的就业竞争中取胜。

实际求职中，有些同学缺乏竞争意识，不敢积极主动地迎接挑战，有的坐在家里，守株待兔，等待机会找上门来；有的同学觉得自己比较平凡，大学四年没有学生干部经历，也没有获得过什么奖励，自认为自己没有什么竞争力，在求职中自惭形秽、不敢竞争、甘拜下风，到了快毕业时，草草找个“婆家”把自己“嫁”出去了事，特别是有些冷门专业的学生，因为就业市场比较狭小，就焦躁不安，对自己前途悲观失望，甚至有的学生只要有单位愿意签约，也不考察一下单位，闭着眼睛就签。这些都是不科学的、不积极的就业心态。任何人都有自己的优点，只是你没有挖掘自己的优势而已，没有奖学金和干部经历，说不定你的诚实守信或实习经历等都会为你带来机遇，即使你的专业就业范围窄，但很多和专业相关的、不相关的岗位也都会向有志发展的青年学子敞开大门。所以，只要你敢于竞争，善于竞争，就一定会有“你自盛开，蝴蝶自来”的美好。

典型案例

辅导员答疑解惑

辅导员张老师通过走访毕业生寝室得知，临近毕业，某寝室的6位女生最近情绪不太好，成天唉声叹气，打不起精神。究其原因，原来这个专业的就业市场不景气，在几次大型招聘会上，需要这个专业的单位比较少，待遇又不太好。看到同届其他专业的同学都陆续拿到了与用人单位签订的就业协议书，本专业同学签约的寥寥无几。同寝室只有两人与用人单位签约，且单位离家很远，单位情况到底怎么样也不清楚。毕业后究竟何去何从，签约的与未签约的，大家都觉得前途渺茫。这个寝室弥漫着郁闷、焦虑、浮躁、不安的情绪。在堂堂的名牌大学学习了4年，因为专业的缘故，毕业就要面临失业，她们说起就业，禁不住声音哽咽、眼圈泛红。她们决定，工作不找了，听天由命，有单位要就去待两年再另谋发展，没单位要就跨专业考研。辅导员得知情况后，帮她们分析了一下就业市场的形势，分析了她们每个人的优势，又介绍她们去学校的就业指导中心去参加就业指导和培训，后来，这几位学生鼓足了勇气开始寻找新的就业机会，陆续在专业相关企业、专业不相关的企业管理培训岗位、中小学教师岗位等找到了心仪的工作。

二、如何保持良好的就业心态

就业心态是大学生在求职就业的过程中，在涉及有关就业问题时，具体的心理状态，如期待过高过低带来的心理变化、做就业决策时的纠结心理、求职失败的沮丧心理、不敢直面现实的胆怯心理等，表现出的焦虑、失落、抑郁、情绪高涨、信心百倍、犹豫不决等现象。大学生的就业心态与他们的个性品质、个人能力、职业价值观等有关，也与他们在就业时遇到的情景有关，如就业顺利或遭遇挫折表现出的状态肯定不一样。良好的就业心态有助于大学生正确面对就业挫折，有助于大学生更好地明确就业目标，有助于大学生做好毕业就业准备，从而顺利就业。那么，如何能保持良好的就业心态呢？

（一）克服自卑，建立自信

在求职就业的过程中，自卑往往会带来一些阻碍，比如对自我的不了解导致自我评估不清晰，对外部职业世界了解得不清楚无法确定合适的职业目标，这些都会给就业的顺利进行带来阻碍。所以，我们要克服自卑。

自信是求职成功的心理基础。苏格拉底曾经说过："一个人能否有成就，只看他是否具有自尊心和自信心这两个条件。"自信是打开成功之门的金钥匙；自信是无边暗夜的熊熊火把，是茫茫大海中的指明灯。莎士比亚也曾说过："自信是走向成功的第一步。"在许多成功人士的身上都有一个共同点，那就是自信，因为自信能够催生出毅力、决心、斗志和坚韧，而这些都是成功必不可少的因素。

自信是成功求职的关键因素。自信的人对自己有明确客观的评估，敢于坦率地介绍自己，大胆地推荐自己，把握求职的主动权，从而成功获得就业机会。但是，在建立自信的同时，也要注意不要走向极端，过度的自信就是自负，自负就会目空一切、狂傲自大，不再谦虚听取他人的建议和意见，最后导致失败。

建立自信心就是要看到自己的长处和优势，也要清楚自己的劣势，认识到别人也不是一定什么都比你好，你也不是什么都不如人，不要把招聘者神圣化，他们同你一样，也是普通人，不要对招聘人员存在畏惧感。另外，不要老想着自己的缺点，每个人都有自己的缺点和不足，也有自己的优点和特长。多想想自己的优点、优势和特长，即使有缺点，对这一工作来说也可能是优点。通过这样的暗示作用，可以增加自信，消除紧张。

那么，我们如何来克服自卑，建立自信呢？

1. 积极行动，弥补不足

自卑的人往往非常清楚和在意自己的不足，这就促使其努力学习别人的长处，努力发展自己的长处，用来弥补自己的不足。比如一个不善于表达甚至有点口吃的人，为自己的不足而深深的自卑着，为了弥补这种不足，他或者是苦练口才，从最开始的发音开始，甚至通过嘴里含着石子说话、朗读来练习，直到最后不仅克服了口吃的毛病，并且在语言表达、演讲方面甚至超越了一般人。

2. 乐观面对

有些自卑是由于在求职过程中遇到失败造成的，这时需要正确地、积极乐观地面对失败。首先，要做到坚忍不拔，不因挫折而放弃追求；其次，要注意调整期望值，降低原来脱离实际的、过高的目标，及时改变调整策略；最后，通过点滴的进步来激励自己，比如虽然这次求职失败了，但是你有了求职的经历，为下次求职成功积攒了经验，这有助于你下一次的成功求职。所以，这也是你的局部成功，用局部成功来激励自己也是克服自卑的方法；不断寻求更多的心理调适方法，提高心理承受能力。

3. 突出自己，挑前面的位子坐

通过经常在各种场合坐在前面来锻炼自己的自信心，因为敢于将自己置于众目睽睽之下，就必须有足够的勇气和胆量，也要有一定的心理准备，养成习惯后，就会变得越来越自信。铁娘子撒切尔夫人从小就非常自信，她在任何场合都要坐在前面或站在前面，和小朋友玩游戏要做带头组织的，在学校里无论是学习还是组织活动都要争取排在前边，甚至连坐公交车她都坐到前排去……正是她这种自信和不服输的精神，使她逐渐变得非常优秀，逐渐走向了成功。

4. 正视别人，正视自己

要敢于正视别人，在一些社交场合，在人际交往中，敢于和别人进行眼神的交流。正视别人，是积极心态的反映，是自信的象征，更是个人魅力的展示。也要敢于正视自己，这指的是如果你敢于正视自己的缺点和不足，你就会逐渐变得自信起来。

5. 昂首挺胸，快步行走

身体的动作是心灵活动的结果。那些遭受打击、内心自卑的人，走路都拖拖拉拉、没有精神、缺乏自信。反过来，通过改变行走的姿势与速度，有助于心境的调整。通过改变走路的姿势锻炼自己的自信，走路的时候加快速度，步子迈得大一些，仿佛告诉别人，你要到一个特别重要的地方去，去做一件非常重要的事情，所有的困难和障碍都将被你跨越！昂首挺胸、步履轻快、大步往前走会给你带来明朗的心境，会让你逐步建立自信。

6. 练习当众表达

大庭广众讲话，需要巨大的勇气和胆量，这是培养和锻炼自信的重要途径。所以，不论参加什么活动或者什么性质的会议，都要尽量争取主动积极发言。如果你开始不敢当着很多人的面说话，那么，就从面对一个人、面对两个人开始练习。

7. 学会微笑

微笑能给人带来自信，它是医治信心不足的良药，它能够治愈自己的不良情绪，还能够增加别人对你的好感，这种好感能使你充满自信。即使有时情绪比较低落时，你也要笑一笑，哪怕对着镜子笑一下，也能让你阴霾的心情转晴，所以，经常笑一笑，有助于你建立自信。

典型案例1

自卑带来不战而败

毕业季，用人单位到学校招毕业生时，小李去面试，可没有几分钟就被淘汰下来了。原来，正式面试前小李得知与其一起来应聘的有重点大学的“高手”，因而深信自己无用武之地，一时间信心全无，甚至想打退堂鼓。自信心不足是自卑的心理表现。心理学家认为，自卑属于性格上的缺陷，表现为对自己的能力和品质做出过低的评价。青年人对与别人的关系和别人对自己的评价非常敏感，因而自尊心很容易受到伤害，尤其是面对有竞争性的活动，怕受到挫折被嘲笑而采取“退避三舍”的态度。而求职并非一般性的竞争活动，如果在有限的机会面前畏缩退让、精神不振，只会让本该属于自己的工作白白丢失。

典型案例2

自信带来胜利

小泽征尔是世界著名的交响乐指挥家。在一次世界优秀指挥家大赛的决赛中，他按照评委会给的乐谱指挥演奏，敏锐地发现了不和谐的声音。起初，他以为是乐队演奏出了错误，就停下来重新演奏，但还是不对，他觉得是乐谱有问题。这时，在场的作曲家和评委会的权威人士坚持说乐谱绝对没有问题，是他错了。面对一大批音乐大师和权威人士，他思考再三，最后斩钉截铁地大声说：“不!一定是乐谱错了!”话音刚落，评委席上的评委们立即站起来，报以热烈的掌声，祝贺他大赛夺魁。

原来，这是评委们精心设计的“圈套”，以此来检验指挥家在发现乐谱错误并遭到权威人士“否定”的情况下，能否坚持自己的正确主张。前两位参加决赛的指挥家虽然也发现了错误，但终因随声附和权威人士们的意见而被淘汰，小泽征尔却因充满自信而摘取了世界指挥家大赛的桂冠。

（二）消除紧张

大学生要在求职中注意克服和消除紧张情绪，许多求职的失败，并不是因为求职者不具备工作适应能力，而是因为在求职面试中过度紧张，使招聘者对应聘人员的综合素质产生了怀疑而造成的。因为面试不仅要考察你的专业技术能力，也要考察你的临场应变等综合能力。那么，我们如何才能克服紧张情绪呢?

1. 承认紧张，接纳自己

面对考试，尤其是决定职业生涯的关键性考试，任何人都会紧张，只是紧张程度不同而已，所以，承认自己紧张没什么大不了的。如果实在难以消除紧张，也可以坦率地告诉面试方："对不起，我有点紧张。"这时，面试方一般也都会表示理解，甚至会安慰你，帮助你放松。坦率地承认自己的紧张，心情也会慢慢地平静下来，紧张的情绪就会逐步消失，而且，面试官也会认为你比较诚实、坦率，所以，承认紧张，接纳自己，是消除紧张方式之一。

有时采用破釜沉舟、背水一战的态度面试，也能消除紧张。有一位大学生连续六次都因为在面试时紧张而惨遭失败，当第七次面试来临的时候，她抱着"豁出去"的想法，心想大不了还是被拒呗，这次的面试反而没有了以前的那种紧张，而是变得轻松、豁达，得到了单位的青睐，顺利签约。

2. 正确看待面试

面试很重要，因为关系到是否被录用，所以，一定会给你带来压力。正常来说，有一定的压力会促使你更加重视这次面试，从而提前做更多的准备，准备得充分会有助于你成功地应对面试。但是，如果你把面试看得过分重要的话，总是担心万一面试失败而失去工作机会，就会加重心理负担，增加紧张感，反而不利于面试的进行。所以，既要重视面试，又不要过度担心面试。

3. 放慢说话节奏

控制说话速度也有利于减少紧张。在紧张的情况下，说话速度会越来越快，进而使思维混乱，讲话的内容也会条理不清，甚至张口结舌，对方难以听懂你要表达的真正含义，同时，还会给人以慌张或有气无力的感觉。这时，放慢说话速度有助于稳定情绪和理顺思路，从而保证口齿清楚、思路清晰、有条不紊。当然，放慢速度要适当，不要故意把话音拖长。

（三）克服羞怯

羞怯是一种普遍的情绪体验，一般是由于性格比较内向、在众人面前表达的机会少、受到过挫折等原因而过多地约束自己的言行，不能大方地表达自己真实情感的一种表现。羞怯情绪较大的人在招聘者面前会有一种很大的压力，不敢直面对方，常常在面试时出现脸红、冒汗、张口结舌等现象，过度重视自己的言行给别人留下的印象，生怕表现得不好，生怕自己在别人面前出丑。实际上，越是过分在乎自己的言行举止，越是过度敏感，反而会越紧张，越无法恰当地表达和控制自己的言行，这种不自然的表情和行为更进一步加剧了紧张心理，势必会影响在应聘时的发挥，给就业成功造成障碍。那么，怎样才能克服羞怯的心理呢？

1. 不要过度在意别人的评价

羞怯感强的人最怕得到否定的评价，结果越害怕越不敢表现自己，越不敢与人交往，恶性循环使他在羞怯的漩涡中越陷越深。其实，被人评论是正常的事，试想一下，当我们在观看表演时，我们又何尝不评价演员呢？我们在上学时难道没有评价过老师们吗？所以，不要过度在意别人的评价，可以把别人的评价客观地作为改善自己的动力，而不能让其成为自己的精神压力。

2. 多练习、多锻炼

了解了自己容易羞怯的情况，可以通过多练习锻炼逐渐有意识地克服。首先，可以在熟人面前练习面试的常见程序和问题，也可以自己对着镜子练习自我介绍以及常规问题的答复，锻炼自己的表达能力，培养自己对羞怯的心理抵抗力；然后，可以多去参加一些人才交流会和各种双选会，可以先从容易的事做起，如在熟人的范围里练习面试，锻炼自己的表达能力，培养对羞怯的心理抵抗力；最后，遵守循序渐进的原则，扩大范围、增加难度。要尽可能地参加各种类型的“人才交流会”和“毕业生供需见面会”，把它们看成是锻炼自己的机会。在有意识地克服羞怯心理的过程中，对每一个机会，都必须做好充分的准备，以获得好的效果。

3. 学会控制自己

心理学的研究表明：一个非常怕羞的人，当他在陌生场合讲出第一句勇敢的言语后，随之而来的将不再是新的羞怯，而可能是顺理成章的演说。所以，关键在于开始，学会控制自己，每当自己感觉紧张时，就暗示自己，把对方当作自己的熟人或朋友，提醒自己镇定下来，什么都不要想，这样，羞怯的心理就会降低很多，只要你勇敢地说出第一句后，之后就会顺利很多。

4. 勤学习、多准备

在面试之前，要多学习一些求职面试的知识或技巧，对自我的材料非常熟悉，对招聘方也应该提前了解，包括单位的企业文化、规模、产品、市场等都要做好攻略，当你准备得非常充分的话，自然就会减少羞怯。就像背诵一篇作文，当你已经背得滚瓜烂熟的时候，就会变成自动化的输出，自然就会减少怯场。

（四）善于化解求职的心理压力

面对求职时的心理压力，大学生要勇于面对，善于化解，积极调整心态和自我减压。

1. 善于调整求职心态

大学生对求职择业要有正确的认识，求职择业很重要，是走向社会的第一个转折点，是自己未来职业生涯很重要的一个环节，但是，也要把求职就业择业仅当作一个当下的选择而已，要抱有一颗平常心，对于人的一生来说，这只是一个职业的选择，铁饭碗定终身工作的时代早已远去不复返，很多事业单位、科研院所也都是合同制，也有公务员中途辞职经商的，也有在企业工作多年又考取公务员的。而且，工作和生活也有一个动态的平衡，所以，找到满意的工作不要沾沾自喜，暂时找不到工作也不要悲观失望，要对求职择业保持信心、耐心和恒心。

2. 注意自我减压

对于求职就业的大学生来说，被单位拒绝的话一定会产生挫折感和失落感，这也是非常正常的，尤其是面对自己心仪的单位。这时，要自己注意减压，可以分析求职失败的原因，寻找自身的不足，总结经验教训，改变求职的策略，为下一次的求职成功做准备。也可以通过和家人朋友倾诉、健身运动等方式减压，使自己尽快从求职失败的挫折感中走出来。

（五）调整就业期望值

面对严峻的就业形势，大学生要从以下方面合理调整自己的就业期望值。

1. 不要盲目与人攀比

就业期望值一定要合理，没有最好的，只有最适合自己的。根据自己的专业、技能、经验等优势，结合自己的兴趣爱好，选择一个符合你的期待值、相对待遇不错的单位是比较合理的。不要盲目地去和他人做比较，每个人都有自己的职业生涯道路，在求职择业过程中，由于许多复杂的主客观因素的存在，人与人之间有许多情况是不可比也无法比的，比来比去，除了增加个人的烦恼，对求职没有任何帮助，也没有任何实际意义。

2. 要适时调整就业期望值

对于求职者来说，求职的期望值越高，一旦遭遇失败，失落感就会越强烈，心里承受的压力就会越大。大学生在求职择业时，要处理好就业理想与就业现实的关系，认清就业的形势，正确地评价自己，不要定位过高，当然，也不可以定位太低，随便“捡到筐里就是菜”。定位不应该以薪资多少为绝对评价标准，以符合自己兴趣爱好和职业价值观、自己又有能力胜任的，将来打算在这一行业或这一职业领域发展的为标准。

典型案例

小华，某高校本科毕业生，中共党员，担任过班级学习委员、学生会主席，曾被评为优秀学生干部，多次获得专业奖学金。身高1.75米，相貌英俊。在毕业生供需见面会上，相继被几家单位看中，但他嫌公司规模不够大，条件也不是太好，不是很中意，况且自己条件好，不怕找不到好单位。他给自己的定位是进入沿海或中心城市的大公司，至少也要留在省城。后来他又陆续参加用人单位的面试，因为与自己心中的目标还有一定距离，因而在面试中要么是冷眼旁观，很随便地回答面试官的提问，要么中途退出。在等待与寻找中，转眼就到了5月底，看到很多同学都拿到了与用人单位签好的协议书，他心中不免也有些着急。刚好省城有个刚升格为大专院校的学校需要一名辅导员，小华的老师看到他工作尚无着落，就向用人单位推荐了他，请一位与该学校有一定渊源的老教授出面向校方力荐。该学校看了小华的材料，听了老教授的介绍，对小华比较满意，并通知他去学校面试。

但小华犹豫再三，还是没去，并且推荐自己的另一位同学去参加面试。他这样做不完全是为了帮同学，主要是他心中牵挂着上海有两家公司对自己有意，虽然还没见面具体洽谈，但他觉得自己条件还可以，对单位也比较满意，想力争去上海，但后来几经周折，他进军上海的愿望没有成功。毕业后小华又相继找了很多单位，有学校、公司、企业，但不是自己不满意，就是没被对方看中。后来，他去肯德基公司工作了半年，从普通服务生做到经理助理，但总觉得离自己的梦想太远。于是，他又应聘到省城的一家电视台，做了半年的实习生，因为竞争太激烈，最终未被录用。毕业一年多以后再见到另一位同学，他已经是一所学校的学生辅导员，而这所学校就是他曾拒绝的那所大专院校。这时，正好这所院校又在招聘辅导员，小华在应聘前做了很充分的准备，通过层层考核，终于从众多的竞争者中脱颖而出，赢得了这个职位。

历经种种磨砺，兜了一圈，最终回到了起点，谈起这些，小华真是感慨万千。

三、树立正确的就业择业观

当下，中国经济腾飞，社会发展瞬息万变，高校学子站在两个一百年的历史交汇点，站在中国现代化建设的关键时期，更是站在自己人生角色身份转变的重要节点。大学生是建设祖国必不可少的栋梁之材，是社会前进不可或缺的关键齿轮，值此特殊时刻，更是应该树立正确的择业观，为祖国建设添砖加瓦，为社会发展贡献力量。

第一，树立正确的择业观，首先要对就业大环境有清晰的认识和理解。2019年末席卷而来的一场疫情，带来了全球经济持续低迷的现状。我国GDP增速减缓，出口行业严重受损，相关产业受到重大影响，其中也波及就业市场，使得就业问题尤其突出。加之中国本身的人口总量和劳动力规模巨大，近年来各大高校不断扩招，大学生的数量呈近乎指数倍增长，导致各行各业人才都在趋于饱和，所以大学生毕业后的竞争力逐渐变差；而且，劳动市场发育不成熟，用人机制不健全，就业机制不科学，就业信息不畅通，这些都使得现今就业形势并不乐观。大家普遍向往的高薪资、工作轻松的白领岗位早已爆满，那些陈旧的就业认知和传统观念更是应该抛弃，所以，应降低期待值，树立适应当前就业环境的意识，有危机感，理解和把握就业政策，积极适应经济建设和社会发展的需要，遇到困难不退缩。只有这样，我们才可以实现自己的人生价值、目标和理想，为祖国的建设做出贡献。

第二，我们应该正确认识自己，树立职业理想，进行科学的职业规划。职业不仅是每个人谋生的方式和手段，也是个人为社会做出贡献的必要条件。因此，我们应该将就业视为服务于社会的体现，并关注其自身生命价值的实现。我相信大家无一不对自己未来所从事的职业有美好的畅想和追求，希望自己能够有所作为，成就一番事业。但这首先要认识自己，对自我的性格、能力、爱好有充分的认识，通过科学、理论的分析，清楚自己的优势与劣势、特长与不足，根据自己的意愿，结合自己的专业和社会发展需要挑选适合自己的职业生涯路线。不一味地只追求自己想干什么，也要考虑自己可以干什么，想明白自己想干什么、能干什么、会干什么，对自己进行精准定位，把握社会人才需求的动向，将社会需要作为始发站和终点站，把自己的个人理想与社会主义现代化建设的伟大实践相结合，让理想照进现实，结合自身兴趣确立与市场经济相适应的职业目标，既要力所能及，又要结合实际，还要考虑后续发展。

第三，要有积极乐观的就业心态，提升自身素质和能力。就业是一种社会竞争，有竞争就有风险，在这种竞争中无论是谁都没办法永远立于不败之地，失败的案例更是从来屡见不鲜，所以我们要对择业中的挫折有充分的思想准备，把其看成锻炼意志、增强能力的机会，绝不因此而意志消沉、一蹶不振，反而要认真分析失败的原因，摆正位置、调整心态，变压力为动力，使自己能从容、冷静地面对一切艰难。你们本身年轻，所有的坎坷只是一时的输赢，最差不过是从头再来，要对前路的荆棘和沟壑有充足的认识，要勇敢面对人生的苦与难，做足心理准备。而要想建立强大的心理，首先得提升个人的专业能力和素质。必须克服消极懒惰思想，充分利用大学的这段美好时光，面对自己的职业规划，有针对性地进行知识储备和社会实践，努力学习专业知识，务实理论基础；积极参加课外实践活动，增长才干，把自己培养成社会所需要的人才。机会垂青的永远是有准备的人，只有真才实学才能给你自信，让你勇敢前行，以适应社会变化和多种岗位，顺利就业。

第四，我们应该降低择业期望，扩大择业领域。所谓职业期望是指求职者对他们的物质和精神需求的满足。每个毕业生都希望毕业后能找到一份更能满足自己物质和精神生活需要的工作，但我们必须看到，这一要求受到自身条件和客观因素的限制。要树立跨地区、跨行业、跨所有制、跨国界的综合就业观念，转变观念。只要这个职业是合适的，我们就能实现自己的价值，为社会、行业、系统和地区发出光芒和温暖。不要人为地认定某些职业才是大学生该做的工作，某些职业不是大学生该做的工作，打破这些条条框框，不给自己设限，在大学生就业市场，拓宽自己的择业渠道，降低自己的择业期望值，扩宽择业领域。

第五，要转变陈旧的择业观念，结合社会的需要理性就业、勇敢创业。现今中国正处于并将长期处于社会主义初级阶段，祖国建设需要大量有知识、有技术的人才。作为一名大学生，要认清我国的社会发展趋势，根据社会需要调整自己的择业标准。从实际出发，不再以“沿海大城市”作为首要择业条件；不以“定位高、名声好、轻松又高薪的白领”为择业目标；不以金钱物化衡量人生价值，转变传统的择业观念。着眼于自己的实际能力，结合社会需要，理智选择自己的职业。然而只有就业的思想准备是不够的，还需要有创业的勇气。现代社会飞速发展，市场出现了很多新的需求、新的职业，要有创业的意识，开拓新天地的无畏精神，建立创造性思维，把握创业的机遇，破除依赖心理和胆怯心理，勇敢接受挑战，拓展职业生活，创造自己的事业，还能帮助他人就业。而要创业，必然是困难重重，要有一往无前的勇气和冲劲，把握市场经济需求，面向未来，自主创业。

随着社会的不断发展，作为学生要实现更好的就业，必须树立正确的择业观。要认清工作环境，正确认识自己，树立职业理想，进行科学的职业生涯规划；要以积极乐观的就业态度，提高自身素质和技能；降低择业期望，扩大择业范围；要转变择业观念，结合社会需要，合理就业，大胆创业。放眼现实和未来，我们不应该目标过高或被动。只有为工作选择设定正确的价值观，我们才能拥有更美好的明天。

拓展阅读

毕业季来临，聚焦毕业生就业心理问题

在国内外环境不确定因素增多的情况下，如何促进高校毕业生就业备受社会关注。日前，国家决定将部分减负稳岗扩就业政策期限延长到今年底，确定进一步支持灵活就业的措施；教育部以优化就业服务、用好就业政策、推进就业育人等措施促进高校毕业生就业创业；人社部也会同有关部门以实施促进高校毕业生就业创业计划为统领，政策支持和服务保障并举，不断推进毕业生就业工作……

国家政策一路向好，权威媒体近日也发表评论，呼吁对近年就业形势要保持乐观态度，要有充分信心。记者在调查中发现，就业形势虽然在稳中向好发展，但毕业生在就业时容易产生缺乏自信、过度焦虑等复杂的就业心理问题。

1.理想与现实碰撞带来的失落与沮丧

“学服装设计专业的同学梦想着毕业后成为服装设计师但最后成为淘宝直播的模特，音乐专业的学生想成为歌唱家最后做了音乐教师，土木工程的学生想成为建筑师最后天天在工地上‘打杂’……”应届毕业生张丽说。这是他们同学之间经常调侃的“段子”，从一个侧面反映出大学生理想中的职业和现实中的就职存在一定的落差。“求职时多种原因导致她一度很沮丧。”张丽坦言。自己在校期间一直不断夯实专业能力，除了拿国家奖学金外，还在广州知名媒体单位实习，本以为能顺利签约实习单位，但最后却以业务能力不过关而被结束实习。

不是很能接受该结果的张丽咨询了其实习期的领导，听到了一些“也不是你业务能

力不好，而是全媒体记者需要从事拍摄采访等多项工作，单位倾向于招聘男性。”等原因。“如果好一点的单位都有这样的招聘规则的话，那我无论怎么提升自己的业务能力都是空谈。”这让她感觉到很不公平，一时间不知道从哪里下手去重新找工作。

在高校从事学生心理健康咨询工作的教师盛倩表示：毕业生在就业时因现实与理想的差距而产生落差心理是很常见的心理问题，毕竟很多学生经过了十几年的寒窗苦读，正准备在属于自己的专业领域开创一片新天地，却遭遇了现实的“当头一击”。一次次碰壁会将他们的热情和理想慢慢消磨，从而使其对现实生活抱沮丧的态度，这种心理必须要及时进行调节。

“可以咨询学校的心理老师，听听老师讲述一些克服现实阻碍并取得成功的案例，重新找到一个较为合理的职业目标，缓解沮丧情绪。”盛倩建议。高校还需要在毕业生离校前多开展心理教育讲座，不必掩盖职场上可能存在的学历歧视、性别歧视等问题，帮助他们树立适当的职业目标。

2.与他人攀比引发自卑和嫉妒心理

再次听到同宿舍的同学应聘成功，刘璐坐在宿舍默默伤神，当天也没跟同学们一起去食堂吃饭。刘璐宿舍一共有6个人，除她之外的5个室友都已经顺利将自己“推销”了出去：考研的顺利考研，考公的顺利进入了面试，找工作的也都敲定了“东家”。只有她一个人没有找到工作，因此产生了强烈的自卑情绪。

“感觉自己好像是同学中最差的那一个，也是被用人单位看不上的那一个，现在我都不敢投递简历了。我会不会给专业的就业率拖后腿？”刘璐只得找系里的辅导员求助。

记者在调查中发现，毕业生会在就业时产生攀比等心理，部分原因是出于高校过分强调就业率而给他们带来的压力。“高校促就业不能只盯着就业率这个数字。”教育部高校学生司司长王辉曾就此问题表示要把立德树人融入就业工作各个环节，始终以服务国家重大战略需求和助力学生成长成才为工作目标，引导更多毕业生到祖国最需要的地方就业创业、建功立业。

3.行动与想法不对等所致的焦虑

“一些毕业生缺乏工作经验但对薪资的要求却不低，招聘会一场一场举办但是毕业生的身影还是不多……”从事人力资源多年的HR李鑫鑫对部分毕业生有些看法。她介绍，以湖南省为例，“百日千万”专项招聘会等各种招聘活动的举办已为求职者提供了很多求职机会，但很多企业依旧为招工难而发愁。

在她看来，这种现象的出现与很多毕业生在行动上有所欠缺不无关系。“我面试了一些毕业生，他们中有人确实对当下严峻的就业形势产生了严重的焦虑情绪。”李鑫鑫坦言。2021届全国普通高校毕业生总规模909万，同比增加35万，而由于疫情影响，留学生毕业回国就业等多方压力使得今年的就业形势较为严峻。但她同时也建议毕业生不能一直处于被焦虑占据的生活中，而应该有切实的求职行动，毕竟，只有勇敢地迈出第一步，去求职才能有成功的机会。

作为心理教师，盛倩也建议毕业生在就业时如果有了“心病”一定要及时“医治”，找老师、父母和学校的心理咨询师缓解压力，不要让心理问题影响了自己的求职季。“学校也会在考研成绩公布等关键的时间节点安排讲座，梳理他们不同时期可能产生的心理问题，心理咨询老师也会为敏感的学生进行有针对性的心理疏导。”盛倩说。

业内人士分析，目前许多高校在大学生心理健康教育上还存在师资不足等情况，应该进行完善和改进。“完善毕业生在就业时可能出现的心理问题危机干预机制；完善考研、考公等方面的专业指导和服务体系；完善学校心理健康咨询教师的培养和晋升体系等。这些措施能在帮助学生在就业时规避心理问题起到促进作用。”上述人士分析。

（来源：学习强国，作者：黄林凤，责任编辑：李娜　龚颖）

第五章　就业权益与合同签订

学习目标

（1）了解国家和部分省市的就业政策；
（2）了解大学生就业权益的基本内容；
（3）了解大学生就业协议和劳动合同签订流程和注意事项；
（4）了解大学生就业协议和劳动合同相关法律规定；
（5）了解求职陷阱的识别和防范。

第一节　大学生就业政策

高校毕业生就业关系国家人才强国战略和创新型国家建设，是实现经济持续健康发展、民生改善和社会大局稳定的重要保障，党和国家一向高度重视高校毕业生就业问题，尤其是新冠肺炎疫情以来，就业压力比较大，给高校毕业生就业造成较大冲击，为促进高校毕业生就业，国家和政府出台了系列相关政策。

一、国家就业帮扶政策与措施

党中央、国务院高度重视高校毕业生就业工作。为深入贯彻党的十九大和十九届二中、三中、四中、五中、六中全会精神，落实党中央、国务院决策部署，教育部实施高校大学生就业创业促进行动，健全就业创业促进机制，推动就业创业工作提质增效，促进高校毕业生更加充分、更高质量就业。我们从以下几个方面把握。

（一）完善市场化、社会化就业促进机制，促进高校毕业生就业

（1）高校要进一步发挥校园招聘主渠道作用，切实加强校园招聘市场建设，建立完善就业资源开发机制，充分发挥专职就业工作队伍和党政干部、专业教师、校友等各方面积极性，千方百计拓展岗位信息来源。通过组团、联盟等方式开拓就业岗位，推动校内、校外就业资源共享。

（2）高校要组织就业工作人员、毕业班辅导员和求职毕业生注册使用“24365智慧就业平台”，加强线上服务联动。大力推进校园网络招聘市场建设，建设维护好本地本校用

人单位需求库、毕业生求职意向库等，及时发布专业设置和生源信息。积极开展网络招聘服务，鼓励用人单位通过线上宣讲、远程面试、网上签约开展校园招聘，促进线上线下招聘相结合，提高招聘成功率。

（3）高校要为中小企业进校招聘提供便利，不得设置限制条件。同时各地要积极配合本地相关部门加大对中小企业支持力度，推动企业和高校毕业生用足用好税费减免、创业担保贷款等支持政策，创造更多适合高校毕业生的就业岗位，对符合条件的高校毕业生按规定给予社会保险补贴和职业培训补贴。

（4）高校要加大国家创新创业政策落实力度，加强创新创业服务平台建设，大学科技园、创业园、创客空间等要向高校毕业生提供场地优惠和专业化孵化服务，指导创业团队争取各类创业优惠政策，促进创新创业项目落地发展。办好中国国际“互联网+”大学生创新创业大赛，切实发挥大学生创新创业带动就业作用。建立完善大学生创新创业信息服务平台，提供创新创业相关政策发布、解读、项目对接等服务。组织双创导师深入校园进行政策解读、经验分享和实践指导，支持大学生返乡创业、到城乡基层创业就业。

（5）高校要积极挖掘新产业、新业态、新模式中的就业机会，引导毕业生在数字经济、平台经济等多个领域灵活就业。配合有关部门完善灵活就业社会保障政策，切实维护高校毕业生劳动保障权益。组织开发一些面向市场的培训项目，开展新兴产业、先进制造业、现代服务业等领域新职业技能培训，增强毕业生就业能力和竞争力。

（二）充分发挥政策性岗位吸纳作用，鼓励高校毕业生就业

（1）高校要进一步完善并落实毕业生到基层就业学费补偿、贷款代偿、考研加分等优惠政策，采取有效方式引导更多毕业生到中西部地区、东北地区、艰苦边远地区和基层、乡村振兴一线就业创业。组织实施“特岗计划”“三支一扶”“西部计划”等中央基层就业项目。配合有关部门设立“城乡社区专项计划”“村医专项计划”等相关项目，鼓励各地结合实际扩大实施地方基层就业项目。持续开发科研助理岗位，增强科研助理岗位吸引力。

（2）高校要落实“两征两退”改革要求，配合兵役机关制订本地本校征兵工作方案，做好大学生特别是毕业生参军入伍工作。按照有关政策规定，落实退役普通高职（专科）士兵免试参加普通专升本招生、退役大学生士兵专项硕士研究生招生计划等优惠政策，研究制订细化方案和实施办法。密切军地协同，加强征兵工作站建设，办好征兵宣传教育进校园等活动，畅通入伍绿色通道，进一步推进以高校毕业生为重点的精准征集，提高毕业生入伍数量。

（3）高校要统筹安排好各类升学考试招生工作时间，硕士研究生招录工作在2022年5月底前完成，普通专升本和第二学士学位招录工作在2022年6月底前完成。坚持复合型人才培养定位，加强第二学士学位招生工作，高校教务、招生等部门要加强工作协同，扎实开展招生宣传、考试录取等工作，并纳入高校整体工作进行统筹部署。

（4）各地教育部门要与相关部门加强协调配合，统筹推动各地尽早安排机关、事业单位

招聘考试工作和各类职业资格考试时间，给高校毕业生离校前留出充足的求职时间。办好“国聘行动”第三季，发挥国有企业稳就业示范作用，并配合国有企业尽早完成招录工作。

（三）提供全方位就业指导服务，提高就业服务水平

（1）高校要把就业教育、就业引导全面纳入大学生思想政治教育体系，多种形式开展就业育人主题教育系列活动，打造一批大学生就业创业教育基地，引导毕业生树立正确的职业观、就业观和择业观。要加强重点领域就业引导，鼓励毕业生积极投身重点地区、重大工程、重大项目、国际组织等领域就业创业。组织开展大学生就业实践调查活动，持续打造“互联网+就业指导”公益直播课，建立就业创业指导优质师资库，打造一批就业指导“名师金课”。加强职业生涯教育和就业创业指导，组织举办大学生职业生涯规划比赛活动。

（2）高校要将实习实践作为促进就业的重要举措，纳入人才培养方案，深化校企校地合作，开发更多实习实践岗位，推动更多毕业生通过实习实践实现就业。鼓励地方政府、高校和用人单位共同打造一批大学生就业实习实践基地。配合落实好将职业技能提升行动专项资金补贴性培训对象扩大至普通本科高校、中高职院校的政策，积极组织毕业年度毕业生参加职业技能培训。

（3）高校要针对高职百万扩招毕业生群体，制订专门就业工作方案，结合扩招毕业生生源类型特点，有针对性地分类开展就业指导服务，引导他们合理调整就业期望、找准职业定位，积极主动就业。高职院校要紧密结合市场需求，按规定开展相关职业技能培训、项目制培训等多种形式的就业创业培训，并做好职业培训补贴政策的衔接工作。

（4）高校要积极配合有关部门积极营造平等就业环境，努力消除就业歧视。在各类校园招聘活动中，不得设置违反国家规定的有关歧视性条款，不得将毕业院校、学习方式（全日制和非全日制）等作为限制性条件。加强诚信和安全教育，引导毕业生诚信求职，树立遵纪守法意识，防范招聘欺诈、“培训贷”陷阱等。积极配合有关部门推进毕业生就业体检结果互认。

（四）开展重点群体就业帮扶，强化就业服务保障

（1）实施宏志助航计划。教育部组织实施“中央专项彩票公益金宏志助航计划——全国高校毕业生就业能力培训项目”，设立“全国高校毕业生就业能力培训基地”，面向有就业意愿的毕业生群体开展线上线下就业能力培训，帮助他们提高综合素质和就业能力。各地各高校和各培训基地要精心组织实施，加强政策宣传，提升项目培训效果，努力帮助参加培训的毕业生实现就业。鼓励各地创造条件，推动“宏志助航计划”覆盖更多毕业生。

（2）完善就业帮扶机制。教育部组织开展直属高校与地方高校、东部高校与西部高校就业对口帮扶，推动区域间、校际就业渠道互补、就业资源共享。各地各高校要进一步完善就业帮扶机制，建立就业困难毕业生群体帮扶工作台账，对低收入家庭、身体残疾等毕业生重点群体，按照“一人一档”“一人一策”开展重点帮扶。

二、部分省市就业帮扶政策与措施

随着近年来各地各高校对人才引进投入不断加大，各类重磅优惠政策纷纷出台。地方层面也出台了很多相关政策、措施，为吸引人才并促进高校毕业生就业“保驾护航”。

2022年辽宁省政府办公厅印发《进一步促进高校毕业生等青年群体就业创业若干政策措施》，提出一系列高含金量政策措施。一是支持创业带动就业。在原有创业培训补贴、创业场地补贴、求职创业补贴和创业担保贷款扶持政策基础上，辽宁将为首次申请创业担保贷款成功的毕业生发放一次性创业补贴，对高校创业孵化基地和入驻创业毕业生给予重点支持。二是扩大就业岗位容量。辽宁鼓励用人单位吸纳更多高校毕业生就业，在给予社保补贴的基础上，采取补贴预拨等新举措，增强吸纳就业积极性。同时，在公务员考录、事业单位招聘、基层就业岗位开发及征兵等方面向大学生倾斜。三是提升毕业生就业本领。面向毕业离校三年未就业高校毕业生及下年毕业的在校生，辽宁将开展3~6个月的免费专业转换及技能提升培训，补贴标准为每人每月1500~2000元，补贴直补培训机构，增强毕业生适应产业发展、岗位需求的就业创业能力。四是提高公共就业服务便利化水平。简化毕业生就业手续，优化三方协议，取消报到证，推进体检结果互认，帮助毕业生顺利签约就业。五是关注困难毕业生群体。辽宁将困难毕业生一次性求职创业补贴提高到1200元，鼓励用人单位同等条件优先录用困难毕业生，对确实难以市场化就业的通过公益岗位兜底安置。

沈阳市为吸引人才，也出台人才吸引政策，在沈就业创业的高校毕业生符合条件，可申请就业创业补助：本科毕业生每月600元、硕士毕业生每月1200元、博士毕业生每月2500元，自首次申请之日起36个月为政策享受期。

2022年北京市政府办公厅印发《北京市支持高校毕业生就业创业若干措施》，明确今明两年，北京市所属机关事业单位、国有企业继续稳定高校毕业生招（录）聘规模，到科研助理等临时性岗位就业的毕业生将保留应届毕业生身份。将进一步挖掘基层就业社保、医疗卫生、养老服务、社会工作、检察院法院司法辅助等就业机会，放宽社区工作者、生态涵养区乡村振兴协理员、社区卫生服务中心护技基层岗位招聘条件，大专（含高职）学历即可报考。同时，给予北京市边远山区基层单位就业的应届毕业生学费补偿或国家助学贷款代偿。

上海市教委、市发改委、市人社局和市公安局四部门联合发布《关于做好2022年非上海生源应届普通高校毕业生进沪就业工作的通知》及《2022年非上海生源应届普通高校毕业生进沪就业申请本市户籍评分办法》，明确在沪各研究所、各高校应届硕士毕业生，符合当年度非上海生源应届普通高校毕业生进沪就业申请本市户籍办法规定的基本条件即可落户。

山东省人民政府办公厅印发《关于全力做好高校毕业生等重点群体稳就业工作的通知》，明确继续执行重点群体就业创业税收优惠政策至2025年12月31日。企业招用就业困难人员，全额补贴企业实际缴纳社会保险费（不包括个人应缴纳部分），补贴频次按年度发放的调整为按季度或按月发放。对大学生和高校毕业生个人10万元及以下的创业担保贷款免除反担保。对创业失败大学生和高校毕业生提供就业服务、就业援助。政府投资开发的创业载体安排30%左右的场地免费向大学生和高校毕业生创业者提供。对毕业年度和离校2年内未就业高校毕业生实现灵活就业的，按规定给予社会保险补贴。

2022年河北省人力资源社会保障厅制定十九条政策措施，进一步促进高校毕业生等青年就业创业。对吸纳高校毕业生就业达到一定数量且符合相关条件的中小微企业，在安排纾困资金、提供技术改造贷款贴息时予以倾斜。对吸纳高校毕业生就业的中小微企业，按规定给予最长不超过3年的社会保险补贴，落实创业担保贷款及贴息、税费减免政策。对吸纳就业困难高校毕业生的企业，按规定给予岗位补贴。中小微企业招用毕业年度高校毕业生并签订1年以上劳动合同的，给予每人1000元一次性吸纳就业补贴；企业招用毕业年度高校毕业生，签订劳动合同并参加失业保险的，可按每人1500元的标准发放一次性扩岗补助。

2022年5月广东省出台高校毕业生就业创业扶持政策清单，包含社保补贴、基层就业补贴、高校毕业生基层岗位补贴、公共就业服务岗位补贴、创业培训补贴等十九项就业创业扶持政策。

2022年7月5日，海南省教育厅、省人社厅、省财政厅、省国资委、省卫健委等五部门联合印发《关于促进海南高校毕业生等青年就业创业工作的若干政策措施》，明确2022年在海南省有全日制本科生毕业的高等院校开发不少于1000个高校公共服务岗位，可用于行政、科研、后勤服务等岗位，补贴标准参照就业见习补贴标准，期限为3个月，人身意外伤害保险补助每人每年100元，所在院校给予配套补贴资金在现有预算经费中按原则上每人每月不低于600元统筹安排。

三、基层就业与应征入伍等相关政策

（一）西部计划

大学生志愿服务西部计划，是团中央、教育部根据国务院常务会议、《国务院办公厅关于做好2003年普通高等学校毕业生就业工作通知》和2003年全国高校毕业生就业工作电视电话会议精神的要求而实施的，财政部、人社部给予相关政策、资金支持。该项计划从2003年开始实施，按照公开招募、自愿报名、组织选拔、集中派遣的方式，每年招募一定数量的普通高等学校应届毕业生或在读研究生，到西部基层开展为期1~3年的教育、卫生、农技、扶贫等志愿服务。

西部计划按照服务内容分为基础教育、服务“三农”、医疗卫生、基层青年工作、基层社会管理、服务新疆、服务西藏7个专项，专项设置主要围绕党政中心大局、西部基层经济社会发展实际需要和青年学生的服务意愿等，凸显西部计划志愿服务特点。

其口号为“新西部、新生活、新成长”，“西部计划”对于将人才引入西部、留在西部，解决现阶段西部地区人才资源不足的现状具有重要意义。我国西部地区因开发较晚等原因，在经济、教育等方面与其他地区有较大差距。“西部计划”致力于解决这种不平衡的发展现状，积极探索引入人才发展西部教育的路子。很多志愿者在志愿计划完成后继续扎根当地，优化了西部人才组成结构，使西部地区的优秀人才更加充足。

西部计划是国家重大人才工程“高校毕业生基层培养计划”的子项目，是引导和鼓励高校毕业生到基层工作的5个专项之一。党中央、国务院高度关心西部计划志愿者，高度重视西部计划和研究生支教团工作。习近平总书记曾多次作出批示或给志愿者回信，肯定志愿者们在西部地区辛勤耕耘、默默奉献，为当地经济社会发展、民族团结进步作出了贡献，勉励越来越多的青年人以志愿者为榜样，到基层和人民中去建功立业，让青春之花绽放在祖国最需要的地方，在实现中国梦的伟大实践中书写别样精彩的人生。

西部计划各级项目办要多措并举，加强面向西部计划志愿者的就业创业指导，帮助志愿者规划职业生涯，提供政策咨询；要因地施策，联合有关方面和单位组织面向西部计划志愿者的专场招聘会，积极组织志愿者参加相关就业招聘会；鼓励西部计划各级项目办结合当地实际，推动出台更具针对性、鼓励性的地方政策，进一步推动志愿者服务期满后扎根当地就业创业，为当前大学生就业工作营造良好氛围。西部计划各级项目办要进一步做好西部计划工作，精心组织实施，优化服务管理，加强政策保障，提升执行效益，突出示范引领，搭建广大大学生了解基层、服务基层，进而扎根基层、热爱基层的重要通道，为全面推进乡村振兴战略提供源源不断的青年人力资源支持。

（二）“三支一扶”

“三支一扶”是毕业生基层落实政策，指大学生在毕业后到农村基层从事支农、支教、支医和扶贫工作。引导和鼓励高校毕业生到基层干事创业，加快培养一支扎根基层、奉献基层的青年人才队伍，为全面推进乡村振兴、加快农业农村现代化提供人才和智力支持。现正实施第四轮（2021—2025年）高校毕业生“三支一扶”（支教、支农、支医和帮扶乡村振兴）计划。

“三支一扶”大学生服务期满后，进入市场自主择业。各地及有关部门要高度重视和做好服务期满的“三支一扶”大学生就业工作，采取多种形式，开辟多种渠道，积极为其提供相关优惠政策。以辽宁省为例，其在《关于印发2022年辽宁省高校毕业生“三支一扶”计划实施方案的通知》中明确提出：

（1）服务期满且考核合格的“三支一扶”人员，可参加全省各级机关（参照公务员法管理单位）考试录用公务员（参照公务员法管理单位工作人员）考试，并可报考相应的定向招录计划职位。

（2）服务期满且考核合格的“三支一扶”人员，可参加各地事业单位公开招聘，并可报考相应的定向招聘职位。

（3）服务期满且考核合格的“三支一扶”人员，3年内报考硕士研究生的，初试总分加10分，同等条件下优先录取。对于已被录取为研究生的应届高校毕业生参加“三支一扶”计划的，学校为其保留入学资格。高职（高专）毕业生参加“三支一扶”计划服务期满考核合格的，可申请免试就读本省的成人高校专升本。

（4）服务期满的“三支一扶”人员，可享受各地提供的创业培训、创业指导、创业孵化等创业公共服务，并按规定享受培训补贴、税费减免、创业担保贷款等扶持。其中，创办农民合作社、家庭农场等新型农业经营主体的人员，符合农业补贴政策支持条件的，可按规定享受相应的政策支持。在“互联网+”、电子商务领域网上创业，经工商注册登记的网络商户从业人员，同等享受各项就业创业扶持政策；未经工商注册登记的网络商户从业人员，可认定为灵活就业人员，并享受相应的灵活就业人员扶持政策。

（5）服务期满的“三支一扶”人员，享受各级公共就业和人才服务机构免费提供的政策咨询、职业指导和职业介绍。其中，实现灵活就业的人员，按规定享受社会保险补贴政策；未能及时就业的人员，享受其服务地区为其提供的岗位信息、职业培训等就业服务。

（6）服务期满的“三支一扶”人员，落实工作单位的，公安机关按有关规定办理户口迁移手续；未落实工作单位的，可享受各级政府部门所属人力资源服务机构为其提供的免费代理服务。

（7）服务期满考核合格的“三支一扶”人员，被机关事业单位录（聘）用或进入国有企业就业的，其基层服务期限计算工龄，参加工作时间按照其到基层报到之日起算；首次评聘专业技术职务时，可享受县以下专业技术人员的优惠政策。

（8）对符合国家执业医师资格考试规定的支医人员，凭服务地医疗机构出具的试用期考核合格证明，由县级卫生健康行政部门协助办理参加考试手续。

（9）参加“三支一扶”计划前无工作经历的人员服务期满且考核合格的，两年内在参加机关和企事业单位考录（招聘）、自主创业、落户、升学等方面可同等享受应届毕业生相关政策。

（三）选调生工作

选调生是各省党委组织部门有计划地从高等院校选调品学兼优的应届大学本科及其以上毕业生到基层工作，作为党政领导干部后备人选和县级以上党政机关高素质的工作人员人选进行重点培养的群体的简称。根据中组部有关政策规定，主要是全日制普通高校大学本科及以上学历的优秀应届毕业生，要求是党员（预备党员）、一定身份的学生干部、应届毕业生，具有校级以上奖励。要热爱中国共产党，热爱人民，具备从事机关工作的基本素质和党政领导人才的潜质，适应基层艰苦环境，在校期间综合表现优秀，学习成绩良好，群众威信较高的高校毕业生。根据中央有关政策，2011年以来，参加基层服务项目、符合选调生条件的往届高校毕业生（像大学生村官、“三支一扶”人员等）也可以报考。

1. 选调程序

（1）发布公告。公告发布后，请考生到本校相关部门进行报名，高校对报名人员进行资格初审，集体研究决定推荐人员名单。

（2）网上报名。网上报名实行诚信承诺制度，考生要对所提交材料的真实性负责。

（3）资格审查。组织部会同各市委组织部进行资格审查。审核人员将对报名考生提交的信息进行核对，并在网上报名系统提出审查意见。通过审查的，信息锁定，不能再报考其他职位。未通过审查的，可在报名规定的时限内完善相关材料，否则视为不具备参考资格，请考生在资格审查阶段及时关注审查结果信息。

（4）统一考试。考试分为笔试和面试。

（5）组织考察。根据综合成绩由高到低的顺序，按照计划选调人数与考察人数1：1.5的比例确定进入考察人选名单。

（6）体检公示。体检严格按照公务员录用体检有关规定组织实施，在指定的体检医疗机构进行。对建议人选进行公示，公示期为5个工作日。对公示期间有不良反应，经查核不适合作为选调生的，取消人选资格。

（7）确定名单。拟选调人选如期取得相应学历学位证书的，办理公务员录用手续；拟录用人选未按期取得毕业证和学位证的，选调关系自动解除，不予录用。选调生录用后，由各市负责确定具体工作单位。

2. 相关政策

（1）选调生身份为公务员，试用期1年。试用期满经考核合格的，按照《新录用公务员任职定级规定》进行任职定级。考核不合格的，取消录用资格。

（2）录用到市直单位的选调生，1年试用期满后，安排到村任职2年。录用到乡（镇、街道）的选调生，到岗报到后，统一安排到所在市下辖村任职2年（含试用期）。选调生在村工作期间，履行大学生村官职责，按照大学生村官管理，选调单位不得提前调回，严禁县（市、区）及以上机关借调。

（3）录用到乡（镇、街道）岗位的选调生工作未满3年（含在村工作时间），不得调入县（市、区）及以上党政机关。选调生在市及以下党政机关工作未满5年，不得调入省直机关。

（4）县（市、区）及以上党政机关补充工作人员，应拿出一定比例优先从服务期满的选调生中遴选。

（5）对表现突出的选调生，根据工作需要，择优选拔进县（市、区）、乡（镇、街道）党政领导班子或交流到上级机关。在村工作2年及以上，担任过村“两委”成员（含村党组织书记助理、村委会主任助理）的选调生，可择优在换届中作为乡镇领导班子成员人选。

（6）符合条件的选调生，可享受各市、县（市、区）引进人才有关政策待遇。

（四）大学生入伍

大学生入伍是指部队每年从在校大学生和毕业生中招收义务兵，这里的大学生是指根据国家有关规定批准设立、实施高等学历教育的全日制公办普通高等学校、民办普通高等学校，按照国家招生规定录取的全日制普通本科、专科（含高职）、研究生、第二学士学位的应（往）届毕业生、在校生和已被普通高校录取但未报到入学的学生。

1. 政治条件和基本身体条件

征集服现役的公民必须热爱中国共产党，热爱社会主义祖国，热爱人民军队，遵纪守法，品德优良，决心为抵抗侵略、保卫祖国、保卫人民的和平劳动而英勇奋斗。征兵政治审查的内容包括：应征公民的年龄、户籍、职业、政治面貌、宗教信仰、文化程度、现实表现以及家庭主要成员和主要社会关系成员的政治情况等。

公民应征入伍要符合国防部颁布的《应征公民体格检查标准》和有关规定。其中，有几项基本条件：

身高：男性160cm以上，女性158cm以上。

体重：男性，不超过标准体重［标准体重=（身高−110）kg］的30%，不低于标准体重的15%；女性，不超过标准体重的20%，不低于标准体重的15%。

视力：大学生右眼裸眼视力不低于4.6，左眼裸眼视力不低于4.5。屈光不正，准分子激光手术后半年以上，无并发症，视力达到相应标准的，合格。

内科：乙型肝炎表面抗原呈阴性。

2. 高校毕业生应征入伍程序

（1）网上报名预征：有应征意向的高校毕业生可在征兵开始之前登录“全国征兵网”（网址为https：//www.gfbzb.gov.cn）进行报名，填写、打印《应届毕业生预征对象登记表》和《高校毕业生应征入伍学费补偿国家助学贷款代偿申请表》（以下分别简称《登记表》《申请表》），交所在高校征兵工作管理部门。

（2）初审、初检：毕业生离校前，在高校参加身体初检、政治初审，符合条件者确定为预征对象，高校协助兵役机关将《登记表》和《申请表》审核盖章发给毕业生本人，并完成网上信息确认。初审、初检工作最晚在7月15日前完成。

（3）实地应征：高校应届毕业生可在学校所在地应征入伍，也可在入学前户籍所在地应征入伍。

（4）组织高校应届毕业生在学校所在地征集的，结合初审、初检工作同步进行体格检查和政治审查，在毕业生离校前完成预定兵，9月初学校所在地县（市、区）人民政府征兵办公室为其办理批准入伍手续。政治审查以本人现实表现为主，由其就读学校所在地的县（市、区）公安部门负责，学校分管部门具体承办，原则上不再对其入学前和就读返乡期间的现实表现情况进行调查。

（5）在入学前户籍所在地应征入伍的，高校应届毕业生7月30日前将户籍迁回入学前户籍地，持《登记表》和《申请表》到当地县级兵役机关参加实地应征，经体格检查、政治审查合格的，9月初由当地县（市、区）人民政府征兵办公室办理批准入伍手续。

3. 大学生应征入伍服兵役给予国家资助的内容是什么？

高等学校学生应征入伍服兵役国家资助，是指国家对应征入伍服兵役的高校学生，在入伍时对其在校期间缴纳的学费实行一次性补偿或获得的国家助学贷款（国家助学贷款包括校园地国家助学贷款和生源地信用助学贷款，下同）实行代偿；应征入伍服兵役前正在高等学校就读的学生（含按国家招生规定录取的高等学校新生），服役期间按国家有关规定保留学籍或入学资格、退役后自愿复学或入学的，国家实行学费减免。

4. 大学生士兵退役后享受哪些就学优惠政策？

（1）高职（专科）学生入伍经历可作为毕业实习经历。

（2）退役大学生士兵入学或复学后免修军事技能训练，直接获得学分。

（3）设立“退役大学生士兵”专项硕士研究生招生计划。根据实际需求，每年安排一定数量专项计划，专门面向退役大学生士兵招生。在全国研究生招生总规模内单列下达，不得挪用。

（4）将高校在校生（含高校新生）服兵役情况纳入推免生遴选指标体系。鼓励开展推荐优秀应届本科毕业生免试攻读研究生工作的高校在制定本校推免生遴选办法时，结合本校具体情况，将在校期间服兵役情况纳入推免生遴选指标体系。在部队荣立二等功及以上的退役人员，符合研究生报名条件的可免试（指初试）攻读硕士研究生。

（5）将考研加分范围扩大至高校在校生（含高校新生）。退役人员在继续实行普通高校应届毕业生退役后按规定享受加分政策的基础上，允许普通高校在校生（含高校新生）应征入伍服义务兵役退役，在完成本科学业后3年内参加全国硕士研究生招生考试，初试总分加10分，同等条件下优先录取。

（6）退役大学生士兵专升本实行招生计划单列。高职（专科）学生应征入伍服义务兵役退役，在完成高职学业后参加普通本科专升本考试，实行计划单列，录取比例在现行30%的基础上适度扩大，具体比例由各省份根据本地实际和报名情况确定。

（7）高校新生录取通知书中附寄应征入伍优惠政策。高校向新生寄送《录取通知书》时，附寄应征入伍宣传单，宣传单主要内容包括优惠政策概要、报名流程指南、学籍注册要求等。

（8）放宽退役大学生士兵复学转专业限制。大学生士兵退役后复学，经学校同意并履行相关程序后，可转入本校其他专业学习。

（9）具有高职（高专）学历的，退役后免试入读成人本科，或经过一定考核入读普通本科；荣立三等功以上奖励的，在完成高职（专科）学业后，免试入读普通本科。

（10）应征入伍的高校毕业生退役后报考政法干警招录培养体制改革试点招生时，教育考试笔试成绩总分加10分。

第二节　大学生常见就业形式

一、即时就业

即时就业指大学生在毕业之前，通过参加招聘会与用人单位签订《就业协议书》，毕业后即到签约单位就业的方式。即时就业在当前的就业环境下，对于提高大学生的自信心，积累工作经验都是很有帮助的。目前，毕业生实现即时就业的方式也呈现出多元化的趋势，主要表现为以下两种。

1. 自主择业，双向选择

供需见面会（双选会）是大学生择业的重要方式。每年3～4月、11月，各高等院校陆续开始举办用人单位和大学生的供需见面会，毕业生和用人单位经过双向选择相互确定后，签订《就业协议书》；或者大学生直接进入用人单位实习。待正式毕业后，正式签订劳动合同，成为该用人单位的正式员工。

2. 参加国家公务员考试，被录用就业

我国对国家政府行政人员实行公务员制度，国家每年都会招考公务员，因此报考公务员也成部分学生就业的渠道之一。国家行政机关录用公务员，采取公开考试、严格考察，平等竞争、择优录取的办法。公务员录用考试包括笔试和面试两个环节。考试的内容根据公务员应具备的基本能力和不同职位类别分别设置。一般考试内容包公共科目和专业科目，其中公共科目包含《行政职业能力测验》和《申论》。

二、升学深造

升学深造主要包括参加研究生考试、普通高校专升本考试、成人高考、对口升学考试、高等教育自学考试等。大学生通过深造，一方面可以提高自身学历层次；另一方面也能缓解社会就业压力。但是，无论是升学还是就业，都要理性选择，不可盲目跟风。每个大学生的学习、身体、经济等条件都是不同的，关键结合自身情况，以及未来职业规划，做出适合自己的选择，摆正位置，调整心态，只有这样才有利于自身的发展。

三、国家项目就业

国家项目就业指大学生通过参加国家、地方就业项目来完成就业的一种方式，如大学生服务西部志愿者、“三支一扶”、毕业生到村任职等。这些项目不仅可以解决当前就业的难题，而且可以实现高知阶层深入农村，成为发展边远地区、缩小城乡差别和区域差别，促进社会全面协调发展的长远战略。

西部志愿服务期满合格，在服务期满后3年内报考硕士研究生，可享受初试总分加10分的政策；在同等条件下招生单位优先录取。志愿者服务期至少满1年且考核合格的，可以应届高校毕业生身份报考公务员。报考中央机关和东、中部地区公务员的，同等条件下优先录取；报考西部地区公务员的，笔试分加5分，同等条件下优先录取。

“三支一扶”计划，即“支教、支农、支医和扶贫”工作计划，每年选拔部分高校毕业生到基层从事支教等服务，服务期一般为两年。近年报名参加“三支一扶”计划的高校毕业生人数呈逐年上升趋势，部分岗位竞争激烈。

服务期满考核合格的“三支一扶”大学生，根据本人意愿可以回到原籍或到其他地区工作。凡落实接收单位的，接收单位所在地区应准予落户，进入国有企事业单位的，由接收单位按所任职务比同等条件人员确定其职务工资标准；其服务期限，计算为工龄，在今后晋升中高级职称时，同等条件下优先评定。

选聘高校毕业生到村任职，工作对象为30岁以下应届和往届毕业的全日制普通高校专科以上学历的毕业生，重点是应届毕业和毕业1~2年的本科生、研究生，原则上为中共党员，非中共党员的优秀团干部、优秀学生干部也可以选聘。

除了国家和地方的政策支持外，各高校和社会各方面，也为参加项目的高校毕业生的工作、生活、学习、就业和创业提供广泛的帮助和支持。通过项目实现就业，不仅成为大学生就业的重要途径，而且是目前青年学生成长、成才的重要渠道之一。

四、灵活就业与自主创业

灵活就业人员是指以非全日制、临时性和弹性工作等灵活形式就业的人员。当事人与用人单位之间没有稳定的劳动法律关系，工作内容与收入相对不稳定。灵活就业包括自由职业、意向就业、自主创业等，如作家、自由撰稿人、翻译工作者、某些艺术工作者等。与传统的就业模式相比，灵活就业具有灵活性强、自由度大、适用范围广、劳动关系比较松散等特点。

目前，灵活就业也已成为部分学生的一种就业形式。在新时代背景下，企业产能严重过剩。降低成本、减少业务量已成为企业的主要发展方向。大学生的生产效率相对较低，公司通常不愿意为他们提供增长所需的各种成本。这个问题将对传统的就业形式产生负面影响。在这种背景下，一些学生选择灵活就业，即根据自己的需要为各类国有企业提供良好的服务，以获得适当的报酬。例如，从事软件开发的学生可以在家里独立工作，或者与其他同事一起建立工作室。有需求的公司可以通过互联网与他们联系，双方将在相对平等的环境中完成这项工作。通过这种方式，学生和公司的资源即将得到更合理的利用。

自主创业指大学生毕业后不是“寻求”工作，而是选择自己或与他人合作创办公司。自主创业已成为目前毕业生一种新的就业途径。它将大学生从一个雇员提升到雇主的位置，同时也对大学生的知识、能力和综合素质等方面提出了更高的要求。相对来说，要实现自主创业，大学生首先应自我认知并培养科学规划、团队管理、谈判、处理突发事件、学习、社会交往等多种能力。

为支持大学生自主创业，国家各级政府出台了很多优惠政策，涉及融资、开业、税收、创业培训、创业指导等诸多方面，根据国家有关规定，应届毕业生创业可享受免费风险评估、免费政策培训、小额担保贷款及部分税费减免四项优惠政策。

五、“一带一路”倡议下的新型就业形式

“一带一路”倡议是推动中国发展的新机遇，也将为中国大学生提供足够的就业岗位和机会。然而，这些职位与传统形式之间存在一些差异，学生的相应技能也应得到加强。

该倡议将有效地将中国的产能过剩形式与国际需求联系起来，为中国需要的各类能源和材料提供更全面的供应。由于供需之间的巨大互补性，该倡议将对中国未来的发展产生重要影响。然而，“一带一路”倡议涵盖的范围很广，不同的文化和语言相互交叉。参与者必须具有较强的适应能力和综合素养，此外，从事国际贸易的学生必须独立完成市场开发，其市场敏感性已成为影响其发展的关键因素。

六、“互联网+”背景下的新型创业形式

“互联网+”是推动中国产业创新的重要工具。这一理念将互联网视为产业变革的底层技术，生产和经营场景也将发生改变。“互联网+”通过自身优势对传统行业进行优化升级和转型，使传统行业能够适应当前新的发展，不断推进社会前进，促进大学生正确就业。但是，目前“互联网+就业”的模式建设还存在着理念认知上的偏颇、大数据技术在大学生就业服务中的应用不够充分、就业指导服务方式不科学等现实困难。“互联网+就业”模式成为促进大学生正确就业的新模式，并进一步完善其实现途径。例如，在零售市场上，电子商务占有率为12.9%，这一领域的交易模式和产业形态都发生了巨大变化。现代大学生群体在网络环境中成长，普遍具备一定的网络应用能力。学生们利用这一优势，展开了新的创业形式。同时，在“互联网+”发展过程中，人工智能、大数据等尖端技术将被大量使用，部分传统工作岗位也将被取代。例如，我国的人工智能技术已经可以取代一些医疗岗位。安徽省第一家人工智能医院运营了近两年。在这样的背景下，大学生就业形式也会发生变化。

七、定向委托培养定向就业形式

“定向就业”招生是为了帮助边远地区、少数民族地区和工作环境比较艰苦的行业培养人才，保证他们得到一定数量的毕业生而制定的一项政策。普通高校可以把招生来源地区和毕业生就业适当结合起来，按国家招生计划的一定比例列入“定向就业”招生计划。考生自愿填报有关高等学校定向就业招生志愿并按有关政策一旦被录取为定向生。

八、出国留学与就业

“出国”包含留学与就业。出国留学指大学生毕业后去其他国家继续学习。要想出国留学，必须参加对应的出国留学考试，如托福、雅思、美国大学入学考试（American College Test，ACT）等。考试通过后，申请就读的大学与专业。出国留学不是一种“时尚”，它不仅对于当事人家庭的经济条件是一个考验，而且对个人生活、生存能力也是一种考验。

出国就业一般指出国劳务、劳务出口，主要指劳务出口国（输出国）向劳务进口国（输入国）提供劳动力或者服务。劳务输入国主要以发达国家居多，如美国、德国、法国、瑞士、加拿大等；劳务输出国以发展中国家居多，如巴基斯坦、印度、菲律宾等。

一般情况下，大学生可以从电视、报纸、网络等媒体获得各种招收出国劳务人员的信息。申请出国就业（出国劳务）必须具备以下条件：

（1）符合劳务进口国需要的专业技术技能；

（2）良好的道德修养，遵守劳务进口国的法律和劳动纪律；

（3）健康的身体，能够适应劳务进口国的气候条件和劳动环境；

（4）必要的语言能力，尤其是直接与人交流的外语水平。

第三节　大学生就业权益与保护

一、大学生就业权利与义务

（一）大学生就业的基本权利

随着毕业的学生增加，毕业生作为就业过程中一个重要主体，享有多方面的权益，根据目前大学生就业政策和有关法律、法规的规定，毕业生在求职就业过程中主要享有以下几方面的基本权利：

1. 接受就业指导权

《中华人民共和国高等教育法》第五十九条规定："高等学校应当为毕业生、结业生提供就业指导和服务"。由此可以看出，接受就业指导和服务是毕业生的一项重要权益。学生有权从学校接受就业指导，学校应成立专门机构，安排专门人员对毕业生进行就业指导，包括向毕业生宣传国家关于毕业生就业的有关方针、政策；对毕业生进行择业技巧的指导，教育引导毕业生如何搜集就业信息，做好求职准备，掌握笔试、面试技巧等；引导毕业生根据国家、社会需要，结合个人实际情况进行择业，使毕业生通过接受就业指导，明确就业目标，准确定位，合理择业。

2. 平等就业权

毕业生在参加就业求职过程中，应当享有平等就业权。平等就业应当包括及时、全面有效地获取就业信息，能被公平、公正、择优推荐，参加"双选"时与用人单位自主洽谈协商等。根据国家有关规定，在国家就业方针、政策指导下"双向选择，自主择业"。

用人单位招录毕业生，应坚持公开、公平、公正的原则，使其平等地参与竞争，任何凭关系、走后门以及性别歧视等都是对毕业生平等待遇权的侵犯。《中华人民共和国劳动法》第十二条规定："劳动者就业，不因民族、种族、性别、宗教信仰不同而受歧视。"第十三条规定："妇女享有与男子平等的就业权利。在录用职工时，除国家规定的不适合妇女的工种或者岗位外，不得以性别为由拒绝录用妇女或者提高对妇女的录用标准。"

《中华人民共和国就业促进法》第三条规定："劳动者依法享有平等就业和自主择业

的权利。劳动者就业，不因民族、种族、性别、宗教信仰等不同而受歧视。”第二十七条也规定：“国家保障妇女享有与男子平等的劳动权利。用人单位招用人员，除国家规定的不适合妇女的工种或者岗位外，不得以性别为由拒绝录用妇女或者提高对妇女的录用标准。用人单位录用女职工，不得在劳动合同中规定限制女职工结婚、生育的内容。”

3. 就业信息知情权

大学生就业信息知情权，是大学生在就业过程中有权了解有关就业、保障自己就业权益相关信息的权利。大学生的就业信息包括就业市场上的岗位信息，政府和各级管理部门制定和实施的各种规章制度、政策，以及用人单位在具体招聘活动中发布的具体需求信息等。大学生就业信息知情权是大学生对当前的就业形势、就业市场发展变化、国家的就业政策以及指导措施和法律法规、用人单位的相关信息、用人单位的就业信息等知悉了解的权利。

毕业生获取用人单位信息权，应包括三方面含义：信息公开，指所有用人单位的需求信息必须向全体毕业生公开，任何单位和个人不得隐瞒、截留需求信息；信息及时，指毕业生获取的信息必须及时、有效，而不能将过时无利用价值的信息传递给学生；信息全面，毕业生有权获得准确、全面的就业信息，以便对用人单位有全面的了解和进行筛选，从而作出符合自身要求的选择。毕业生在与用人单位签订协议前，有权了解用人单位的基本情况，包括生产经营的情况、工作环境、生活条件和工资待遇的情况，以及用人单位的规模、地点和拟安排工作的岗位等情况。

4. 享受被推荐权和自主选择权

高等学校在就业工作中的一个重要职责就是向用人单位推荐毕业生。历年工作经验证明，学校的推荐往往在很大程度上影响到用人单位对毕业生的取舍。毕业生享有被推荐权包含这样几方面内容：

（1）如实推荐，即高校在对毕业生进行推荐时，应实事求是，根据毕业生本人的实际情况向用人单位进行介绍、推荐；

（2）公正推荐，学校对毕业生进行推荐应做到公平、公正，应给每一位毕业生以就业推荐的机会；

（3）择优推荐，学校根据毕业生的在校表现，在公正、公开的基础上，还应择优推荐。

根据国家有关规定，实行招生并轨改革的高校毕业生在国家就业方针、政策指导下自主择业。毕业生只要符合国家的就业方针和政策，可以自主地选择用人单位，学校、其他单位和个人均不得干涉。任何将个人意志强加给毕业生，强令毕业生到某单位的行为是侵犯毕业生选择权行为。毕业生可结合自身情况自主与用人单位协商，要求学校予以推荐，直至签订就业协议。

5. 违约及求偿权

毕业生、用人单位签订协议后，任何一方不得擅自毁约。如用人单位无故要求解约，毕业生有权要求对方严格履行就业协议，否则用人单位应对毕业生承担违约责任，支付违约金，毕业生有权利要求用人单位进行补偿。

（1）解除协议权

当履行协议后毕业生的权益或人身自由、人身安全受到用人单位严重侵害时，毕业生可以主动提出解除协议。《中华人民共和国劳动法》第三十二条规定：“有下列情形之一的，劳动者可以随时通知用人单位解除劳动合同：在试用期内的；用人单位以暴力、威胁或者非法限制人身自由的手段强迫劳动的；用人单位未按照劳动合同约定支付劳动报酬或者提供劳动条件的。”

（2）申诉权

《中华人民共和国劳动法》第七十七条规定：“用人单位与劳动者发生劳动争议，当事人可以依法申请调解、仲裁、提起诉讼，也可以协商解决。”第七十九条规定：“劳动争议发生后，当事人可以向本单位劳动争议调解委员会申请调解；调解不成，当事人一方要求仲裁的，可以向劳动争议仲裁委员会申请仲裁。当事人一方也可以直接向劳动争议仲裁委员会申请仲裁。对仲裁裁决不服的，可以向人民法院提起诉讼。”第八十三条规定：“劳动争议当事人对仲裁裁决不服的，可以自收到仲裁裁决书之日起十五日内向人民法院提起诉讼。一方当事人在法定期限内不起诉又不履行仲裁裁决的，另一方当事人可以申请人民法院强制执行。”此外，《中华人民共和国合同法》第一百二十八条也规定：“当事人可以通过和解或者调解解决合同争议。当事人不愿和解、调解或者和解、调解不成的，可以根据仲裁协议向仲裁机构申请仲裁。”“当事人没有订立仲裁协议或者仲裁协议无效的，可以向人民法院起诉。当事人应当履行发生法律效力的判决、仲裁裁决、调解书；拒不履行的，对方可以请求人民法院执行。”

（3）求偿权

求偿权即向违约方要求承担违约责任、获得赔偿的权利。《中华人民共和国合同法》第一百一十二条规定：“当事人一方不履行合同义务或者履行合同义务不符合约定的，在履行义务或者采取补救措施后，对方还有其他损失的，应当赔偿损失。”第一百二十二条规定：“因当事人一方的违约行为，侵害对方人身、财产权益的，受损害方有权选择依照本法要求其承担违约责任或者依照其他法律要求其承担侵权责任。”

6. 隐私保护权

在毕业生就业过程中，用人单位需要了解毕业生的部分信息，包含了求职者系统而又全面的个人信息，具体而言如姓名、性别、年龄、出生地、籍贯、电话号码、电子邮件地址等，但是这些信息只能够用于招聘过程。如果没有经过毕业生同意而对毕业生信息进行随意使用，用人单位则构成了侵害毕业生隐私保护权。

（二）大学生就业的基本义务

1. 服从国家需要的义务

虽然毕业生在就业时有了相当大的自主择业的权利，但是并不能排除服从国家需要的义务。当国家重点建设项目或某些行业急需人才的时候，应积极为国家的重点建设工程或项目服务，如西部志愿服务、“三支一扶”、服兵役等。

《普通高等学校毕业生就业工作暂行规定》第十九条规定：“毕业生就业指导要与毕业教育相结合，教育毕业生以国家利益为重，正确处理国家利益与个人发展的关系，自觉服从国家需要，到基层去，到艰苦的地方去，走与实践相结合的成才之路。”

2. 向用人单位实事求是介绍个人情况的义务

毕业生在向用人单位进行自我推荐、自我介绍和接受考察时，应如实向用人单位提供本人真实的培养方式、学习成绩、健康状况、在校表现、获奖情况以及各类资格证书等，有义务全面地、实事求是地反映个人情况，以利于用人单位的遴选，不得夸大其词、弄虚作假。

3. 接受用人单位组织的测试或考核的义务

用人单位为了招聘到符合要求的毕业生，一般都要通过一些测试或考核手段来了解毕业生的情况，通过比较，从而做出是否录用的决定。因此，毕业生应予积极配合，充分展现自己的能力，接受用人单位的测试和考核。

4. 严格按照就业协议及其他合法约定履行相应的义务

《中华人民共和国合同法》第八条规定：“依法成立的合同，对当事人具有法律约束力。当事人应当按照约定履行自己的义务，不得擅自变更或者解除合同。依法成立的合同，受法律保护。”毕业生应认真履行协议或合同，不得无故擅自变更或自行解除。如果单方违约，必须主动承担违约责任。毕业生应是讲诚信、讲法制的践行者，要在签约过程中做到慎重选择，签约后认真履约。

二、大学生个人权益的保护

（一）预防侵害自身合法权益

1. 高校应该完善就业指导的相关课程体系

高校应该完善就业指导的相关课程体系，让毕业生具备较强的自我保护意识。高校是毕业生进行自我保护的第一站，也是毕业生在正式进入社会之前接触最多的一个环境，高校的就业指导课程能够弥补毕业生在就业方面知识的不足，让毕业生不断地更新自己的知识储备，高校可以利用学术讲堂这些形式，调动校内法律人才（可以是在校大学生或者是专门进行法学研究的教授）为毕业生开展普法知识的讲座，向毕业生宣传《中华人民共和国劳动法》《中华人民共和国劳动合同法》《中华人民共和国就业促进法》等相关的法律知识，让毕业生在求职的过程中能够深刻了解自己应该享受的法律权益，从而在求职就业的过程中能够更加稳定，不盲目跟从。在大学生求学期间，充分利用学校内部的师资资源多开设关于就业指导，尤其是关于就业权益保护方面的选修课，满足学生对于就业知识方面渴望了解的热情，让大学生在校期间就能够充分意识到就业权益保护的重要性，增强其自我保护意识。高校应该利用校内的宣传栏作为宣传手段，发布相关的就业权益方面的信息。高校要想增强毕业生的就业权益自我保护意识不是一朝一夕能够完成的，要让高校毕业生真正认识到就业权益自我保护的重要性，就要充分利用高校内的各种资源不断进行宣传。高校内部一般都会设置很多宣传栏，可以定期在宣传栏多张贴一些就业权益保护方面的案例，让毕业生在了解就业市场现状的同时不断了解相关的法律知识，更好地为自己将来的职业生涯做出规划。

2. 大学生完成就业权益相关法律知识的储备

在日常的学习生活中，大学生应当积极主动学习法律，遵守法律，善用法律，提高自己的法律修养；特别是在就业择业期更应该加强对我国就业相关政策法规的学习和认识，多了解有关自身权益保护方面的政策法规，明确自身的权利与义务，当自身权益受到侵犯时，应勇于面对，不妥协退让，主动争取权利，并采取有效手段维护自身的合法权益。大学生需要主动了解与自身就业相关的法律法规、方针政策，明确自身在就业过程中所享有的权益以及相应的维权路径。

毕业生在求学期间关于法律知识的储备对毕业生就业发挥重要作用。首先，毕业生能够明确自己在求职过程中拥有的合法权益；其次，有助于毕业生识别自身的合法权益是否被侵害，再次，在意识到自身的就业权益受到侵害以后，对于就业权益的维护采取合适的方式也是毕业生对于就业权益相关法律知识储备的重要内容，后者知识的储备更是维护毕业生就业权益的重要方面。

3. 自觉遵守就业规范

毕业生应了解目前国家关于毕业生就业的有关方针、政策和规范以及它们之间的关系，熟悉毕业生在就业过程中的权利和义务，这是毕业生权益自我保护的前提。毕业生应自觉遵循有关就业规范，接受其制约，保证自己的就业行为不违反就业规范，不侵犯其他毕业生的合法权益。

（二）维护自身合法权益

1. 增强就业权益保护意识

多数毕业生对《中华人民共和国高等教育法》《中华人民共和国合同法》《中华人民共和国公务员法》等法律法规知之甚少，因为不知这些法律法规的重要性，毕业生往往忽视法律法规的获取，要增强自我法律意识的培养，学会拿起法律武器来保护自己的合法权益。

要通过法律保护自己，维护自己的权利，首要一点就是要懂法。只有知道哪些是应该享有的权利，才能运用法律的手段来保护自己，维护自己的权利不被侵犯。懂得法律通过规定权利和义务规范人们的行为，通过解决纠纷和制裁违法犯罪，维护公民合法就业权益。

2. 甄别真假就业信息

毕业生应该在择业阶段学会一些识别虚假就业信息的方法。比如，尽量直接和用人单位联系，减少对中介机构的依赖。通过多种渠道（比如从网络上检索、通过报纸宣传或者是向亲朋好友打听）了解用人单位的规模、发展情况，对于用人单位提供的就业信息进行甄别，防止就业信息的虚假。在择业阶段，毕业生也应该注意对于自己隐私的保护，不要心存“撒大网捞小鱼”的心理，要有选择地投递简历，对自身资料要加强保密。《劳动力市场管理规定》第九条明确规定，禁止用人单位招聘人员时“向求职者收取招聘费用”，同时禁止“以招聘人员为名牟取不正当利益或进行其他违法活动等”。用人单位以收取培训费、押金、保证金、担保金作为录用条件的，其行为违反了《中华人民共和国劳动法》的相关规定。求职者可及时向劳动部门反映，请求查处，要求返还所交费用。面试时，不要随身携带印章、大量现金及其信用卡，不缴纳任何费用，不购买公司以任何名义要求购买的有形、无形产品。在与招聘单位接触的过程中，留心你所观察到的各种细节，分析其是否正规、正常地经营，面试时是否草率，待遇是否丰厚得不合常理，公司业务、工作内容。

3. 规范签约步骤

在签约阶段，毕业生应该明确签订就业协议的正确步骤。正确的签订就业协议步骤是毕业生先和用人单位签订就业协议，毕业生把就业协议交给高校的就业指导处，高校作为最后的把关口，帮助毕业生甄别用人单位的合法性，这样就能够多一重保障。毕业生只有掌握了正确的签订就业协议的步骤，才能够真正地为保障自己合法就业权益的实现奠定基础。在签订就业协议的过程中，要认真地看好就业协议的内容，尤其是关于毁约的赔偿问题，或者是就业协议里面是否含有一些不合法的强制性条款，比如毕业生在该用人单位必须要服务几年以上才能够解决户口问题，毕业生要在该单位作出多少业绩才能够给予正常的待遇等五花八门的强制性条款。如果遇到用人单位发布虚假招聘信息，信息中所列的待遇、薪酬与实际的情况严重不符的，求职者应该向劳动部门反映，请求查处。就业协议书是明确毕业生、用人单位、学校三方在毕业生就业过程中的权利和义务的书面文本，一般是由教育部统一制定。现实，经常出现一些用人单位在与毕业生、学校签订“三方协议”后，依据就业协议书中“如有其他约定，应在协议书的备注栏中明确，并视为本协议的一部分”的条款，与毕业生另行签订一份比较详尽的劳动合同，这种合同由于不是国家统一制定的格式合同，用人单位有可能会要求毕业生承担额外的不合理的义务，如过长的服务期限、不合法的理智赔偿等，有的甚至扣押毕业文凭。如果遇到这些情形，毕业生应坚持原则，依据国家政策和法律的规定，据理力争，避免陷入劳动合同陷阱。

4. 借助媒体的力量

媒体在现在的生活中发挥着重要的作用，毕业生作为年轻的一代，对于网络之类的新兴媒体，更加熟悉，并且能够更好地应用网络。目前，毕业生通过各种媒体公布自己就业权益受到侵害的案例已经出现了不少。借助媒体的力量一方面可以让权益受到侵害的毕业生找到更加合理的渠道来维护自己的合法权益，另一方面也能够对未就业的毕业生起到警示的作用。

（三）常见的求职陷阱

求职陷阱一般是指犯罪分子利用人们求职心切而采用的手段，用于骗取求职人员的财物、个人信息或者低廉甚至免费的人工。尽管老师苦口婆心反复宣讲防骗知识，但无论是在校生还是刚走出校门、踏上社会的大学毕业，往往招架不住诈骗，不法分子或某些不良企业利用大学生社会经验不足，在招工环节设置陷阱，损害学生的合法利益。

1. 虚假广告陷阱

一些用人单位在招聘会上为了招到条件较好的毕业生，会夸大或隐瞒自己的某些情况。比如：在发布招聘信息时，往往故意扩大用人单位规模和岗位数量，进行虚假宣传；或者把招聘职位写得冠冕堂皇，不是“经理”就是“总监”，但实际上却只是“办事员”“业务员”，根本没有广告上写得那么诱人。有的单位也会以“到基层先锻炼锻炼”为幌子，欺骗求职者，使他们继续工作下去。这样的情况就是比较常见的虚假广告的陷阱，求职者一定要学会辨别真伪。

典型案例

小李看到一条“诚聘有事业心人士担任市场经理”的招聘广告，考虑再三，准备充分后前往应聘。工作后才知道，自己的工作是推销公司的产品，“市场经理”就是一个好听的头衔而已。

2. 试用陷阱

有些企业在招聘时，并不明确告知试用期，试用期的工资往往很低，企业承诺转正后工资会大幅度上涨。但是，试用期即将结束时，一种情况是企业便以各种理由炒求职者的“鱿鱼”，称求职者是不合格的，借机解聘毕业生。另一种情况是无故延长试用期，期满后又继续延长试用期，最终结果仍是解聘。

据一些学生反映，用人单位在试用期结束后，以各种理由辞退了毕业生，因为试用期的工资低，这些用人单位实际上是在赚廉价劳动力。在不少地方，一些从事药品、保健品、化妆品的销售公司借设办事处之名，以高年薪招聘“市场部经理”或“业务经理”，引来众多的应聘者，有的人好不容易熬够试用期，公司却借口考核不过关，一纸通知让其走人，应聘者也是当了一回廉价劳动力。有关人士提醒，诸如“本广告长期有效，长年招聘，且报名不受限制”的招聘广告，求职者一定要小心。

3. 短信招聘兼职陷阱

通过发送类似于“某单位因业务发展诚聘业务公关，月薪1万元以上，可兼职”之类的手机短信找到可能上钩的求职者，要求求职者在上岗前将一定数额的“押金”或者“培训费”存到某账户。求职者如果轻信这些短信，会白白浪费了钱财或者透露了个人信息。

4. 协议陷阱

就业协议是明确毕业生、用人单位在毕业生就业择业过程中权利和义务的书面协议。就业协议一经签署，对双方都有约束力。按照有关规定，就业协议不能代替劳动合同或者聘用合同。

毕业生签就业协议过程中遇到的陷阱分为以下几种：用人单位不与毕业生签订就业协议书；用人单位不跟毕业生签订劳动合同；用人单位与毕业生签订“霸王合同”等。

5. 智力陷阱

智力陷阱则是指以考试为名无偿占有程序设计、广告设计、策划方案、文章翻译等劳动成果。现在招聘过程中的骗取“智力”很常见。这种堂而皇之地占有他人的劳动成果，求职陷阱性质更为恶劣。而广大求职者要具备慧眼，多加小心。

由于聘请专家或者专业人才的费用较高，有些设计公司或者营销公司为了节约成本，通过大规模招聘的方式来获取好的创意或者方案。这类招聘往往要求应聘者做案例，进行创意反馈。再如，有的单位在面试、笔试时，把本单位遇到的问题以考察的形式要求前来的应聘者作答或者设计，待毕业生利用专业优势完成其承担的项目后，用人单位将应聘者的劳动成果据为己有，再找出各种理由推辞，最终结果是无人被录用。

6. 传销陷阱

传销是指组织者发展人员，通过发展人员或者要求被发展人员以交纳一定费用为条件取得加入资格等方式非法获得财富的行为。传销的本质是“庞氏骗局”，即以后来者的钱发前面人的收益。

新型传销：不限制人身自由，不收身份证手机，不集体上大课，而是以资本运作为旗号拉人骗钱，利用开豪车、穿金戴银等，用金钱吸引，让你亲朋好友加入，最后让你达到血本无归的地步。常见的传销六大陷阱：

（1）以“人际网络、直销、网络营销”为旗号的异地拉人头传销；

（2）以“资本运作、连锁销售、优化资本、资本孵化”为旗号的异地拉人头传销；

（3）以“网络销售”为旗号的异地拉人头传销；

（4）以“电子商务、网络游戏、网络资本运作、网络加盟、网上学习培训、网上基金投资”等为旗号的互联网网络传销；

（5）非法直销，非法直销包括未经许可的直销行为、假借直销名义从事传销行为和直销企业违规经营行为；

（6）打着合法公司、组织培训机构名义的“潜能培训”“企业管理能力培训”“成功学培训”“精英培训”的传销活动。

（四）求职中的安全应对策略

1. 过滤，确保就业信息的真实性、准确性和可靠性

学校就业信息网上发布的就业信息，都经过了严格核实，包括核实用人单位的工商许可证、营业执照以及通过电话向当地有关部门核实等，基本上确保了就业信息的真实性、准确性、安全性。对于通过其他渠道获得的就业信息，一定要想方设法通过各种途径进行核实。

2. 过程中，要时刻保持安全的警惕性

在求职过程中，毕业生更应保持高度的警惕性，擦亮眼睛，识别就业陷阱的迷惑。

（1）在面试的第一天或职前训练的前几天，要留意该单位是否继续隐瞒工作性质及业务性质。

（2）地点偏僻、隐秘或转换面试地点的状况，或要求夜间面试者的情况，皆应加倍小心。面谈地点不宜太隐秘，过于隐秘地点不要去。对于用人单位约您面试的地点，如果不是学校就业指导中心发布的信息，是您从其他渠道获得的信息，用人单位约您到宾馆或其他非公开、非正式场合见面，绝对不能贸然前往。

（3）面试时，要注意以下环节：一是应详记该单位及主试官的基本情况及特征；二是对方所提工作内容空泛不具体时，不要被其夸大言辞所迷惑；三是身份证、毕业证书及印章等证件，不宜给对方，不可轻易出示银行账户号码及密码，以免不法之徒有机可乘；四是主试官说话轻浮，暧昧不清，眼神不正常等都是危险的前兆；五是如果有不安全、不对劲的感觉或不正常的状况，要以某种借口迅速离开该单位为宜；六是拒绝不合理的邀约及要求；七是在面试时尽量不要随便喝饮料或吃东西。

（4）进行面试的过程中，如果遇到用人单位要您交保证金或其他培训费用（如报名费、训练费、材料费等）时，一定要慎重，千万不要为了保住工作而盲目交费。

（5）面试前后随时与学校辅导员、同学、家长保持联系，并告知面试场所地址及电话号码。

（6）要求提供亲友名单、身份证号码（复印件）均可能有诈财之患，要注意避免。

在求职过程中，毕业生为了预防“陷阱”，要做到：一忌贪心，看到“高薪”字眼首先要掂量一下自己，然后再摸清对方的背景；二忌急心，急于找工作的心理让一些人找到了借机骗财的机会，这些人以各种名义收取应聘者的费用后，便人去楼空；三忌糊涂心，求职者要对自己的职业生涯发展脉络有个清楚的构想，只要仔细研究还是能识别招聘中大多数欺骗的幌子。要时刻提醒自己，不缴不知用途的款，不购买自己不清楚的产品，不将证件及信用卡交给该公司保管，不随便签署文件，不为薪资待遇不合理的公司工作。

3. 求职后，要谨慎行事，学会用法律保护自己

在找到合适的工作单位，双方达成就业意向后，毕业生需要签订《全国普通高等学校毕业生就业协议书》（以下简称就业协议书）。就业协议书的签订在形式上宣告了就业

工作花开有果、尘埃落定。但近年来，就业协议引发的纠纷屡有发生。有的毕业生正式到单位报到后，单位却一改初衷，擅自降低劳动报酬，变更原来双方约定的工作岗位，更有甚者以“试用期”（或见习期）为由不签订劳动合同，使得毕业生长期处于“试用期”，做最累的工作拿最低的报酬，从而利益受到侵害。所以，在签订就业协议以前，一定要反复斟酌，多方面考察，方可落笔。

第四节　大学生就业协议和合同签订

案例导读

某大学小王在校时，应聘到一家单位，并与该单位签订了就业协议。毕业后该单位接纳了小王同学到岗实习。经过近3个月的实习，被证明符合录用标准，单位负责人也决定录用小王。当小王提出签订劳动合同时，负责人指出，单位与学生有就业协议，对双方的权利义务都作了相关规定，没有必要再签订劳动合同。小王强烈要求签订劳动合同。那么，用人单位可以用就业协议代替劳动合同吗？

高校毕业生在就业过程中享有多方面的权益，清楚了解自己在就业过程中享有的一系列权利以及如何更好地在求职过程中维护自己的权益是实现顺利就业的重要保障。就业协议和劳动合同是实现权益保护的重要形式。

一、就业协议书

全国普通高等学校毕业生就业协议书

毕业生姓名：__________
用人单位：____________
学校名称：____________

全国普通高等学校毕业生就业协议书
签约须知

根据国家规定，普通高校毕业生（以下简称“毕业生”）就业实行“市场导向、政府调控、学校推荐、学生与用人单位双向选择”的就业机制，为维护国家就业方案的严肃性，规范毕业生、用人单位、学校三方在毕业生就业工作中的权利和义务，特制定本协议书：

一、本协议书的使用范围：国家计划内统招非定向毕业生［含高职（高专）毕业生、本科毕业生、毕业研究生]；定向生、委培生按定向委培协议就业，不使用就业协议书。

二、签约各方必须遵守国家的有关法律、法规和教育部的有关规定，坚持公开、公平、公正和诚实守信原则。

三、毕业生应按国家和省毕业生就业政策规定就业，向用人单位如实介绍自己的情况，了解单位的用工意图，表明自己的就业意向，在规定时间内到用人单位报到。

四、用人单位要如实介绍本单位的情况，明确对毕业生要求及使用意图，做好各项接收工作。凡取得毕业资格的毕业生，用人单位不得以学习成绩为由提出违约；未取得毕业资格的结业生若与用人单位签订本协议，用人单位应同时出具同意接收结业生的证明。

五、学校要如实向用人单位介绍毕业生的情况，做好推荐工作，用人单位签订协议后，由学校审核汇总并报省毕业生就业主管部门鉴证或教育部批准，列入就业方案下达执行，学校负责到省毕业生就业主管部门办理派遣手续。

六、毕业生、用人单位如有其他约定，必须在“双方约定”中明确，并视为协议书的一部分。

七、毕业生、用人单位、学校中有一方要变动协议，需征得另外两方同意，由违约方承担毕业生、用人单位双方约定的违约责任及政府有关部门规定的违约责任。

八、本协议一式四份，毕业生、用人单位、学校各执一份，省毕业生就业主管部门留存一份，复印件无效。

<table>
<tr><td rowspan="9">用人单位情况</td><td>单位名称</td><td colspan="5"></td><td colspan="2">组织机构代码</td><td colspan="3"></td></tr>
<tr><td>通信地址</td><td colspan="6"></td><td colspan="2">单位所在地</td><td colspan="2"></td></tr>
<tr><td>安排岗位</td><td></td><td colspan="2">单位所属行业</td><td colspan="3"></td><td colspan="2">邮编</td><td colspan="2"></td></tr>
<tr><td>联系人</td><td></td><td colspan="2">联系电话</td><td colspan="3"></td><td colspan="2">E-mail</td><td colspan="2"></td></tr>
<tr><td>单位性质</td><td colspan="10">国有企业 / 其他企业 / 机关事业单位 / 医疗卫生 / 教育 / 科研 / 其他</td></tr>
<tr><td rowspan="4">毕业生档案、户口党团关系接收</td><td colspan="2">档案接收单位名称</td><td colspan="4"></td><td colspan="2">联系人</td><td colspan="2"></td></tr>
<tr><td colspan="2">档案转寄详细地址</td><td colspan="4"></td><td colspan="2">邮编</td><td></td><td></td></tr>
<tr><td colspan="2">户口接收单位</td><td colspan="4"></td><td colspan="2">接收单位电话</td><td></td><td></td></tr>
<tr><td colspan="2">党、团组织关系接收单位</td><td colspan="4"></td><td colspan="2"></td><td></td><td></td></tr>
<tr><td rowspan="7">毕业生情况</td><td>姓名</td><td></td><td>身份证号</td><td colspan="4"></td><td>性别</td><td></td><td>民族</td><td></td></tr>
<tr><td>政治面貌</td><td></td><td>学号</td><td colspan="2"></td><td colspan="2">专业</td><td colspan="4"></td></tr>
<tr><td>毕业时间</td><td></td><td>学历</td><td colspan="2"></td><td colspan="2">学位类别</td><td colspan="4"></td></tr>
<tr><td>联系方式</td><td colspan="4"></td><td colspan="2">E-mail</td><td colspan="4"></td></tr>
<tr><td>家庭地址</td><td colspan="4"></td><td colspan="2">QQ</td><td colspan="4"></td></tr>
<tr><td>应聘方式</td><td colspan="6">学校招聘会 / 政府举办招聘会 / 人才市场 / 网络签约</td><td colspan="4">应聘时间</td></tr>
<tr><td colspan="11">应聘意见：

毕业生签名：　　年　月　日</td></tr>
</table>

续表

<table>
<tr><td colspan="3">用人单位意见</td><td>用人单位上级主管部门或所属地人社局意见</td></tr>
<tr><td colspan="3">签　章
年　月　日</td><td>签　章
年　月　日</td></tr>
<tr><td colspan="3">院（系）意见</td><td>校（院）就业部门意见</td></tr>
<tr><td colspan="3">经办人：签章
联系电话：　　年　月　日</td><td>经办人：签章
联系电话：　　年　月　日</td></tr>
<tr><td rowspan="2">双方约定</td><td>毕业生对用人单位约定</td><td colspan="2">签章：
年　月　日</td></tr>
<tr><td>用人单位对毕业生约定</td><td colspan="2">签章：
年　月　日</td></tr>
</table>

就业协议书是全国普通高等学校毕业生就业协议书的简称，是普通高等学校毕业生和用人单位在正式确立劳动人事关系前，经双向选择，在规定期限内确立就业关系、明确双方权利和义务而达成的书面协议，是用人单位确认毕业生相关信息真实可靠以及接收毕业生的重要凭据，也是高校进行毕业生就业管理、编制就业方案以及毕业生办理就业落户手续等有关事项的重要依据。协议在毕业生到单位报到、用人单位正式接收后自行终止。就业协议一般由教育部或各省、自治区、直辖市就业主管部门统一制表。

毕业生就业协议是毕业生在校时，由学校参与见证的，与用人单位协商签订的。就业协议书具有法律约束力，具有法律上的合同效力，需要双方当事人严格遵守。

（一）就业协议书的内容

（1）高校毕业生基本情况，包括：姓名、性别、身份证号、专业、学制、毕业时间、学历、联系方式等。

（2）用人单位基本情况，包括：单位名称、组织机构代码、单位性质、联系人及联系方式、档案接收地址等。

（3）高校毕业生和用人单位约定的有关内容，可包括：工作地点及工作岗位；户口迁入地；违约责任；协议自动失效条款、协议终止条款；双方约定的其他事宜。

（二）就业协议书的作用

就业协议作为用人单位、毕业生之间双方的一份意向性协议，不仅能为毕业生解决工作问题，保障毕业生在寻找工作阶段的权利与义务；同时，也保障了用人单位能够从不同学校找到合适、优秀的毕业生。

（1）签订就业协议书是国家为规范高校毕业生就业工作，避免混乱，杜绝就业欺诈行为，维护高校毕业生就业工作严肃性，维护毕业生、用人单位和学校的合法权益而采取的一项必要措施。用人单位和毕业生经过双向选择，通过就业协议书确立就业关系，明确双方权利和义务。

（2）就业协议书是转递毕业生档案和户口关系，办理报到落户手续的依据，学校通过毕业生签订的就业协议书出具派遣证，派遣毕业生的档案、户口等关系。如果高校毕业生不签订就业协议，档案、户口等将会派遣回生源地。需要注意的是，就业协议书是毕业生办理就业落户手续的重要依据，尤其是北京、上海、天津等大城市。

（三）签订就业协议书的注意事项

（1）签协议前，毕业生一定要全方位地了解用人单位的相关情况，弄清用人单位是否具备合法的主体资格。例如企业的发展趋势、企业招聘的岗位性质、企业的员工培养制度、待遇状况、福利项目等系列内容，不但要掌握资料，更要实地考察。并且还需要重点了解单位的人事状况，了解企业是否具有应届毕业生的接收权，在签约前，务必先审查用人单位的主体资格。

（2）毕业生在签约时要按照正常程序进行。毕业生首先到二级学院领取就业协议书，填写个人基本情况，由院系在协议书上签署意见后，交学校就业中心，盖就业公章。毕业生和用人单位达成就业意向以后，双方在就业协议书上签字，用人单位并盖章，无独立人事权的用人单位报请上级主管部门在就业协议书上签字盖章，随后就业协议书交回就业指导中心备案。

（3）签署协议书时，一定要认真、真实地填写协议书内容。如果报考了研究生或准备出国，应事先向用人单位说明，并在协议书中注明。以往有毕业生向用人单位隐瞒这些情况，而后遭到违约处理。

（4）毕业生在签约时也要考虑对自身权益的保护。协议具有双向约定的作用，如果有双方需要相互承诺的部分，一定要在协议书或补充协议上加以说明。明确违约责任，毕业生在协商中力争将违约金降到最低。

（5）毕业生在签约中，一定要注意条款的合理性。我国劳动法明确规定，用人单位不得以任何理由，向毕业生收取报名费、培训费、押金、保证金等，并以此作为是否录用的决定条件。

（6）毕业生、用人单位双方都不得单方面拖延签约周期。毕业生遇到问题而犹豫不决时，最好能够及时咨询高校就业部门负责老师，征求相关的意见和指导。

（7）签订就业协议书后，一定要签署劳动合同。正式的劳动合同可能是学生毕业前签订、毕业后生效的，也可能是毕业后签订、立即生效的。一般就业协议书也会在劳动合同生效时而终止其效力。

（8）标明备注事项。毕业生可在备注中将签约前达成的工资、福利等进行说明。用人单位也可将录用条件、资格证书条件和身体健康状况等写进备注事项。

（四）网上签约

大学生网上签约就是大学生在毕业前夕，跟用人单位网上签订的一份就业合约。因为是通过省教育厅高校毕业生就业网办理的，所以叫作网签。网签代替了纸质签约，直接在网上签订电子合约。

1. 网上签约认定

就业平台网上签约采用毕业生和用人单位确认、学校审核方式完成。毕业生和用人单位经协商同意签约后，分别在平台上传《某某省高校毕业生签约确认书》，学校审核通过后系统将自动生成《某某省普通高校毕业生就业协议书网络版》，即认定签约完成。网上签约一经认定则无法修改，如要更改，需按照学校的违约规定进行，并上传相关材料。

2. 网络协议的效力

《某某省普通高校毕业生就业协议书网络版》与纸质版就业协议具有同等法律效力，作为就业协议鉴证、就业手续办理、就业状况统计、学生到企业报到的重要依据，学校、毕业生或用人单位可根据需要自行下载使用。完成网上签约的毕业生，学校在办理初次派遣手续时，无须向省级毕业生就业主管部门提供纸质版就业协议书。

3. 大学生网签的好处

快捷高速、超前就业。网签功能摆脱繁杂的传统纸质合同，让企业交易过程更便捷、更高效、更低成本，不再受时间、地域的限制。通过官方网站，大学生把自己电子简历提供给用人单位，用人单位就会根据这个大学生的简历来决定是否录用。如果录用，那么就会同意签约。一旦同意签约，大学生就会找到一份自己比较理想的工作。

4. 网上签约注意事项

（1）查明用人单位的主体资格。网上签约前一定要详细了解用人单位的情况，一般包括单位的规模、效益、管理制度及单位隶属，是否有人事接收权。大家一定要在调查了解用人单位的主体资格上下点功夫。一般有合法主体资格、有信誉的单位会很配合毕业生对其调查了解；反之，那些答应得痛快，条件给得诱人，但当毕业生对其有关主体资格了解、调查时百般拖延，毕业生要提高警惕。

（2）经常在用人单位官方网站浏览信息，获得合约进展信息以及用人单位的工作动态。

（3）灵活使用网签，权衡利弊，优中选优，不留或者少留遗憾。

（4）网签合同不可草率进行，需要签订双方有一定的信任关系，以免上当受骗。

（5）网签时一定要注意合同条款中双方所填写的内容中权利与义务是否对等，明确违反协议的责任。当事人方如果违反协议，另一方有权要求继续履行协议、支付违约金或赔偿损失。如果支付违约金，协议书中应就违约金的具体数额作出约定。毕业生如确需变更或解除协议，必须征得用人单位的同意，由用人单位出具解约函。

二、劳动合同

劳动合同范本

甲方（用人单位）________________________

乙方（员工、工作人员）____________________

根据《中华人民共和国劳动法》及有关法律、法规和政策规定，甲乙双方本着平等、自愿、协商一致的原则，签订本劳动合同：

一、生产（工作）任务

甲方根据生产（工作）实际需要，聘用乙方在______________岗位从事______________工种工作，担任______________职务。

二、合同期限

甲乙双方选择以下几种形式确定合同期限：

1.合同期限为______年______个月，从______年______月______日起至______年______月______日止。其中前______个月为试用期（见习期）。

2.以完成一定的工作任务为期限。具体工作任务为______________，期限自______年______月______日起，预计至______年______月______日止。

三、工作时间

甲方对乙方实行第____种工作制：

1.每日工作8小时、每周工作40小时标准工时制。

2.经劳动行政部门批准实行不定时工作制。

3.经劳动行政部门批准实行综合计算工时工作制。

四、工资待遇

（一）工资收入构成：

乙方的工资收入由________________________几部分构成。

（二）工资标准：

1.试用期（见习期）工资待遇为____________________。

2.试用期（见习期）满后的工资待遇为________________。

3.双方约定的工资标准不得低于示范区最低工资标准。乙方的工资待遇调整按甲方工资分配制度和管理办法执行。

五、违约责任

1.由于甲乙双方任何一方的过错造成合同不能履行或者不能完全履行的，由有过错的一方承担相应责任；双方均有过错的，根据实际情况，由双方各自承担应负的责任。

2.甲乙双方任何一方违反合同条款，均应向对方支付违约金，违约金数额的确定办法为______________________________；给对方造成损失的，应根据后果和责任向对方支付赔偿金，赔偿金数额的确定办法为______________________________；合同一方因不可抗力未能履行合同并给对方带来损害的，不承担相应责任。

六、合同争议处理

发生劳动争议后，甲乙双方应积极协商解决，不愿协商或协商不成的，任何一方均可向本单位劳动争议调解委员会（小组）或工会申请调解，调解不成的，方可向劳动争议仲裁委员会申请仲裁，对仲裁裁决不服的，可以自收到裁决书之日起15日内向人民法院提起诉讼。

七、双方需要约定的其他事项：

____

____

____

____

____

____。

八、本合同其他条款和未尽事宜按集体合同约定或国家有关法律法规执行。

九、本合同签订后，甲方应在一月内办理合同鉴证手续。本合同一式3份，双方各1份，员工本人档案存入1份。

十、本合同自双方签字盖章之日起生效。

十一、下列材料为本合同的附件，与本合同具有同等效力：

（一）____；

（二）____；

（三）____。

甲方（盖章）____________________

乙方（签章）____________________

__________年________月________日

__________年________月________日

签订地点：____________________

签订地点：____________________

劳动合同是调整劳动关系的基本法律形式，约定用人单位和劳动者双方在劳动关系存续甚至终结之后的权利与义务，涉及双方的直接权益。《中华人民共和国劳动合同法》是我国劳动法律体系的重要组成部分，此法可以调整和规范劳动合同订立、变更、终止和修订等一系列操作。

劳动合同俗称劳动契约、劳动协议，根据《中华人民共和国劳动法》第十六条规定：劳动合同是劳动者与用人单位确立劳动关系、明确双方权利和义务的协议；建立劳动关系应当订立劳动合同。劳动合同是劳动者和用人单位之间明确劳动权利义务，规范劳动合同订立、履行、变更、解除和终止行为的协议。

（一）劳动合同的内容

1. 劳动合同必备条款

参照《中华人民共和国劳动法》第十九条规定，劳动合同应当以书面形式订立，并具备以下条款：

（1）劳动合同期限

劳动合同的期限分为有固定期限、无固定期限和以完成一定的工作为期限的劳动合同三种。固定期限劳动合同是指用人单位与劳动者约定合同终止时间的劳动合同，如1年期限、3年期限等；无固定期限劳动合同，是指用人单位与劳动者约定无确定终止时间的劳动合同；以完成一定工作任务为期限的劳动合同，是指用人单位与劳动者约定以某项工作的完成为合同期限的劳动合同。

（2）工作内容

用人单位与劳动者在工作内容的基本规定中，可以约定劳动者的工作岗位、工作数量、工作任务等内容。这一条款是建立劳动关系的重要因素，也是劳动合同的核心条款之一。如果劳动合同中工作内容约定不明确，随意调整工作岗位，进而变动劳动内容，造成劳动关系的不稳定，或者工作岗位约定过死，都有可能产生合同纠纷。

（3）劳动保护和劳动条件

劳动保护依照劳动法规定包含劳动安全保护和劳动卫生保护两个基本内容。劳动保护含劳动安全卫生、女职工和未成年工特殊保护的规定和制度，有关劳动卫生方面的法律、法规。劳动条件一般指劳动者在劳动过程中所必需的物质设备条件。

（4）劳动报酬

该条款可规定标准工资、加班工资、奖金、津贴、补贴金额、支付时间和方式等。

（5）劳动纪律

作为使劳动过程保持秩序的一种手段，应当将用人单位的内部规章制度约进来，并印制成册，以合同附件的形式加以简要约定。

（6）劳动合同终止的条件

有下列情形之一的，劳动合同终止：劳动合同期满的；劳动者开始依法享受基本养老保险待遇的；劳动者死亡，或者被人民法院宣告死亡或者宣告失踪的；用人单位被依法宣告破产的；用人单位被吊销营业执照、责令关闭、撤销或者用人单位决定提前解散的；法律、行政法规规定的其他情形。

（7）违反劳动合同的责任

违反劳动合同的责任是一种违约责任，指合同订立以后，劳动合同当事人因自己的过错造成劳动合同没有履行或没有完全履行，依照法律规定或当事人约定所承担的法律责任。用人单位和劳动者如有违反劳动合同的情况，依据《中华人民共和国劳动合同法》第八十条至第九十五条承担相应责任。

（8）劳动合同补充条款

根据法律规定，除上述七项必备条款外，用人单位与劳动者订立的劳动合同还可以就其他内容进行协商约定，一般称为协商条款或约定条款。

在国家法律法规规定不明确或者尚无法规定的情况下，劳动合同双方可以根据双方实际情况协商约定的其他条款。劳动行政部门印制的劳动合同样本，必备条款一般情况下写的都很具体，同时还会留出一定版面由双方随机约定一些条款。例如：试用期、商业秘密、福利待遇、房屋分配或购置等内容。

2. 劳动合同的期限

劳动合同期限一般分为三类：有确定终止时间的固定期限劳动合同、没有确定终止时间的无固定期限劳动合同和以完成一定工作任务为期限的劳动合同。

（1）固定期限劳动合同

依据《中华人民共和国劳动合同法》第十三条规定：固定期限劳动合同，是指用人单位与劳动者约定合同终止时间的劳动合同。具体而言，劳动合同双方将合同生效的起止日期在劳动合同中做了明确规定。到达终止日期后，劳动关系即终止。如需延长劳动期限，双方经过协商一致，可以续订劳动合同。根据劳动合同法的规定，双方协商确定固定期限劳动合同的期限。一般来说，固定期限劳动合同是一年、三年或五年。

固定期限劳动合同制度的主要作用是建立和谐、稳定的劳动关系，这不仅是对劳动者权益的一种保护，而且也是对用人单位长期利益的一种保护。企业与劳动者签订固定期限劳动合同，能够留住人才，增强企业与员工之间的互信，增强员工的忠诚度，有利于建立和谐、稳定的劳动关系。

（2）无固定期限劳动合同

依据《中华人民共和国劳动合同法》第十四条规定：无固定期限劳动合同，是指用人单位与劳动者约定无确定终止时间的劳动合同。用人单位与劳动者协商一致，可以订立无固定期限劳动合同。有下列情形之一，劳动者提出或者同意续订、订立劳动合同的，除劳动者提出订立固定期限劳动合同外，应当订立无固定期限劳动合同：①劳动者在该用人单位连续工作满十年的；②用人单位初次实行劳动合同制度或者国有企业改制重新订立劳动合同时，劳动者在该用人单位连续工作满十年且距法定退休年龄不足十年的；③连续订立二次固定期限劳动合同，且劳动者没有本法第三十九条和第四十条第一项、第二项规定的情形，续订劳动合同的。用人单位自用工之日起满一年不与劳动者订立书面劳动合同的，视为用人单位与劳动者已订立无固定期限劳动合同。

（3）以完成一定工作任务为期限的劳动合同

以完成一定工作任务为期限的劳动合同，是指用人单位与劳动者约定完成某项工作为合同终止条件的劳动合同。用人单位与劳动者协商一致，可以以完成一定工作任务为期限订立劳动合同。

3. 签订劳动合同时的注意事项

（1）订立劳动合同时要明确双方权利、义务及责任

双方当事人享有什么样的权利，应该履行怎样的义务，在劳动合同中要给予明确。也即是说，通过签订劳动合同，一方面把法律所赋予劳动合同当事人的抽象的法律上的权利给以具体化。建议毕业生认真阅读合同文本，仔细推敲合同文本中约定的责、权、利。

（2）确认劳动合同是否合法。毕业生要先确认自己签订的劳动合同是否具有法律约束力，包括：用人单位必须具有法人资格，符合法定条件；双方签订的劳动合同的内容是否符合法律、法规和劳动政策，不得从事非法工作；签订劳动合同的程序、形式也必须要合法。

同时为了更好地用法律武器保障和维护自身权益，建议毕业生签订合同前，认真学习和了解一些劳动法律和法规方面的知识，例如合同双方当事人的权利和义务，劳动合同的订立、履行、变更、终止和解除等。

（3）查看劳动合同条款是否齐全，如名称、工作时间、工作地点、劳动规则、劳动报酬、合同期限、违约责任、签字盖章等，以便日后发生争议后可查证核实。因此，毕业生在签订劳动合同前，仔细阅读合同原文，仔细查看条款是否齐全。如无争议，再同单位负责人签字盖章，以防止个别单位负责人利用签字时间不同而在合同上动手脚。

（4）不要签空白合同。空白合同是指企业为应付检查，拿出空白合同，先让劳动者签名、按手印，走一个过场，劳动者也不拿合同当回事，有的合同甚至没有盖章。一旦发生劳动争议，这类合同是无效的，同时，劳动者的维权成本高昂。

（二）就业协议和劳动合同的区别

劳动合同是劳动者与用人单位确立劳动关系、明确双方权利义务的协议。就此而言，就业协议与劳动合同之间存在以下不同点：

1. 主体不同

就业协议的主体是毕业生、用人单位和学校，其中毕业生与用人单位的主体作用不言而喻，学校作为一个主体，其作用是维护毕业生就业工作的良好秩序，保障毕业生和用人单位的合法权益，并兼有证明学生毕业信息的真实性。而劳动合同是劳动者与用人单位之间在遵循平等自愿的原则下依法签订的，只有劳动者和用人单位两个主体。

2. 依据不同

就业协议依据的是教育部颁发的部门规章，劳动合同依据的是《中华人民共和国劳动法》和《中华人民共和国合同法》。

3. 内容差异

就业协议可规定毕业生自身情况、就业意向、用人单位同意接收、学校派遣等，而在劳动合同中，依法必须明确劳动合同期限、工作内容、劳动保护和劳动条件、劳动报酬和劳动纪律、合同终止条件，以及违反合同的责任等必备条款。除此之外，双方还可以协商约定其他内容，在具体涉及某项时还可以优先适用本地地方性法规和规章。

4. 签订时期不同

就业协议一般在学生毕业前签订，正式签订劳动合同只有等到毕业后方可。

5. 效力不同

就业协议只是毕业生在“择业”过程中签订的协议，其效力始于签订之日，终于毕业生与用人单位签订劳动合同之时。劳动合同的有效期，是劳动者与用人单位以合同方式确定的，除法律规定的情形外，双方不得随意变更、中止。对毕业生来说，到用人单位报到后，在双方签订劳动合同之后，原就业协议随之失效。从这点来看，就业协议不能替代劳动合同。

综上所述，就业协议与劳动合同是用人单位聘用毕业生所订立的两种书面协议，二者分处两个相互联系的不同阶段，并发挥不同的作用。

（三）毕业派遣相关程序

毕业生在毕业离校前已与用人单位签订就业协议的，或申请将户口档案转回原籍或户档托管机构需办理《报到证》的，由学校根据就业协议书等有关材料统一上报就业方案，经省级毕业生就业主管部门审核后，集中办理《报到证》。《报到证》的通知书联（白色联）由学校归入学生档案，报到证联（有色联）待学生毕业离校之前发放给本人交与用人单位办理报到手续。

1. 派遣程序

（1）毕业生与用人单位签订毕业生就业协议书，并办妥相关人才市场等政府毕业生主管部门接收录用手续。

（2）毕业生返回学院，招生就业部审核就业协议书，数据输入学生管理信息系统，注明就业去向。审核毕业生协议书等派遣相关材料，材料齐全符合条件者，进行派遣数据输入，形成数据库，上报省教育厅审批，并至高校招生就业指导服务中心办理报到证。不符合条件者，暂不予派遣。

（3）报到证办理完毕后由学院领回，学院将及时与本批次办理的毕业生联系，第一批报到证于毕业离校前统一发放。

（4）毕业生需凭报到证等到派出所自行办理户口迁移证。

（5）毕业生档案由档案管理专职老师及时寄发。

（6）毕业生持报到证、户口迁移证到所在用人单位报到。

2. 派遣类别

（1）已落实就业单位的

①回生源地就业

一般初始就业派遣方案都是默认回生源所在地，所以，在生源地就业的话，档案学校都是默认寄回生源地的，派遣方案选择默认方案即可。

注意：到国有企业、事业、机关单位就业，用人单位提出《就业报到证》需体现单位名称的，则须在派遣方案上填写具体派遣单位。

②非生源地就业

到非生源地区就业的档案可以转回生源地，也可以迁移至用人单位所在地。毕业生到非生源所在地就业，与用人单位签订就业协议，但用人单位不解决户口、档案关系，或学生要求户口、档案转回生源地的，《就业报到证》签发到当地就业主管部门。

毕业生将档案迁移至用人单位所在地的，需按当地要求申请毕业生接收函，就业单位有档案保管权的，接收单位填单位具体名称，就业单位无档案保管权的，接收单位填当地人事档案管理部门名称，毕业生将接收函提交给学校，学校将根据接收函地址将档案转至当地人事档案管理部门。

（2）毕业后继续升学的

①境内全日制升学毕业生将调档函或录取通知书提交至学校档案室即可将档案调至录取学校。

②出国（境）升学（就业）出国（境）的毕业生将按回生源地进行派遣。《就业报到证》签发到当地就业主管部门，档案也随之迁回生源地。如毕业生户口在上学期间已迁入学校，同时想把档案、户口迁至非生源地的，可以向当地人才服务机构办理人事代理。

（3）定向生、委培生

定向毕业生须回原生源地就业。如确需在生源地外的其他地区就业，需向学校毕业生就业指导中心提供原委托培养单位的同意函，经学校上报省高校毕业生就业指导中心审批后方可调整其就业方案。

（4）其他就业类型

其他就业类型包含应征入伍、科研助理、自由职业、自主创业、其他形式再学习等，将按回生源地进行派遣，《就业报到证》签发到当地就业主管部门。

（5）离校未落实就业单位

①一般默认将户口、档案等人事关系转回生源所在地，档案由当地人事部门（一般为人才市场）负责管理，已迁到学校的户口须迁回入学前户口所在派出所。《就业报到证》签发到生源所在地人事主管部门。

②对于学校所在城市较好的，比如：北京、上海等，毕业生只是暂时未落实好就业

单位的，可以向学校申请暂缓派遣，此时，户口和档案还可以在学校保存2年，2年内找好就业单位了则直接迁至单位所在地即可。

三、应届毕业生身份的界定

根据《2022年国家公务员考试报考指南》，国家统一招生的普通高校毕业生离校时和在择业期内（国家规定择业期为2年）未落实工作单位，其户口、档案、组织关系保留在原毕业学校，或保留在各级毕业生就业主管部门（毕业生就业指导服务中心）、各级人才交流服务机构和各级公共就业服务机构的毕业生，可按应届高校毕业生对待。

1. 应届毕业生的分类

当年应届毕业生：国家统一招生的高校学生在学的最后一年，即将毕业但还没拿到毕业证，处于实习或待业状态。

择业期的应届毕业生：已经拿到毕业证，但拿到毕业证的时间在择业期内。国家规定的择业期为2年，有些地方延长至3年。

“择业期的应届毕业生”需满足以下条件：拿到毕业证；在规定择业期内没有与任何单位签订任何形式的劳动合同、无缴纳社保记录；户口、档案等保留在原毕业学校或人才市场。

2. 应届毕业生身份的重要性

（1）考公考编

在考公考编时，很多招聘岗位都是针对应届生的，只有应届生才能报考。选调生资格，要求在校的应届毕业生才有资格参加选调。在公务员考试中，多一个限制就能减少很多竞争对手，很多没有应届生身份的考生，只能报考三不限（不限专业、不限学历、不限户籍）的岗位，竞争压力可想而知。

（2）校园招聘

应届生的身份在找工作中优势满满。无论是国企、世界500强企业还是互联网大厂，基本上都会有校园招聘，而且只面向应届毕业生。相较于社会招聘，校园招聘的难度要小得多。对于应届生求职来说，参加校园招聘是最优选择，也是进入一些名企的最高效方式。

（3）人才落户和毕业生补贴

许多城市为了长远发展，希望留住和引进人才，出台应届生可直接落户的政策。很多城市还推行了毕业生补贴这一政策。

四、违约和争议的处理

（一）违约和争议的解决办法

1. 就业协议书违约及处理

签订了三方就业协议，各方应严格履行协议，任何一方若违反协议，应承担违约责任。违约一般分为两种：用人单位违约和毕业生违约。

用人单位违约是指因用人单位方面原因造成的就业协议无法履行。违约的原因一般包含单位经营困难导致裁员、岗位撤销、破产，用人单位用人计划发生重大变动等。用人单位违约应承担违约责任，并为毕业生开具写明原因的正式书面退函。

毕业生违约是指因毕业生个人原因造成的就业协议无法履行。违约的原因一般包含已签约毕业生又与别的单位达成就业意向、已签约毕业生准备继续考研或出国、已签约毕业生对用人单位生产条件不满意违约等。高校毕业生依据就业协议约定的条件可以解除就业协议，除此之外的单方面解除行为应当视为违约行为，用人单位可以要求毕业生承担约定的违约责任。毕业生违约应承担协议约定的违约责任，因此毕业生在签订就业协议书前应慎重考虑。

就业协议书一经毕业生、用人单位签署即具有法律效力，任何一方不得随意解除，否则违约方应向权利受损方支付协议条款所规定的违约金。处理违法就业协议时，可根据《普通高等学校毕业生就业工作暂行条例》第九章第四十八条的规定："对违反就业协议或不履行定向、委托培养合同的用人单位、毕业生、高等学校按协议书或合同书的有关条款办理，并依法承担赔偿责任。"

2. 劳动争议及处理

（1）劳动争议

用人单位和员工之前发生争议很有可能是由劳动合同引起的，可能是劳动合同有变更。根据《劳动争议调解仲裁法》第一章第二条规定，中华人民共和国境内的用人单位与劳动者发生的劳动争议包含以下：①因确认劳动关系发生的争议；②因订立、履行、变更、解除和终止劳动合同发生的争议；③因除名、辞退和辞职、离职发生的争议；④因工作时间、休息休假、社会保险、福利、培训以及劳动保护发生的争议；⑤因劳动报酬、工伤医疗费、经济补偿或者赔偿金等发生的争议；⑥法律、法规规定的其他劳动争议。

（2）劳动争议处理方式

《劳动争议调解仲裁法》第三条规定："解决劳动争议，应当根据事实，遵循合法、公正、及时、着重调解的原则，依法保护当事人的合法权益。"第四条规定："发生劳动争议，劳动者可以与用人单位协商，也可以请工会或者第三方共同与用人单位协商，达成和解协议。"第五条规定："发生劳动争议，当事人不愿协商、协商不成或者达成和解协议后不履行的，可以向调解组织申请调解；不愿调解、调解不成或者达成调解协议后不履行的，可以向劳动争议仲裁委员会申请仲裁；对仲裁裁决不服的，除本法另有规定的外，可以向人民法院提起诉讼。"根据以上规定，解决劳动争议一般有以下几种方式：

①协商：合同当事人在友好的基础上，通过相互协商解决纠纷，这是最佳的方式。

②调解：合同当事人如果不能协商一致，可以要求有关机构调解。如，一方或双方是国有企业的，可以要求上级机关进行调解。上级机关应在平等的基础上分清是非进行

调解，而不能进行行政干预。当事人还可以要求合同管理机关、仲裁机构、法庭等进行调解。

③仲裁：合同当事人协商不成，不愿调解的，可根据合同中规定的仲裁条款或双方在纠纷发生后达成的仲裁协议向仲裁机构申请仲裁。

④诉讼：如果合同中没有订立仲裁条款，事后也没有达成仲裁协议，合同当事人可以将合同纠纷起诉到法院，寻求司法解决。除了上述一般特点之外，有些合同还具有其自愿的特点，如涉外合同纠纷，解决时可能会援引外国法律，而不是中国相关的合同方面的法律。

（二）改派的处理

派遣证由国家主管毕业生调配部门统一制订，省级毕业生调配部门签发，在全国范围内使用。派遣证是毕业生向用人单位报到的书面证明。改派建立在原单位同意的基础上，并需原单位上级人事主管部门、新接收单位、新接收单位上级人事主管部门签署意见，跨省的和从市县调整到省级、中直单位，或从省级、中直单位调整到市县的改派还需省教育部门签署意见。

当用人单位和毕业生发生违约时，履行完违约程序，有了新的意向单位并成功签订就业协议后，根据《普通高等学校毕业生就业工作暂行规定》第四十条“在派遣过程中出现特殊情况需要调整改派的，按下列原则办理：在本省、自治区、直辖市辖区内用人单位之间调整的，由地方主管毕业生调配部门审批并办理改派手续；跨部委、跨省（自治区、直辖市）调整的，由学校主管部门审核同意后，统一报国家教委审批并下达调整计划，学校所在地方主管毕业生调配部门按照调整计划办理改派手续。”可以重新申请改派。

职场篇

因地制宜　天生我材必有用

第六章　角色转换与职场适应

学习目标

（1）了解学生角色和职业人角色的区别；

（2）掌握角色转换的方法；

（3）了解职场适应的注意事项。

第一节　从学生到职场人的角色转换

案例导读1

晓蕾毕业后，应聘到一家中型企业工作。刚开始，她对这家公司充满好奇和骄傲，毕竟也是大中型企业。可是，工作了一小段时间后，她的想法逐渐发生了变化，她觉得这家企业与自己理想中的企业相差太远，公司中存在很多的管理漏洞，纪律太严格，有时感觉对员工不公平，让人很不舒服。于是，她经常和同事聊天发牢骚，说："这家企业管理问题很多，工作没意思。"谁知，这话竟然传到了领导的耳朵里。公司经过调查和讨论后，认为晓蕾不适合继续留在公司工作，于是辞退了她。当晓蕾再次求职奔波一段时间依然没找到自己更加心仪的企业时，她才悔不当初，心想如果再有类似的企业愿意接纳自己，自己一定接受教训，不再挑三拣四了。

案例导读2

小王和小李同一年大学毕业后到同一家企业做市场部的职员，两个人能力不相上下，都能顺利完成工作任务，甚至，经常超额完成工作任务，但两个人的性格和行为方式不太一样。小王为人乐观、爽快，从不被困难吓倒，有时遇到难缠的客户，自己都尽力想办法解决，同事中谁有什么不顺心的事儿都愿意和他聊聊，小伙是个很不错的倾听对象。小李给人的感觉却不太一样，平时没什么笑容，工作偶尔不顺利就发牢骚，有时甚至冲同事发脾气。在年底的市场部经理助理的民主选举中，小王成了理所当然的人选。

毕业生在刚刚参加工作时，容易出现用学生的眼光去看待企业，对企业的规章制度处处看不顺眼，或者心理上没有“断乳”，不能很好地处理问题和调节心理。像案例中的晓蕾和小李这种情况对用人单位和个人都有不好的影响。毕业生走上工作岗位后，应该尽快适应工作环境，了解企业制度，尽快融入企业。从学生角色转变为职场人角色是每个人必须经过的一关，如何快速转换角色，适应职场环境，了解一下学生角色和职场人角色的不同，初入职场时的一些注意事项是非常有必要的。

一、学生角色和职场人角色的区别

从学生到职员是每个毕业生人生的一次大的转折。毕业生尽快完成从学生到职员的转换非常重要，是适应职场、做好工作的前提。每个人在同一个时期会承担多种角色，以当下承担的主要任务判断主要角色。例如，一个大学生，在学校里的角色是学生，在家里的角色是子女，在商场购物时的角色是顾客……由于客观主体的主要任务是读书学习，所以，他在社会中扮演的主要角色是学生。

学生角色是指在国家教育的支持和家庭经济的资助下，学习知识，培养能力，全面提高自身素质，努力成长为社会的合格人才。学生阶段，是人生中增长知识、发展智力、求学成才的关键阶段，大学生的中心任务是努力学习以专业知识为主的多方面知识，培养以专业能力为主的各种能力。因此，学生时代是一个接受教育、储备知识、培养能力的重要阶段。

职场人角色是指在某一职位上，以特定的身份，依靠自身知识和能力并按照一定的规范具体地开展工作，在行使职权、履行义务、为社会作出贡献的同时取得相应的报酬。职业角色的扮演者往往具有一定的基础知识和业务能力，能遵守相应的职业规范，履行一定的义务，并且取得经济上的独立。

职场人角色和学生角色的区别如下：

（一）社会权利不同

社会赋予角色的权利，就是角色依法应享受的权益，或叫应取得的精神或物质报酬。学生角色的权利主要是依法接受教育，在学分制条件下有选课和选择任课教师的权利；职业角色的权利则是依法开展工作，同时取得报酬。

（二）社会责任不同

学生的社会责任主要是接受教育、学习各种专业知识、积极锻炼自己的综合能力、完成学业、培养健康的人格，使自己成为符合社会需求的人才，为今后投身社会工作储备能量。虽然大学生已经开始享有绝大部分的社会权利，也需要履行同等程度的社会义务，但大学生最主要的社会责任还是在于学习知识、培养能力。学生以学习、探索为主要任务，他们在学习方面可以依靠导师，在生活方面可以依靠父母，基本没有什么负担。

职场人的社会责任就是在自己的职业岗位上发挥专业知识和能力，为社会服务并同时获取自我的物质价值和精神价值，与学生相比需要承担更多的社会责任，甚至是风险的责任。成为职业人以后，为了适应社会，他们必须学会服从领导和管理，迅速适应上级的管理风格。如果在工作中犯了错误，他们需要自己独立承担相应的责任。

（三）行为结果不同

学生角色行为主要关系到本人知识掌握和能力培养的程度，而职业行为则影响到单位和个人的发展。人们在评判职业角色时总是和单位紧密联系在一起，总是将其作为身负重任的工作人员来看待。例如：一名医生，若能认真履行自己的职责，不仅可以有效地救死扶伤，而且会为医院赢得荣誉，为医生们树立典范；反之，既伤害了患者，影响了个人，又会影响到医院甚至医疗队伍的形象。

（四）社会规范不同

学生规范多是从培养、教育的角度出发，促使其顺利成长为合格的人才，如怎样遵守国家的法律法规、遵守学校的规章制度，怎样待人接物，怎样做人等。社会赋予职业角色的规范、提供的行为模式，则因职业的不同而不同。这些模式既具体又严格，违背了就要承担一定的责任，甚至法律责任。

（五）工作方法不同

学生工作方法是个人的独立行为，每位学生为自己的成绩负责；而作为职业人士，更强调的是团队合作。其实在踏上工作岗位后，每个人都是这个社会机器的一颗螺丝钉，应学会尽快适应这个新身份，使自己成为一名真正的职业人士。毕业生要缩短适应期，融入职场。首先，心理上要做好准备。学生刚进入职场大多是从基层做起，要学会适应艰苦、紧张而又快节奏的基层生活。学生一般缺少社会经验，可能不习惯一些制度、做法，这时，千万不要用习惯去改变环境，而是要学会“入乡随俗”，适应新的环境。其次，做事要积极主动有耐性。在一个行业准备好从底层做起，不断积累经验提升能力，就能为今后的职业发展打下一个良好基础，俗话说：“良好的开端是成功的一半。”

二、从学生到职员，角色转换中可能会遇到的问题

毕业生从学生到职员，面临新旧角色的冲突，有些人由于成长经历、经验、认知能力、情绪情感等因素影响角色转换，主要可能存在以下这些问题。

（一）依赖和恋旧

经过十多年的读书生涯，对学生角色的体验可以说是非常深刻了，学生生活使得每一位学生在学习、生活和思维方式上都养成了一种相对固定的习惯。很多毕业生习惯了

学生角色，在职业生涯开始之初，许多人常常会不自觉地置身于学生角色之中，以学生角色的规范来要求自己、对待工作，以学生角色的习惯方式来待人接物，学生的角色比较单纯，环境也比较单一，所以，很多毕业生比较依赖学生角色，习惯于用单纯的思维分析和解决问题。同时，许多毕业生走上工作岗位后，怀着对学生角色的依恋，对全新的职业角色充满了畏惧。

（二）自负或自傲

一些毕业生自我的认知存在偏差，认为自己接受了多年的高等教育，在各方面都很优秀，盲目自信，他们有的认为自己名校毕业，轻视实践，只想从事高层次的工作，不愿意从基层做起，甚至认为大学生从事基层工作是大材小用。而且，他们在工作中喜欢高谈阔论、眼高手低、纸上谈兵、工作不踏实、不屑与他人合作，更不会虚心接受别人的指导和意见，甚至对领导和前辈也表现出轻视。这种自负和自傲的态度，不可避免会带来职业适应的一些问题。

典型案例

某省一家明星企业，前不久辞退了一位名牌大学的毕业生。一些不知内情的人士觉得十分奇怪：作为天之骄子的名牌大学生，本应受到企业的青睐，为何工作不到一年就被辞退了？

其实，小斌虽是名牌大学的研究生，但自从面试成功进入工作岗位后，就经常迟到、离岗，自由散漫，在工作上的表现马马虎虎，对于一些基层工作更是不屑一顾。小斌在工作期间，因工作失误致使企业多次蒙受损失，但他仍然屡教不改。试想，这样的大学生，在当今激烈的竞争环境之中，又怎能逃脱被辞退的命运。

（三）工作浮躁

一些大学生在角色转换的过程中，对人才的理解不够全面和准确，认为自己接受了系统的高等教育，拿到学历，学到知识，已经是较高层次的人才了，轻视实践，眼高手低，在角色转换的过程中受社会环境的影响，表现出不踏实的浮躁作风和不稳定的情绪。有时也会受到利益的驱使，缺乏踏实工作的精神，一阵子想干这项工作，一阵子又想干那项工作，不能深入了解工作性质及工作技巧。遇到问题不能理性解决，频繁跳槽。根据有关部门对当代大学生第一份工作现状的调查结果发现：在找到第一份工作后，有50％的大学生选择在一年内更换工作，而两年内大学生的流失率接近75％，比例之高令人震惊。这一数据恰恰反映了毕业生在角色转换初期的浮躁，对工作的兴趣不能持久，并且习惯把这一问题推脱为他人的责任，而认识不到自己的问题所在。事实上，如果不能静下心来踏踏实实地学习、适应工作，不管什么样的单位都不会适合。

典型案例

工作两年的小黄对是否跳槽举棋不定。她学的是临床医学，毕业后在县城的一家医院做了两年的内科医生。本来这份工作专业对口，在县城里属于令人羡慕的职业，但工作两年的小黄觉得自己现在的这份工作不仅收入低，而且圈子太封闭，每天都过着医院-食堂-家“三点一线”的生活，实在是乏味。如果自己一辈子就这样待在医院，现在好像能看到40岁的自己。看着自己有些高中或大学同学在大城市各种白领场合的风生水起，小黄越想越不甘心，于是辞去了医院的工作，去面试了一家企业的销售。

现在，小黄在一家全球500强的企业做药品销售，收入还令人满意，圈子也很广，但就是应酬太多、太累，这让原本就不太擅长交际的小黄觉得有点“不堪重负”。她感觉每天的工作压力都很大，开始怀念以前在医院工作的时光。小黄又萌生了跳槽的念头，希望换一个更适合、喜欢的工作。但鱼与熊掌不可兼得，何况在现在的这座城市找一个在医院就职的工作何其困难，而且，做了销售之后，小黄的专业技术也彻底荒废了。

（四）自信心不足

面对新环境，一些大学生在刚走进新的工作环境时，有的会表现得怯懦、自卑，无论是工作还是待人处事，总是担心怕自己表现不够好而被指责，由于自信心不足，不知道工作应该从何入手、如何应对，在工作中缩手缩脚，怕担责任、怕出事故、怕闹笑话、怕造成不良影响。有的没有自己的主见，盲目地听从其他人的意见，表现为职场的不适应，而由于不适应又会进一步加剧自信心不足，导致不良循环。

（五）基本职场能力欠缺

大多数毕业生的工作能力与企业期待的存在明显差距。企业看中的是个人的综合能力，包括适应能力、分析解决问题能力、沟通能力、专业能力、创新能力、团队协作能力和学习能力等。在学校，学习是一个把知识装进脑袋的过程，也不用想着怎么运用，因而专业知识掌握不牢靠，很多概念只是听过但不理解。此外，学习任务主要是靠自己，协作也没那么重要，致使许多人团队协作能力不足。职场上，除了专业知识和技能，还需要掌握一定的管理能力、职场礼仪、公务能力、写作能力、办公室软件使用能力、现代化办公室机器使用能力等。有的大学生在学校经过了一定的锻炼，有的却除了学习了一些专业基础知识，其他方面欠缺锻炼，所以，走入职场后，就会出现职业不适应。

三、正确定位自我，实现角色转换

我们的一生中有许多角色的转换，从学生到职场人的角色转换是我们每个人必须经历的过程，也是重要的一次转折。角色转换主要从以下几个方面来进行。

（一）调整心态，热爱工作

1. 摆脱依赖心理，学会独立担当

学生心理依赖性强，学习依赖老师或导师，生活依赖父母。但是在工作中，没有人会为你的错误买单，要学会独立，增强心理承受能力，主动承担责任，不能太天真，说话也需要讲究一定的方式。此外，学会从被动接受知识到主动索求知识，以及将“索取”的心态变成“贡献”的心态，也是成为职业人的关键。学生心理是学习的心理，一切都想学，一切都感到新鲜，一切都依赖老师，总觉得别人会原谅你、会帮你；在工作中，遇到工作不会做或者做不好时往往会以自己是新学者为借口，会给自己留后路。而职业人的心理是，为什么做不好？我哪里做错了？应该怎么改正？自己会主动去找原因和解决的办法。这是新入职的大学生要尽快改变的心理。

2. 调整好心态，干一行爱一行

调整就业心态，做好心理准备是角色转换的基础。过硬的职业技能对职业成功固然重要，但充分的心理准备更是不可缺少的，因此毕业生要有“抗挫折”的心理准备。一般来说，事业不会是一帆风顺的，如果心理准备不足，就会产生过激情绪，影响自身工作状态，甚至会连累整个团队的工作进度。因此，要提前调整心态，充分做好心理上的“受挫准备”。在事业顺利的时候不沾沾自喜，在事业失意时不自暴自弃，这是事业成功者的必备素质。

那么如何来调整工作心态呢？

首先，适当调节心理预期。心理预期过高，导致了理想与现实之间的巨大差距，这种距离增加了内心的失落感，感到事情的发展已经超出了自己的控制，因此要多给自己积极暗示，凡事都要循序渐进，学会耐得住寂寞，多听、多看、多学。如果一开始心理预期过高，导致与现实的工作产生差距，从而丧失了工作热情，落差很大，就会严重影响工作积极性。

典型案例

小张和小金学的都是英语专业，毕业后到了同一家外资企业做办公室文员。小张很珍惜这份工作，虽然不是完全专业对口，但毕竟是外资企业，有时也能遇到翻译点材料的工作。所以，小张工作很努力，把每天的点点滴滴工作安排得井井有条，业余时间还进修英语口译。而小金一直对工作不满意，认为自己做个文员大材小用，只是一时没有啥新的方向和单位，所以得过且过。一年之后，公司在其他城市要开设分公司，考虑到小张工作的努力和认真，做事稳重，待人诚恳，派她作为主管协助分公司经理处理事务。

其次，放低姿态，从基础工作做起，不断积累工作经验。对于新人来说，在职场的每一种经历都是很好的学习机会，有助于自己的成长。牢记“三人行，必有我师焉”，虚心向同事们学习工作经验，尽快熟悉自己工作岗位的种种业务知识，结合实际工作将自己所学知识灵活运用。只有这样，才能尽快适应新环境，提高工作效率，创造自己的工作业绩。事业的辉煌不是一蹴而就的，而是需要不断地积累点滴业绩。

典型案例

史达勒最初是一位有名的汽车商，但他爱上了驯马师的工作。为了当一名驯马师，他甚至辞掉了工作。为了熟悉马性，他必须从头学起。他到一家赛马场应聘当了马夫，干着清理跑道、铲除马粪、替马梳洗等杂活。他没有急于学习驯马，而是踏踏实实地干着这些又脏又累的杂活。事实上，他对如何训练赛马颇有心得。不久，他买下了4匹纯种赛马，并驯服了这些马，最终赢得了25万美元的赛马资金。

再次，主动沟通，创造良好的工作关系。要不定期和主管进行积极有效的沟通。沟通时，要本着实事求是、诚心待人的态度与人沟通，提高沟通的主动性，缩短与周围同事之间的距离。同时要克制感情，冷静处理，工作中出现错误时，应主动承担责任。通过与部门主管、同事的沟通，有助于增进互相的理解及人际关系的处理，更好地适应工作环境。

最后，不断学习、锐意进取，高标准要求自己。俗话说：活到老，学到老。刚离开校园踏上工作岗位，往往就忽视了学习，感觉学习是学生时代的“义务”，这是不可取的。大学生只是人才的坯子，要锻炼成才，还需要在社会这个大熔炉里锻造，只有不断探索新的方法，不断给自己“充电”，才能保证适应瞬息万变的社会。这对于从“学校人”到“职业人”转变也是至关重要。机会总是留给有准备的人，当机会来临时，有准备的人往往会牢牢把握。

（二）转变思维，树立岗位意识

1. 摆脱“以学为主”思维，建立“以用为主”思维

学生思维的特点是没有强烈的竞争思维，思维比较封闭和固化。而职场是以利益为导向的，要从封闭性思维转向开放性思维，从单一性思维转向多维性思维，从保守性思维转向创造性思维。大学生一定要清醒地认识到进入职场后，自己的社会责任、社会角色、社会义务、社会权力及所处的环境都不同，应该按照新的环境和角色来约束自己，并承担自己该承担的责任。要摆脱学生“以学为主”的思维模式，把它转变成“以用为主”的思维模式。

2. 做好准备，树立岗位意识

岗位是一种稀缺资源，拥有岗位的人是幸福的。岗位，从小处来说，是个人谋生的

基本手段，从大处来说，则是人生价值实现的平台和施展才华的舞台。无论处于什么样的岗位，每个人都应该兢兢业业、任劳任怨、尽职尽责，这是对从业者基本、简单而朴素的要求。要知道，再出众的才华和再高超的技能，都必须依托岗位这个平台才能得以充分展示，离开了岗位，才华和技能只能是空谈。

岗位是唯一的，但能胜任同一岗位的人却有若干。对岗位抱以敷衍态度的人，必将会被岗位淘汰出局，将来不要说发展，基本生存都是问题。因此，毕业生必须转变思维，树立岗位意识，具有乐业、精业、敬业、勤业精神，增强工作的主动性和学习的积极性。

乐业精神就是指要做到在其位、干其事、干好事，对自己所从事的岗位忠诚热爱，爱企业、爱岗位、爱工作，把心思用在工作上，把精力谋在事业上，把自己的聪明才智用在加快单位发展上。要经常问一问自己，“现在正在干什么、下步打算怎么干，”要经常反思自己，“是否尽到了职责、是否问心无愧。”乐业的人知足常乐，不以物喜，不以己悲，保持一颗平常心，把个人名利看得很淡；乐业的人知责律己，不敷衍、不推卸责任，保持一颗进取心，将责任植根于内心，干工作始终精神饱满、无怨无悔。

敬业精神就是指要做到钻技术、精业务、会管理，对自己所从事的工作精益求精，精一门、会两手、学三招，要不满足于已有的成绩，见贤思齐，高标准、严要求，不断把自己培养成行家里手，要刻苦学习、拓宽视野、增长才干、提高技能，不断把自己培养成专门人才。精业是单位发展的需要，也是精细管理的内在要求。唯有人人精业，才能提高工作效率，增强发展质量，打造品牌，提升单位核心竞争力，实现又快又好的发展。

勤业精神就是指要做到出满勤、干满点、满负荷，对自己所从事的职业倾情奉献，不计名、不计利、不虑失，要干满一分钟，尽责六十秒，不投机取巧、不懒散懈怠；要具备高尚的职业操守，埋头苦干、任劳任怨、默默奉献；要坚定信仰、始终如一，以高昂的热情全身心投入到工作中，勤奋耕耘、不问收获。勤劳是一笔精神财富，勤奋是通向成功的彩桥。要比别人出色，就得勤业；要比别人卓越，除了勤业也别无选择。

（三）提升能力，勤奋工作

入职后，经常会遇到自己的工作和大学所学不一致的情况，这时自己往往要业余学习很多的技能。除了专业技能外，也要提高综合能力，如创新创造能力、组织沟通能力、抗压能力、适应能力等。这一点对于能否成为一个令人佩服的职场高手是非常关键的。

1. 做到“三勤”，踢好“头三脚”

刚刚走上工作岗位的毕业生，往往发现要做的事情很多，希望自己在工作中能有一个良好的开端，希望能踢好“头三脚”，给领导和同事留下个好的“第一印象”。怎样才能实现这一心愿呢？要能融入工作，并且增强自主意识，勤奋工作，尽快提升能力，做到能力上的转变，做好至关重要的“三勤”，即“嘴勤”“眼勤”“手勤”。

所谓“嘴勤”，一是在熟悉新工作、新环境的时候要勤学好问。刚到一个新单位，面对一份全新的工作，这也不懂，那也不熟悉，这是难免的。切不可不懂装懂，自以为是。要多向领导请示，多向同事请教。要知道，任何一个同事或上司都喜欢勤学好问的年轻人。二是要善于与同事多交流、多谈心。面对周围陌生的面孔，你作为“小字辈”，应该主动跟大家打招呼。假如你“嘴懒”，别人会以为你太蔫或太傲，不好接近。如果你表现得主动随和，闲暇时和大家聊聊天，谈谈心里话，无形中就会把你周围同事的感情拉近了许多。

所谓“眼勤”，就是要做到“眼里有活”。作为新上岗的大学生，一般都想多干点工作，多一些表现的机会。可不少同学仅仅停留在领导让干什么就干什么，自己“眼里没活”，不善于主动积极地“找活干”。要知道，社会不同于学校，领导和同事不可能事事都手把手地教你干这干那。他们所赏识的是那种工作主动性强、善于观察、富于创造性的年轻人，而不是那种推一推动一动的人。如果你在工作中不仅能按时完成领导所交给的任务，而且对所承担的工作有独到的创造性，领导肯定会对你另眼相看。如果某项工作没等领导吩咐，你就能主动去做，并且干得漂亮，一定格外得到领导的青睐。

所谓“手勤”，其一是要“勤快”，要做到不迟到、不早退、打水、扫地、整理内务等，这些看来细小的琐事，往往会给你的上司或同事留下截然不同的“第一印象”。对于一些在学校里养成懒惰习惯的毕业生，这一点尤其要注意。其二是动手能力要强。动手能力往往是一个毕业生“踢开头三脚”的敲门砖。比如，你的计算机操作能力如何？你是不是有一手好字？你开车的技术如何？你有没有文艺或体育特长？等等。如果你能在工作中或单位集体活动中，能不失时机地发挥自己在这方面的特长，一定会让上司和同事对你高看一眼。

2. 主动沟通，善于处理人际关系

确立清醒的人际关系观。要对人际关系的重要性有一个清醒的认识，有意识地培养自己的人际关系，将之融入日常的工作交往中，为人际关系的不断改进而持续努力。将人际关系的处理当作工作的一部分，大处着眼，小处着手。

（1）正视评价，主动沟通。从踏入工作单位的大门起，必然会受到新群体对你的评论，这是在新的环境中，以新角色的要求对你做出的新估价。要想了解自己的表现是否符合角色的要求，要想对自己的行为做出较准确的判断，都要借助于这些评价。一个人如果光凭自我感觉来认识自己是不行的。当别人给自己提建议时，要好好分析自己身上是否真的存在他人所说的问题，如果建议合理，要学会采纳。作为公司的新人，面对陌生的环境与面孔，要主动与同事和上级打招呼，在空闲之余力所能及的情况下协助同事工作，一份善意不仅有助于表现自己的亲和力，更可以创造工作沟通交流的机会，深化对职场的感知。此外，要深思熟虑后再说话，切忌情绪化宣泄，确保言语得体和信息传达准确无误。工作时找到核心问题，并准确描述，避免无效沟通。“静坐常思己过，闲谈莫论人非”，有任何问题，都要将直接沟通视作第一选择，而非在背后论人长短。

（2）学会团结协作，与同事构建融洽关系。现代的学生在学校多强调的是“个性”，学校也鼓励学生的个性发展。但企业强调的是团队精神和严谨的工作纪律，在这里需要的不是你的个人独秀，而是你与团队默契的配合，用集体的智慧和力量完成工作。新人应该了解，无论你在学校里学业成绩有多么优秀，社会活动能力有多强，也不论你的雄心壮志有多高，成功绝不是孤立的，你所处的环境、你的机会，都是影响你成功的重要因素。如果能认识到这一点，就会抱着不断学习、虚心的态度学会团结协作，与同事构建融洽关系，走向你人生的又一个起点。

（3）尊重并适应组织环境，比如领导风格、公司文化、管理理念等，能让你更快地处理好人际关系。每个组织有其鲜明的个性特点，在长时间的磨合过程中渐渐形成稳定的风格，是众多员工性格趋同的作用，代表着大多数员工的性格特点，有的是以领导人的性格特点为主，可以称之为组织的性格，所以要想获得领导与同事的认可，就必须首先弄清楚组织的风格，并根据组织的风格不断调整自己的脾气习性，与之相适应，慢慢融入进去，找到和谐的感觉。否则，一贯专横独行、坚持自我的话，一般很难以融入组织，难以被认同，也因此无法很好地与同事进行合作，难以获得更多的工作机会，建立良好的人际关系就无从谈起。所以对组织性格的认知和认同非常重要。

（4）注意细节。人际关系的处理有时非常微妙，稍不留神就可能前功尽弃、不可收拾。从自己的言行举止入手，用诚实的态度、合作的精神感染与自己接触的每一个人，不怕麻烦，将细节的处理运用到人际交往的每一个环节，促成人际关系处理的良性发展，并不断巩固提高。用坦率的态度，面对自己和他人。很多人都认为，步入工作岗位是进行自我彻底转变的一个大好机会。在完全陌生的环境里，没有人知道你的过去，正好可以掩盖自身瑕疵。但事实并不是这样。学生在参加工作后不要一味地掩盖缺点，很多不足是掩盖不了的。比如你的人际交往能力、分析解决问题的能力，等等。也许在短时间内你可以掩饰某些缺憾，但如果你没有有意识地培养这些能力，必将受其掣肘。

（5）培养亲和力。亲和力对一个人的人际交往至关重要，这也就是有些人在各方面并不出色，却拥有众多朋友的一个重要原因。一个没有亲和力的人，人们是不愿意和他交往的，甚至躲避疏远。亲和力要求对人友善、让人感觉亲切和谐。所以我们在工作交往当中一定要注意自己的处事方法，不管身处何位，对人友善、对人尊重都是必需的。反之，那些不友善，动辄训斥贬低别人的人会慢慢体会到这种态度带来的恶果，没有人愿意和这样的人交往，也不会有人很好配合这种人的工作。千万不要当一个没有合作关系的员工，没有合作关系意味着工作范围的缩小、成绩的降低。

（6）注意自我修养和自我提高。在要求别人做事情之前，先问问自己是否能做到，千万不要忽视别人的感受，而一味以自我为中心。所以自我角色认知在人际交往中也显得尤为重要。在正确认识自己的前提下，才能正确理解别人的感受，才能达到行动上的一致，达到和谐统一。任何单方感受都不足以应付复杂的人际交往，必要的换位思考和自我认知、自我反省不可缺少。

3. 虚心学习，勤于思考，培养综合能力

虚心学习知识，提高工作能力是角色转换的重要手段。一个人在校期间学习到的东西毕竟是有限的，尤其是随着科技的发展进步，新的知识技能不断涌现，很多知识和能力需要在工作实践中去学习、锻炼和提高。毕业生在校期间虽然学到了不少知识和技能，但面对全新的职业，还需要像小学生那样从头学起，虚心向有经验的领导和同事学习，不断丰富自己的专业知识，提高自己的专业技能，最终达到自我完善。

勤于观察思考、善于发现问题是角色转换的有力保障。毕业生进入职业角色，只有善于观察思考，才能发现问题。此外，只有运用自身掌握的知识去努力解决问题，掌握大量的第一手资料，分析研究职业对象的内部规律，才能培养自己的独立见解，逐步具备独立开展工作的能力。

4. 正确面对工作中的挫折，提高抗挫折能力

面对职场的压力，对于毫无经验的新入职场的大学生们总会遇到许多困难和挫折，但在面对困难与挫折时，有些人选择了放弃，有些人选择了坚持，勇敢面对。

如何正确面对工作中的挫折？首先，当遇到挫折时，不能就此放弃，要用冷静的态度，客观地分析失败的原因，进行正确的受挫归因。其次，乐观面对。挫折虽然能够给人带来心情的不愉快，但同时也可以锻炼人的意志。不少新入职场的大学生们只想到成功，没有想到失败，一旦遭受挫折就会一蹶不振，陷入苦闷、焦虑情绪之中不能自拔。最后，调整好目标，脚踏实地前进，争取新的机会，争取获得下一次的成功。一个真正的强者面对失败时，通常能够认真反思，吸取经验教训，努力去争取新的机会。

典型案例

有一天，某单位员工小陈来到经理办公室，眼泪汪汪地说不想干了想辞职。问其原因，是因为小陈没有及时变更教师信息，导致提交教务教师课时错误。教师的课时与课酬密切相关，因此受到了同事及主管的批评。小陈认为这种批评是她不能接受的，而且她已经很努力地在工作了。其实导致小陈出错的原因，就是因为小陈缺少工作经验，没有进一步把教师课时信息与教师考勤信息进行核对。如果有了核对的步骤，这种错误完全就可以避免了。因此，困难和挫折并不可怕，可怕的是不能理性勇敢面对而就此放弃，往往失败离成功只有一步之遥。同时，小陈只要能够勇敢面对，找出出错的原因，乐观面对并在今后的工作中给予改进，最终小陈就会取得成功。

总之，初入职场的大学生们应积极调整心态，勇敢面对挫折，制订正确的职业生涯规划，尽快实现角色转变，融入社会和集体生活。人的一生，从求学到工作，从学艺到谋生，经历无数次的角色转变，每一阶段的人生角色，赋予的内容和要求是不全相同的，因此必须有效适应每一次人生转变，才能更好经营自己的人生，才能最大化发挥个人的

人生价值和全景化地实现我们的社会价值。以不变应万变，适应每一次人生角色转变，将取得最终的成功。

拓展阅读

职场女性如何练内力

1.颜值焦虑，提升涵养

据清华大学国际传播研究中心发布的《中国职场女性心理健康绿皮书》，逾八成中国职场女性感到过焦虑、抑郁，工作、经济和外貌是她们心理困扰的三大来源。

竞争激烈、怕被取代。中国科学院心理研究所心理健康应用中心测评主管肖震宇表示，面对激烈的职场竞争，不少女性每天工作时间长达11小时甚至更多。同时，企业入职的新人会让不少“老人”出现职业危机，女性的“年龄焦虑”更严重。

为经济独立发愁。一项调查表明，30.57%的女性认为最大的压力来自经济。如今，女性越来越向往经济独立，希望靠自己买下所需所爱。

被“颜值即是正义”裹胁。肖震宇表示，现在的社会评价体系较从前有了许多变化，似乎更注重一个人的外在形象，导致不少职业女性对外貌不自信、价值感低。

针对这些原因，肖震宇建议：（1）缓解工作压力，女性要正确认识自己，了解自身优势和短板，扬长避短，避免“眉毛胡子一把抓”或大包大揽，为自己减负；（2）多去感受年轻人的活力、热情，通过主动学习来缓解年龄焦虑；（3）理性消费、学会理财，为自己积攒经济实力；（4）接受自己的外在条件，不要过度纠结外貌，多参加一些提升内涵的活动，如读书会、学门手艺等，转移注意力，从其他领域寻找价值感。

2.想晋升，多积极沟通

有人用“玻璃天花板”比喻无形、人为的困难，阻碍有资格的人（尤其是女性）晋升。如果职场女性认为自己在工作中遭遇“玻璃天花板”，可以尝试和上级理性沟通自己晋升或加薪需求，为自己争取利益。另外，如果想要出人头地、有所成就，可以利用业余时间给自己充电，多学习专业知识。而对于无力改变的状况，可以把人生重心适当从工作转移到生活。人生的成功不只有事业，职场女性要允许自己尝试各种可能。

3.处理人际，别太敏感

太过敏感，易被排斥。被老板批评、同事教训就忍不住眼泪汪汪，沉浸在“老板不信任”“自己没前途”的苦恼中。由个性导致的职场人际关系不融洽，肖震宇建议这类人一定要把事实和想法分开。如果被领导批评犯错，一定要想明白这是对事不对人，不要过度解读。

文化氛围不契合。每个企业都有自己的文化，如果难以与之契合，便会感觉被排斥。比如在传统型企业，点子、想法比较多的人就可能感到压抑。建议有这类问题的女性，要把重点放在“把自己的事情做好”上，减少与组织的对抗，积极与同事领导沟通，让对方了解你的想法。

沟通技巧不成熟。在职场中，高情商会有很大帮助。有些人不会处理同事之间的关系，太过热情会让人有压迫感，太过冷漠会让人无法亲近。肖震宇表示，进入新环境，要注意先观察，了解同事的性格和处事风格，遇到过于热情的同事，可以婉言拒绝；拜托不爱说话的同事做事也别丢了客气。

（来源：生命时报 2020-01-06，受访专家：中国科学院心理研究所心理健康应用中心测评主管 肖震宇，记者：王冰洁，责任编辑：王笑蕾）

第二节 职场适应与注意事项

案例导读

小琳是个令父母骄傲的独生女，外貌和学习都不错，性格直爽，开朗活泼。可是，工作了之后，直爽反而成了她的缺点，令她倍感苦恼。在她给那个人人叫作“巴婆”的主管提工作意见之后，主管就一直没给她好脸色，小琳感觉特别痛苦，一段时间内无所适从，甚至想过要不要离开公司，但这是个效益很好的大企业，好不容易过五关斩六将才竞聘成功，还是有点不舍得离开的。随后的日子，小琳和单位里带自己的师傅好好地沟通请教了一番，师傅给了她很多很好的建议，然后，小琳主动找女主管好好沟通了一次，通过沟通，小琳认识到这位主管为这个曾经付出的劳动和心血、这个主管当下在单位的努力以及对单位的效益发展起到至关重要的作用，认识到原来主管是个不折不扣的热心肠，也认识到自己提意见和建议的方式方法有所欠妥。通过沟通，女主管和小琳彼此之间都多了很多理解和了解，虽然，最后试用期延长了一周，但是，最终都顺利通过了。

从以上案例可以看出，大学生初入职场，要认识并适应新环境，要学会积极与人沟通合作，正确处理人际关系，对于上司和同事，要先尊重后磨合，不可能所有的上司和同事都合你的脾气，对上司要多尊重、沟通、了解和配合，对同事要多理解、互相支持，逐渐学会学习如何与同事相处，随着时间的推移，你的坚持、成熟、理智等将会成为你职业生涯中一笔宝贵的财富，使你求得机遇和发展。

一、认识并快速适应新环境

蒙田说过：“既然不能驾驭外界，我就驾驭自己；如果外界不适应我，那么我就去适应他们。”每当人们遇到新的工作岗位、生活上的改变等新环境甚至遭遇变革时，既有面对挑战的艰难，也有新的机会产生，只有快速认识并适应新环境的人才容易抓住机会走向成功，而那些沉浸在过去无法适应的人则会被淘汰。历史和社会如此，职业环境也如此，毕业生应该学会观察，积极认识和了解新环境，以便快速适应新环境。

（一）获得同事认可，融入工作团队

典型案例

一位刚走上工作岗位的毕业生带着苦恼的神情说："我已经正式上班一个星期了，可是同事仍把我当陌生人一样，领导也很少给我分配工作。这是为什么？我又该怎么做呢？"

小王在毕业后成功进入一家心仪的企业工作，为了给公司的同事和领导留下好印象，小王总是和大家热情地攀谈，但是同事很少回应他的热情。小王感到非常苦恼，不知道怎么办？

案例中两位初入职场的毕业生，都无法快速获得同事的认可，不能尽快融入工作团队，因而产生苦恼，那么，如何快速获得同事认可，融入工作团队呢？

首先，要培养自己的"归属感"。把单位这个集体当成自己的家，想集体之所想，忧集体之所忧，在思想、感情、行动上属于这个"家"。主动热情为同事排忧解难、同甘共苦、风雨同舟，而不是只考虑个人利益，这样，同事和领导自然就不会把你当外人，你也能迅速融入集体。相反，如果凡事"事不关己，高高挂起"，或到处说闲话、瞎打听、牢骚满腹，同事们肯定就会远离你。

其次，要因时制宜、因地制宜。校有校风，厂有厂风，不同的单位有不同的工作作风、观念、文化与职业氛围。所以，初入职场的毕业生要尽快熟悉和适应环境，要善于发现和观察，虚心学习同事们的长处，努力工作，符合单位的工作作风，逐渐获得同事和领导的认可。

（二）虚心学习，实干出成绩

当前是一个知识爆炸式涌现的时代，毕业生刚刚进入工作岗位，往往会发现在岗位中所要求掌握的专业知识自己在大学期间并没有学到或者充分掌握，这就需要继续努力学习业务知识。努力学习业务知识，首先要从实践中学，向同事和领导学习，学习他们的先进方法和思想；其次要勤于从书上学，学习需要的专业知识；再次要向挫折和教训学，不断加以改进和提高，以完善自我，丰富人生。通过多读书、多学习、多反思，使自己内心日益沉淀，克服急躁情绪，让自己更成熟、更稳重，最终实现个人事业的成功。进入职业角色，要开动脑筋，勤于思考，运用自己所学的知识努力解决问题，探索岗位

的胜任特征，使自己逐步具备独立开展工作的能力，逐步成为不可替代的员工。对领导提出的任务一定要超预期完成，逐渐使自己成为领导信赖的员工。“大事干不了，小事不愿干”是刚参加工作的毕业生最容易犯的毛病。初入职场，一般很难直接参与重要的工作，往往承担些比较琐碎的杂事、小事。例如，接待来访客人，撰写通知或工作报告，提出工作设想或具体工作实施策划方案等。要用心把这些小事做好，赢得领导、同事的好感与信任，逐渐适应角色。

（三）增强团队意识，融入环境

团队意识，就是团队成员共同认可的一种集体意识，显现团队所有成员的工作心理状态和士气，是团队成员共同价值观和理想信念的体现，是凝聚团队、推动团队发展的精神力量。要不断增强团队意识，可以考虑做到以下三点。

1. 要有思考性

在一个团队里，如果连起码的思考性都没有，那等于滥竽充数。如果想要有团队精神，必须要有思考性。思考怎样做才能为这个团队增加效益或成效。

2. 要有自主性

在一个团队里，你应该知道自己处在什么样的层面上，然后按照自己的职能和职责去办事。不要等着别人提醒：你可以做这件事，你什么时候可以拿出这个方案。而你应该是时刻有团队精神：我已经完成了这份工作，那接下来我应该干什么呢？然后便找事去做了。这个方案我自己可以在什么时间段完成呢？我给自己打压，必须三天内完成。不需要别人催就拿出了方案。

3. 要有合作性

一个团队里，自己可以管好自己，但是很难管好他人，与他人的人际交往很重要。这就要求你要虚心求教也要充分表达自己的观点，要对事不对人，分工不分家。所以增强团队精神就可以从这三个方面着手，尽力完成手头上的工作并且与他人合作。如果你是老板，那你就要教会手下的人养成这三个习惯。如果你是雇员，那你更应该去培养这样的团队精神，否则下一个被赶出门的将会是你。

（四）理性看待挫折和批评

不论从事何种工作，遭遇挫折总是不可避免的。有的人遭遇挫折后垂头丧气、郁郁寡欢，有的人将愤怒和怨气发泄到别人身上，有的人不懂总结重复犯同一个错误……这些都不是正确面对挫折的态度。

正确的态度应当是受挫后采取积极的心理自我防卫，谋求心理平衡。例如，将内心愤懑的消极情绪转化为力争上进的积极情绪，化悲痛为力量，使心理得到升华；或“重振雄风”加倍努力工作，去实现目标；或改换工作方法，另行尝试；或进行工作补偿，以期达到“失之东隅，收之桑榆”的效果。

初入职场，有时由于工作达不到相应的效果，或者犯了一些错误，遭到同事或领导的批评和建议。怎样面对批评和建议，不同的人有不同的态度。有的人勇于承认自己的错误，并诚恳地接受批评建议，总结教训，并及时加以改正；有的人受到批评就会变得自暴自弃、一蹶不振；有的人遇到批评就火冒三丈，听不得一点批评和建议，使周围的人不得不“敬而远之”。

面对批评和建议，正确的态度应该是“有则改之，无则加勉”。首先可以静静聆听，尽可能让批评者完整地表达意见，如果没听清自己的错误所在，也可以虚心地提问：“能否说得更具体一点？”以求找出受批评的原因。如果了解到自己的错误，要勇敢地承认错误，表明改正的决心和信心。

（五）融合企业文化，注重职业形象

每个企业都有自己的发展史和企业文化，都有一些成文或不成文的规矩。企业文化是在企业的长期经营过程中形成的经营理念，具有相对的稳定性。因此，职场新人应多查阅单位的历史资料，多注意观察，使自己的能力与企业要求吻合，尽快融入企业文化。

（六）恰当时机展示自我风采

毕业生走入企业后，由于多年的学习积累、专业知识技能、年轻有活力等因素具备特有的优势和能力素质，可以适时地体现个人的“品牌”，恰当时机展示自我风采。但也要注意以下几点：

（1）不要为了表现而强出风头。工作中积极表现是必要的，但不要为了出风头，选择一些自己无法完成的工作，最后把自己置于尴尬的境地，最终落得吃力不讨好。刚参加工作的新人还处在被公司考察的试用期，首先要保证有不出差错、认真工作的态度。

（2）抱着学习的态度。对于职场新人来说，工作环境是陌生的，许多事情也不知道如何办理，多向同事求教才是进步最快的一种方式。最好有一种从零做起的心态，充分尊重同事的意见。

二、初入职场的注意事项

不积跬步，无以至千里；不积小流，无以成江海。刚刚步入职场的大学生要从认识环境、熟悉环境进而适应环境开始，把握工作中的注意事项，着眼长远、摆正心态、踏实肯干、不抱怨、不气馁，学会职场生存法则，长期坚持，最终使自己成长成熟。

（一）守时

守时是最基本的职业行为习惯。如果连最基本的上、下班时间规定这种约束都适

应不了，那么任何一个工作都无法适应你。即使是自由职业者，虽然可以自行制定作息时间，但需要从业者具有更强的自律性。在大学期间，有没有准时上课？有没有在规定的时间提交作业？在学校的社团活动中是否按照规定的时间参加各项活动和完成工作任务？如果在各种学习和活动中都做到了守时、准点，那么，这种习惯就会逐渐形成。如果在大学期间比较散漫，就更要从严要求自己，快速养成良好的守时习惯，据说，一个好习惯的形成需要大约21天的重复，大学生可以有的放矢地进行锻炼，培养自己守时的良好习惯。

典型案例

康德有一次要去拜访一个朋友，约好了时间。他为了不迟到还提前很长时间出发了，但是不幸路上遇到洪水，河上的桥被冲垮了。康德坐的马车不能过河，于是他四处找船。但是找了很长时间都没有找到，眼看约会时间就要到了，他就给了附近一个农民很多钱，把他的房子拆了做一条船渡河。这样他没有迟到，而且没有告诉任何人他的这次经历。康德是守时的典范。

（二）快速响应，积极配合

就企业内部而言，每个员工都是团队中的一员，对本职任务能否实现快速响应，影响到的不仅仅是能否快速完成本岗位任务，还往往决定了整个团队任务的完成效率。同时，与团队成员积极配合，与相关部门积极配合，都是高效率完成工作任务的基本保证。在大学期间，对于老师安排的任务、社团的工作安排，如果是缓慢回应、推三阻四，就要有意识地培养自己快速响应和积极配合的习惯。

（三）工作要有计划、有条理

工作要养成有计划、有条理的习惯，这样能够在繁杂的事物中有条不紊，工作多而不乱。工作没有计划、没有条理性的人，往往会把时间浪费在找东西上面，或者浪费在应付突发的各种局面上面。在大学期间，建立条理性思维，可以看一些如日本丰田5S管理之类的书籍，从理性方面了解条理性的重要性和好处。在日常学习和生活中，对自己书籍的摆放、衣柜中的衣服、电脑中的文件等，尽可能做到归类存放、索引清楚，同时还要定期清理，按照条理性的要求进行管理。也可以通过组织活动或完成某项任务时，进行有目的的计划策划，在活动的过程中，在任务的完成中，不断调整计划，通过这样的训练和锻炼，逐步养成工作有计划、有条理的好习惯。

（四）事事有回复，定期向上级汇报工作

养成对于别人交代的事情，无论处理结果如何都及时回复的习惯，这是最基本的处事行为习惯。对于交代的事情，如果事情办好了，回复一声，让别人不用再惦记着这件事；如果还没办好，遇到了什么情况，办到了哪种程度，更要及时告诉交办人，以便及时采取其他办法把事情办好。工作中，对于上级领导和客户，事事有回复，显得格外重要。上级是一个人职业生涯中最重要的、最有影响的人物之一。上级最想知道下属的事情之一，就是他所安排的工作和任务到底进展到什么程度了。如果让上级领导经常亲自来问，自己就会显得很被动，而且会落下一个工作不主动的名声。所以，对上级交办的工作，一定要及时向上级汇报完成情况，便于上级把控工作过程和结果。对客户，定期回复客户要求和投诉，会让客户感觉备受重视，有助于和客户更好地沟通，有助于工作的进展。

（五）定期反省和总结工作经验

定期反省和总结是一个人进步的基石。反省可以让自己发现自己的不足并加以改正，让自己做事的风格逐步成熟起来；总结可以让自己以往的经验形成做事的“心流”或模型，创造自己独特的见解，甚至上升到做事的独特理论，让自己以往的经验不会流于经验。

（六）树立远大志向并坚持不懈

志不立者事无成。心存远志，永远是成功的第一要素，一个人如果没有远大的志向，一定会被眼前的鸡毛蒜皮而扰了心智。道德经说：“知足者富，强行者有志。”知道知足就等于富有，努力追求的人才算有志气。

无论是谁，不立远志，不足以成事。但立了远大的志向，却没有执着的行动，照样无法成功。歌德在《浮士德》中说：“始终坚持不懈的人，最终必然能够成功。”一个高效的职场精英，一定是有远大志向且坚持不懈的人。

（七）不埋怨、不抱怨、不气馁

对待工作和困难要坚持“不埋怨、不抱怨、不气馁”的态度。

当毕业生刚刚走出校门、踏入社会时，展现在我们面前的是一个完全陌生的环境。这时，有的同学能够客观认识自我和环境，尽快完成学生到职员的角色转换，顺利度过初入职场的适应期。也有很多同学由于各种原因，一时不能适应新的工作环境，这时，埋怨和抱怨是没有意义的，努力寻求解决办法才是适应职场的唯一途径。

根据自己的具体情况，分析一下暂时不能适应新环境的原因。一般有知识技能、生理和心理几方面的原因。

如果是由于知识技能欠缺一时不能胜任工作而感到不适应，那就正确地认识自己，面对自己的弱点，克服困难，努力学习，提高自己的技能以尽快符合单位的需求。其实，刚走上工作岗位的学生，都会面对着一个把书本知识转化为实践检验的过程，要接纳这个过程，不要过度提高期望值。同时，要对自己充满信心，给自己一段时间，相信自己只要勤学多练、虚心求教，一定会尽快掌握知识技能，适应新的环境。

如果是因为身体紧张疲惫等身体原因导致工作的不适应，就适当调整工作节奏，正确处理好工作和生活的关系，工作时间勤奋努力，工作之余合理安排一些轻松而又丰富的业余生活，做到有张有弛、忙而不乱、有条不紊。

如果是由于人际关系没有恰当处理导致的不适应，也不要过于烦恼。社会是个大课堂，有各种各样的人、各种各样的事。要正确看待周围的人和事，既不必自恃清高、恃才傲物，也不要自卑羞怯，缩手缩脚。对待同事以诚待人、热情得体、不卑不亢，不要冒失地卷入人事纠纷，尽力与同事发展团结互助的良好关系。

典型案例

小王是北方人，从小在北方长大，读的也是北方的大学。毕业时被一家外企招聘成功，这家外企在南方。工作一段时间后，小王发现自己很难适应总经理的工作风格，尤其是他对自己百般挑剔的态度。因为工作得不到总经理的认可，小王感到很沮丧，经常面对很多工作，却不知从何入手，工作效率很低。后来，小王求教了招聘自己到公司的人事部领导，通过交流，小王意识到，自己不仅要努力适应工作的环境，还要适应南方的气候、风土人情、居住及饮食环境等。以前，在阳光明媚的北方他经常心情舒畅，而南方阴雨连绵的天气常常令自己无精打采。随后，小王调整了心态，改变自己对环境的认识，改变自己的生活习惯，积极了解总经理的工作思路，逐渐融入环境，大大提高了工作效率，心情也愉悦了很多。

案例中的小王由于身体生理的原因，导致心情不佳，影响工作方法和效率。但小王积极寻找了有效的方法，主动找人交流沟通，很快找到解决问题的办法，并积极实施，迅速适应了新的工作环境。

拓展阅读

为毕业生走好职场第一步铺路

疫情影响下的特殊就业季，有哪些职业蓝海？“云”上求职，毕业生如何应对变化？错过了秋招，如何调整心态抓住春招机遇？

4月12日起，教育部“24365校园招聘服务”活动每周推出一节“互联网+”就业公益直播课，为全国高校毕业生解析就业形势，分享求职攻略，助力毕业生走好职场第一步，至今已举办3场，累计观看人次超过600万。

特殊就业季，有哪些职业蓝海？

自4月7日教育部推出“24365中关村专场招聘”活动以来，联想集团、北斗导航、中国电信等千余家上市公司和头部企业，提供了包括区块链数据挖掘、卫星数据应用、物联网数据分析，以及人事、财务、产品运营在内的岗位4万多个。

亚信科技招聘总监仲小玲分析，在国家科技强国的战略和政策指引下，产业数字化与智能化进程加速，互联网、大数据、人工智能和实体经济的深度融合，将催生一系列新业态——新交通、新制造、新金融、新零售等，对人才的需求十分旺盛。

“毕业生不仅要有专业硬实力，更要有团队协作、学习能力、沟通能力、解决问题等软性技能，才能在智能时代拥抱变化，脱颖而出。”仲小玲说。

京东招聘雇主品牌负责人王盛通说：“京东电商除了快递小哥、客服等，还包含了2000多个岗位1.5万个需求。此外，还有很多新奇的岗位，如电竞职业选手、无人机飞服师、京东生鲜寻鲜者等，”电商是一片蓝海，毕业生加入电商行业将大有可为。

“云”上求职，如何逆势飞跃？

疫情暴发，武汉封城；考研失利，错过秋招；招聘信息眼花缭乱，线上面试紧张……加入春招大潮时，武汉理工大学市场营销专业毕业生郑奇确实经过了一段焦虑、痛苦的时光。

及时调整心态，他积极从教育部“24365招聘服务平台”和学校就业信息网上搜索招聘信息；对着摄像头一遍一遍进行线上面试练习，逐渐找到了求职的状态，拿到了4家公司的录用通知，最终他选择加入美的置业。

“受疫情影响，今年招聘整体延后，50%的雇主将在6月份完成招聘，所以同学们不要恐慌。”前程无忧北区校招部总监侯晓宇分析，招聘由“面谈时代”“渠道时代”向“精准时代”转变，空中宣讲会更是可以实现随看随问随投。当前毕业生要主动适应在线求职新形态和新趋势，用好校园招聘服务平台，实现“云”上求职，逆势飞跃。

“面对校园招聘全面线上的情况，同学们要充分利用线上求职、空中宣讲会等渠道，尤其是要从设备、网络、环境、个人表现等几个方面做好精心准备，迎接视频面试。”智联招聘执行总监孙凌说。

毕业生如何走好职场第一步？

国企在选拔人才时有什么标准？个人又该如何选择职业方向？如何提高双方的匹配度？对此，中建二局人力资源部副总经理于震给出了自己的建议。他介绍，今年中建二局从总部到二级机构以及项目部，将提供总计超过1400个校招、社招和实习岗位，岗位丰富、专业覆盖面广，学历层次从大专到博士全方位涵盖。

“我们培养的是国有企业管理者和大国工匠，因此，专业能力强、政治素质过硬的学生党员和学生干部在应聘时是有优势的。”于震说。学生选择职业方向时兴趣、专业、平台三者都令人满意是最理想的状态，“兴趣激发活力，专业能力是一个人成事的关键，而平台可以提供更好的机会。”

在求职时，首都经济贸易大学应届毕业生何璇目标明确、精准投递，最终顺利拿下中粮旗下华商国际工程财务岗位的录用通知。“我本科和研究生学的都是会计专业，再加上希望工作稳定，因此把求职重点放在了北京的国企、事业单位财务工作，争取更多的笔试面试机会，通过提前精心准备提升笔试通过率，多次进行线上模拟面试，最终获得了心仪的职位。”何璇说。

（来源：中国教育报 2020-05-06 记者　董鲁皖龙）

参考文献

［1］麦可思研究 .2021 年中国本科生就业报告［M］. 北京：社会科学文献出版社，2021：1–10.
［2］张宪义 . 大学生职业能力分析 – 以求职简历为例［J］. 人才资源开发，2021（08）：70–71.
［3］胡凤至 . 大学生求职简历制作的功用与价值［J］. 农家参谋，2020（12）：1–1.
［4］赵鹏娟，李永鑫 . 应届大学毕业生求职简历调查分析［J］. 人才资源开发，2009（12）：38–39.
［5］王华 . 为简历开份诊断书——大学生简历个案分析［J］. 中国大学生就业，2006（03）：20–23.
［6］刘舸 . 简历如何突出求职者的优势［J］. 秘书，2005.12.18.
［7］夏藜 . 一份简历的两种命运［J］. 中国大学生就业，2006（06）：24–25.
［8］薛书彦，石磊 . 浅议 STAR 法则在大学生求职面试中的运用［J］. 技术与市场，2010，17（06）：52–53.
［9］王刚 .HR 视角下有效求职简历的制作方法探析［J］. 唐山文学，2019（08）：130–131.
［10］宫涛，付宁 . 求职电子简历的制作［J］. 吉林农业科技学院院报，2008，17（04）.
［11］修焕焕 . 新加坡学生汉语求职信写作案例分析［D］. 山东：鲁东大学，2015：6.
［12］王长义，周桂荣 . 求职信撰写要略［J］. 吉林省教育学院学报，2012，28(（03）：144–145.
［13］侯首辉，熊蕾 . 求职信写作“六要”［J］. 应用写作，2019，（02）：25–26.
［14］钟风云 . 网络招聘与大学生网络求职情况分析［J］. 黑河学刊，2020（01）：177–178.
［15］大学生求职，小心传销陷阱［J］. 知识经济（中国直销），2016（07）：112.
［16］林艺珊 . 大学生创业对转变传统茶产业发展形式的推动作用［J］. 山西青年，2018（21）：177.
［17］吕静 . 社会创业：大学生创业教育的新形式［J］. 继续教育研究，2017（2）.
［18］胡胜 . 大学生就业与创业指导［M］. 北京：机械工业出版社，2021.
［19］杨红，秦晓燕 . 大学生就业指导［M］. 北京：人民邮电出版社，2021.
［20］周兆龙，吴伟 . 大学生就业与创业指导［M］. 北京：人民邮电出版社，2015.
［21］罗正红，等 . 大学生就业与创业指导［M］. 北京：首都师范大学出版社，2020.
［22］原淑炜，等 . 高校毕业生职业指导案例集［M］. 北京：中国劳动社会保障出版社，2015.
［23］胡恩立 . 大学生就业指导［M］. 2 版 . 北京：高等教育出版社，2021.
［24］金正昆 . 大学生礼仪［M］. 北京：中国人民大学出版社，2014.
［25］施炜 . 大学生公共礼仪教程［M］. 北京：中国人事出版社，2018.
［26］裴少桦 . 大学生礼仪指导与训练［M］. 2 版 . 北京：首都经济贸易大学出版社，2012.
［27］夏熊飞 .“大厂”笔试找枪手，别为 offer 丢了诚信［N］. 中国青年报，2021–04–23.
［28］准备了 4 杯水来 5 位领导，如何分配？［N］. 法治日报，2020–12–17.
［29］李娜 .@ 高校毕业生 各种求职面试类型突破技巧来了［N］. 中人社传媒，2021–08–26.
［30］经典问题范本——面试官的题库拿走不谢，学习强国，学堂在线，2021–01–12.
［31］尴尬情景化解——最尴尬时请打开此锦囊，学习强国，学堂在线，2021–01–12.
［32］全行业笔试通关技巧，学习强国，职优你，2020–06–15.
［33］求职面试视频讲座面试技巧，http：//v.youku.com/v_show/id_XMTE10TkxMjg=.html.
［34］一分钟自我介绍，http：//v.youku.com/v_show/id_XNTQ3MzAxOTE2.html.

[35] 曲振国，杨文亭，陈子文，赵砚芬.大学生就业指导与职业生涯规划[M]. 北京：清华大学出版社，2020.
[36] 赵秋，黄妮妮，姚瑶.大学生就业指导[M]. 北京：北京师范大学出版社，2020.
[37] 钟谷兰，杨开.大学生职业生涯发展与规划[M]. 上海：华东师范大学出版社，2016.
[38] 鞠殿民.大学生就业指导[M]. 西安：西安电子科技大学出版社，2016.
[39] 任小龙，林松涛，倪伟.大学生就业指导[M]. 西安：西安电子科技大学出版社，2019.
[40] 蒙秀琼，官万武，蔡冰.就业指导实务[M]. 北京：北京理工大学出版社，2011.
[41] 刘畅.大学生就业指导[M]. 北京：化学工业出版社，2020.
[42] 张福仁，孟延军，杨彬.大学生就业指导[M]. 北京：人民邮电出版社，2021.
[43] 董鲁皖龙.为毕业生走好职场第一步铺路[N]. 中国教育报 2020-05-06.
[44] 肖震宇.职场女性如何练内力生命时报 2020-01-06.
[45] 黄林凤.毕业季来临，聚焦毕业生就业心理问题[N/ol]. 学习强国，中人社传媒，2021-06-04.